唐碧霞

2025 蛇年運程

目錄

第三章・乙巳蛇年犯太歲化解方法

犯太歲的化解方法

第四章・乙巳蛇年十二生肖運程

第七章・乙巳蛇年吉時吉日

重溫準確預測

預測★2022年曾接受傳媒訪問時表示，2023年樓價會下調20%左右。

☆**中** 2023年的樓市延續2022年的跌勢，首11月的數據顯示，對比2021年的高位，已跌了2成，負資產在第3季重上逾1萬宗的水平。根據差估署的統計，2023年尾的樓價指數報334.7。

預測★兔年五行強弱較弱——土，代表基建、房地產、建築材料等行業。

☆**中** 2023年的樓市成交價及成交量齊跌，參考十大屋苑的成交量，全年錄約1869宗成交，罕有跌穿2000宗的水平，按年要跌1成7。

預測★兔年五行強弱最弱——金，代表金融、銀行、保險、鋼材等行業。

☆**中** 2023年銀行危機，美國、瑞士等國在2023年3月起接連發生銀行爆發的倒閉。

☆**中** 2023年3月，美國銀門銀行、矽谷銀行、簽名銀行倒閉，引發全球銀行股價急劇下跌。

☆**中** 2023年3月19日，瑞士信貸在瑞士政府的斡旋下被競爭對手瑞銀收購。

☆**中** 2023年5月1日，第一共和銀行倒閉，被摩根大通收購。

預測★兔年巳火正財暗藏，丁火偏財透出，令資金外流，經濟發展放緩，賺錢機會不多，股票投資容易出現損手的情況。

☆中恒指在 2023 年跌 13.82%，代表連續第 4 年下跌。在 2020 年、2021 年及 2022 年，恒指分別跌 3.4%、14.1% 及 15.5%，屬港股歷史上首次連續 4 年下跌，弱絕全球主要股市。

預測★2023 年立春八字為「寅巳申」三刑之局，為「天戰地刑」的一年。三刑之局會導致整體社會動盪不安，容易出現社會爭議、動亂、紛爭、違反國際公約、鬥爭、國家主權爭端、國際紛爭等。

☆中 2023 年尼日爾軍事政變引起全國動亂。

☆中 2023 年 4 月 15 日起蘇丹爆發內戰。截至 8 月 15 日，衝突導致至少 4,000 名平民死亡，超過 6,000 名平民受傷；超過 340 萬人流離失所和 100 萬人成為難民。

預測★兔年上半年容易出現洪災、暴雨、海嘯、海洋生態污染、暴風雪、颱風，下半年會出現旱災、森林大火、能源災難、火山爆發、大型爆炸、燃料意外等天災人禍。

☆中 2023 年京津冀暴雨災害，整個京津冀地區超 500 萬人受災，超過 180 萬人緊急疏散，已造成 62 人死亡、34 人失聯。其中北京近 129 萬人受災，河北省 388.86 萬人遭受水浸災害，直接經濟損失 958.11 億元。

☆中 2023 年 8 月 8 日，美國夏威夷州毛伊島爆發嚴重山火災情，自 1918 年克洛凱火災以來美國死亡人數最多的火災，超過 2,200 座建築物被毀，火災造成的損失估計約為 60 億美元。

預測★兔年西北為五黃災星位，容易有天災人禍發生，例如災難、鬥爭、疾病、經濟動盪、大型海陸空交通意外等。西北一帶的地區，務必要多加注意，同時要注意農曆五月及農曆八月上述問題會加劇，要提前做好應變措施。

☆中 2023年9月8日（農曆八月）位於非洲西北部摩洛哥發生矩震級6.8級地震。地震造成2,946人死亡、5,674人受傷。該次地震為該地區有記錄以來最大的地震，超過1755年梅克內斯地震。

預測★兔年要小心注意大型的海陸空交通災難，例如：空難、海難、公共交通工具意外、大型交通事故。

☆中 2023年2月28日，兩列火車在希臘色薩利大區地區相撞，數節車廂出軌，截至3月9日，該事故造成57人死亡，72人負傷，為希臘歷史上死傷最嚴重的鐵路事故。

☆中 2023年6月2日晚間7時20分許，三列火車於印度奧迪沙邦巴拉索爾縣相撞，造成291人死亡、1175人受傷。此次事故成為印度24年以來最嚴重的火車事故。

預測★2023年「寅申巳亥」為四驛馬，為移民之局，人民走動頻繁，國家與國家之間回復正常外交，將會加強合作及往來，各國重新開放會導致人才流失，各國政府須想辦法挽回人才，否則一蹶不振。

☆中 2023年是全球復常之年，自年初正式開關起，各地旅客重臨香港，人口數字亦見回升；統計處數據顯示，本年中香港人口749.8萬人，按年增加15.2萬人，進一步接近疫情前約752萬人口規模。

☆中 近年的人口流失或進一步影響香港就業結構，令「搶人才」成為當務之急，特首李家超亦表示，過去3年流失20萬勞動力，需要吸引外來人才可讓香港更強、更有競爭力。

預測★2022年頭接受傳媒訪問時表示英國首相府唐寧街10號坐西向東，2022年是「三碧是非星」，2023更是「病星」，或會換首相，碧霞老師指虎年又稱「三碧是非星」代表是非、爭鬥、麻煩事、阻滯比較多，未來二十年英國運勢會比較差，九運「離卦」代表「火」，在玄學上「火剋金」，英國位於西面的運勢比較一般。再加上管理階層容易有腹部、腸胃問題。

☆**中**英國王妃公開表示曾接受腹部手術，並確診癌症。

☆**中**白金漢宮表示，英王查爾斯三世確診患有某種癌症。

☆**中**英國前首相約翰遜2022年7月7日在新聞發佈會上宣佈將辭去英國首相一職。

☆**中**英國前首相卓慧思於上任第45日（2022年10月20日）宣布辭職，成為該國任期最短的首相。

☆**中**英國首相辛偉誠於2022年10月25日接任首相一職。

預測★2024年最凶的五黃災星位飛臨正西方，容易有天災人禍發生，例如災難、鬥爭、打仗、疾病、經濟動盪、大型交通事故等等。而且在下元九運正西方為二黑病符位。「二五交加，損主重病」。由此可見正西流年局勢不穩，容易產生政治變數及出現經濟崩潰。

☆**中**位於西亞西部的以色列與巴勒斯坦爆發50年來最嚴重的武裝衝突，雙方傷亡人數創歷年新高。

☆**中**位於正西的英國已有12個地方政府宣布破產。

第一章　乙巳蛇年

地運及投資策略

乙巳蛇年立春八字圖

時	日	月	年
比肩	元	正官	食神
癸 水	癸 水	戊 土	乙 木
亥 水	卯 木	寅 木	巳 火
劫財 傷官	食神	傷官 正財 正官	正財 正官 正印
壬（水） 甲（木）	乙（木）	甲（木） 丙（火） 戊（土）	丙（火） 戊（土） 庚（金）

農曆西曆對照表

農曆	干支	西曆
農曆一月	戊寅	新曆2月3日至3月4日
農曆二月	己卯	新曆3月5日至4月3日
農曆三月	庚辰	新曆4月4日至5月4日
農曆四月	辛巳	新曆5月5日至6月4日
農曆五月	壬午	新曆6月5日至7月6日
農曆六月	癸未	新曆7月7日至8月6日
農曆七月	甲申	新曆8月7日至9月6日
農曆八月	乙酉	新曆9月7日至10月7日
農曆九月	丙戌	新曆10月8日至11月6日
農曆十月	丁亥	新曆11月7日至12月6日
農曆十一月	戊子	新曆12月6日至26年1月4日
農曆十二月	己丑	新曆26年1月5日至2月3日

蛇年全球地運預測

今年立春八字為日元癸水坐於寅月為沐浴傷官之地，地支巳亥相沖，沐浴之鄉象徵小孩重生之象，代表一切開始由弱轉強，日元坐傷官無力，食傷天透地藏，為拒絕約束、不服規管之意，「傷官見官，其禍百端」再加上天干戊土為爭合之象，地支年月寅巳相害、年時巳亥相沖、月時寅亥合木，表面國家與國家之間和諧相處，但實際暗藏隱憂，一旦影響自身利益，則會造成國際紛爭，嚴重的話更會引發戰爭。天干戊癸相合，月柱正官透出，但年支巳火與月支寅木相害，時支劫財亥水與巳火水火相沖，正財星無力，卻比劫眾多，主因財失義，蛇年經濟發展好事多磨，詐騙頻生，經濟發展一般，求財困難。

月支寅木與日支卯木會木局，與時支寅亥合木，年支與時支巳亥相沖，為水火交戰，地支寅巳申三刑，在農曆七月特別嚴重，為「天合地戰」的一年，蛇年容易出現與火、水有關的天災人禍，尤其在東北地區會出現嚴重的災害，例如海嘯、洪災、旱災、海洋生態污染、森林大火、能源災難、火山爆發、大型爆炸、燃料意外等問題。再加上二黑病符星入中宮，全球均會受到影響，容易有天災人禍發生，例如疾病、傳染病肆虐、災難、鬥爭、戰爭、疾病、經濟動盪等，蛇年要注意農曆正月、農曆七月及農曆十月上述問題會加劇。

而且全球局勢不穩，當中西北、正北、正西及東北地區容易出現社會爭議、動亂、紛爭、違反國際公約、鬥爭、國家主權爭端、國際紛爭、大型海陸空交通事故，當中以農曆正月、農曆二月、農曆三月、農曆七月及農曆十月問題最為嚴重。

其中東南及正東地區亦要小心容易出現地震、山泥傾瀉、工業意外、地盤意外、森林大火、能源災難、火山爆發、大型爆炸、燃料意外等天災人禍，上述問題在農曆五月、農曆八月、農曆八月及農曆九月最為嚴重。

地支巳亥相沖、寅巳相害、寅亥相合為驛馬之象，主移民、外出，移民外地或從外地回流，人民走動頻繁，當中香港與內地互通，大灣區急速發展，發展潛力巨大，再加上未來 20 年北面見水為零神方，因此北上發展為大趨勢，但要注意容易發生大型的海陸空交通災難，例如：空難、海難、公共交通工具意外、大型交通事故，當中特別留意農曆正月、農曆四月、農曆七月及農曆十月。

蛇年受到太陰化忌影響，人與人之間的情感淡薄、容易有磨擦鬥爭、六親容易因財失義、因利益而產生紛爭，男女結婚經常因經濟問題而鬧翻，而且社會罪案頻生、盜竊、騙案日益增多、犯罪率高企，女性與人合作時務必要提高警覺，否則容易反目成仇，2024 年至 2043 年為下元九運，為「離卦」，「離中虛」離卦初爻和上爻為陽，中間一個爻為陰爻，是一種外實內虛之象，蛇年女性發展潛力無限的同時亦要提防身邊六親好友，凡事多做兩手準備以免最終人財兩失。

疾病方面，人們容易出現與情緒、手腳、肝膽、筋骨及免疫系統有關的疾病，而且女性婦科疾病發病年齡越來越早，更甚者 20 歲便會發病。此外哺乳類動物容易出現疾病、病毒傳播，當中豬隻之間亦有機會出現傳染病，例如豬流感、猴痘、大規模海洋生態污染、食物鏈失衡等問題。

經濟發展

蛇年經濟發展未如理想，蛇為閃縮之象，對各行各業不利，幸好對某些行業極為有利，例如：直播、銷售、影視、醫療、娛樂、運動、按摩、保健養生等行業。立春癸水比劫眾多，財星天干無助，地支相沖相害，為無力之象，經濟發展一般，財來財去。乙巳年企業經營困難，容易出現管理危機、內部財政問題，因此借貸融資前要仔細衡量風險，切記把目標定得太高。樓市發展呈現兩極化，二手細價樓宇交投較去年微升，但大額豪宅交投日漸減少，受到外圍因素影響，不宜過分進取投入，若非有自住需要投資物業前必須謹慎小心，切忌奢望投資物業獲利。失業率下降，會出現有求過於供的情況，僱主需提高薪酬福利待遇，才能請到合心意的員工。

金融股票

金融股票發展上落較大，蛇年為變動之年。乙巳年先升後跌，太玄數上半年為「坤為地」股票投資較為理想能得到實際的收益，下半年為「地雷復」股票投資容易出現損手的情況，投資方面不宜太過進取，只要有收益便要馬上離場，切忌貪心否則到頭來一場空，未來數年現金為王。

農曆三月、農曆四月、農曆六月、農曆七月、農曆九月表現較佳。

九紫離火剋金生財，美股表現較好。

2號、7號對股票較為有利，1號及6號較為一般。

蛇年五行強弱

最旺——【木】代表教育、成衣、環保、醫療等行業。

次旺——【水】代表航運、旅遊、貿易、酒店等行業。

再次旺——【火】代表電子、科技、煤氣、石油等行業。

較弱——【土】代表基建、房地產、建築材料等行業。

最弱——【金】代表金融、銀行、保險、鋼材等行業。

世界各地地運

二〇二五乙巳蛇年九宮飛星圖

一 （東南）	六 （正南）	八 （西南）
九 （正東）	二 中宮	四 （正西）
五 （東北）	七 （正北）	三 （西北）

九運飛星圖

八	四	六
七	九	二
三	五	一

東　　西

北

二〇二五年年月飛星圖

南

一

1	4	7	1
9	3	6	9
8	2	5	8

六

6	9	3	6
5	8	2	5
4	7	1	4

八

8	2	5	8
7	1	4	7
6	9	3	6

東

九

9	3	6	9
8	2	5	8
7	1	4	7

（年飛星）

二

2 十月	5 七月	8 四月	2 一月
1 十一月	4 八月	7 五月	1 二月
9 十二月	3 九月	6 六月	9 三月

四

4	7	1	4
3	6	9	3
2	5	8	2

西

五

5	8	2	5
4	7	1	4
3	6	9	3

七

7	1	4	7
6	9	3	6
5	8	2	5

三

3	6	9	3
2	5	8	2
1	4	7	1

二〇二五年流月飛星圖

一月		
1	6	8
9	2	4
5	7	3

二月		
9	5	7
8	1	3
4	6	2

三月		
8	4	6
7	9	2
3	5	1

四月		
7	3	5
6	8	1
2	4	9

五月		
6	2	4
5	7	9
1	3	8

六月		
5	1	3
4	6	8
9	2	7

七月		
4	9	2
3	5	7
8	1	6

八月		
3	8	1
2	4	6
7	9	5

九月		
2	7	9
1	3	5
6	8	4

十月		
1	6	8
9	2	4
5	7	3

十一月		
9	5	7
8	1	3
4	6	2

十二月		
8	4	6
7	9	2
3	5	1

【東南】——蛇年一白桃花星飛臨東南方，代表人緣及桃花，惟太歲位亦同時飛臨東南方，因此東南地區，例如：香港、廣東、台灣、南海、越南、菲律賓、東南亞等地區，容易發生天災人禍，例如災難、鬥爭、疾病、經濟動盪、大型海陸空交通意外等，特別在農曆正月、農曆四月及農曆七月，務必要提前做好準備。

【正東】——今年正東為九紫喜慶星，為當運財位，因此整體發展不俗，經濟發展較為理想。惟蛇年正東為三煞位及在下元九運未來二十年（2024 年至 2043 年）正東方為七赤過氣財星，此星代表盜賊及打鬥，主劫盜、爭鬥、是非、交通意外，故正東地區的疾病爆發、海陸空交通意外、社會爭鬥、金融騙案會較為頻繁。因此位於正東的日本、美加西岸、東歐國家（捷克、匈牙利、德國、波蘭、奧地利等）及中國東面等地區，要提前做好預防措施。

【東北】——今年最凶的五黃災星位飛臨東北方，代表容易有天災人禍發生，例如災難、鬥爭、打仗、疾病、經濟動盪、大型交通事故等等。再加上下元九運期間為三碧爭鬥星，五黃災星最忌三碧爭鬥星，主災禍連連，亦象徵未來二十年爭鬥、紛爭頻繁、民怨、動亂、爭鬥、國家爭議等問題，日益嚴重。因此位於東北方的地區，地點包括溫哥華、加拿大、北海道、南北韓、阿拉斯加及中國東北（例如：內蒙古、黑龍江、吉林、遼寧等）等地區，要多加注意，凡事做好兩手準備。

【正北】──今年正北方受到七赤破軍星飛臨，七赤星代表破壞、盜賊的意思，並為過氣財星，故此經濟出現退步，經濟發展放緩，再加上下元九運正北方為五黃災星位，為未來20年（2024年至2043年）九運中最凶的方位，正北地區例如：俄羅斯、烏克蘭、蒙古、中國北方等，容易有天災人禍發生，例如災難、鬥爭、打仗、地震、疾病、經濟動盪等。

【西北】──蛇年三碧是非星入西北方，再加上歲破星的影響下，主西北地區，例如：俄羅斯西部、北極、北歐一帶及中國西北（例如：新疆、寧夏）等地區，容易發生動亂、紛爭、鬥爭、國家主權爭端、國際紛爭、地震、山崩、颱風、風災、雪災、大型海陸空交通事故等。幸好下元九運西北方為一白桃花星，為未來財星，未來20年社會氣氛較為穩定，故地區運勢不錯，政治、經濟、民生發展穩步上揚。

【正西】──今年四綠文昌星入正西方，主經濟發展不錯，有利文學及科研發展。但在下元九運正西方為二黑病符位，代表容易出現流行性疾病、病毒擴散，特別是腸胃、腹部及呼吸系統等疾病。由此可見正西地區，例如英國、美加東岸、西歐等地區，未來20年局勢不穩，容易產生大型疾病傳播、政治變數及出現經濟崩潰。

【西南】——今年西南為八白財星，因此整體經濟發展不俗，而且下元九運西南方為六白武曲位，「六八武科發跡」對經濟發展、民生有正面影響，地點包括印度、緬甸、不丹、尼泊爾、巴基斯坦及中國西南地區（例如：西藏、四川、西安、雲南、重慶）等地區。

【正南】——乙巳蛇年六白武曲星位於正南方，代表偏財、權貴、驛馬。下元九運期間為四綠文昌，今年整體的社會氣氛較為穩定，政治、經濟、民生發展穩步上揚，故位於正南方的地區，例如：澳洲、泰國、柬埔寨、新加坡、馬來西亞、南歐國家（葡萄牙、西班牙、義大利及希臘等）及中國南方等地區，新一年經濟發展較為理想，居住上述地區的朋友，宜多加把握地運優勢。

【中宮】——蛇年二黑病符星入中宮，主全球均容易發生流行性疾病、災禍，要小心疾病、病毒擴散，特別是腸胃、腹部及呼吸系統等疾病。同時亦要注意天災人禍發生，例如災難、鬥爭、疾病、經濟動盪、大型海陸空交通意外等，因此各洲內陸地區、各國的中央位置，新一年要加以小心，提前做好準備。

第二章 乙巳蛇年

風水佈局

蛇年注意方位

太歲位

今年的太歲位於東南，相信大家都聽過「太歲頭上不可動土」，代表每年裝修的時候都要避開太歲的方位，否則容易生病、主耗財及盜匪之禍，故避免在家中、辦公室或商鋪的東南方位裝修，若東南位置必須裝修可在正南開始，以免直接觸犯「太歲」。

三煞位

今年的三煞位在正東，三煞位最忌動土，若在正東位置動土，會影響人丁健康，令健康受損。若家中、辦公室或商鋪的正東位置必須裝修可在正南方位開始，以免直接在三煞方位動土。

歲破位

今年的歲破位在西北，亦不宜動土，若西北位置必須動土可在正北方位開始。

五黃災星位

今年的五黃位位於東北，主兇災橫禍、破財損身，為今年最兇險的方位，故不宜在家中、辦公室及商鋪的東北位置開始動土，會容易引發五黃煞氣，招來兇險意外。

二黑病符位

中宮位置為蛇年的二黑病符位，故中宮位置切忌動土，以免招致家中成員生病。若要在中宮位置裝修可選擇從正南開始，以免直接衝撞中宮凶位。

二〇二五年乙巳蛇年九宮飛星圖

東南	南	西南
桃花星 / 偏財星 一 （東南） 太歲	武曲星 六 （南）	八白財星 八 （西南）
喜慶星 九 （東） 三煞	病符星 二 中宮	文昌星 四 （西）
五黃災星 五 （東北）	破軍星 七 （北）	是非星 三 （西北） 歲破

東北

五黃災星

五行屬性：土

主宰範疇：疾病、災禍

化解方法：五黃失運為最嚴重的災星及病星，破壞力驚人。今年五黃災星位於東北，當中五黃災星屬土，紅色代表火，黃色、啡色代表土，火可生土，因此家中或辦公室的東北位置，切忌放置紅色、紫色、黃色、啡色物品，並避免動土及長期坐臥。

要化解五黃災星位，可在東北放置安忍水或六個銅錢，有助洩去土氣。

安忍水做法：把大量粗鹽放入闊口玻璃瓶內，在粗鹽上面放六個銅錢（六帝錢效果更佳，順序：順治、康熙、雍正、乾隆、嘉慶、道光），再加上少量自來水（剛蓋過銅錢 1cm 即可），緊記要開蓋讓空氣接觸銅錢並在水中氧化。

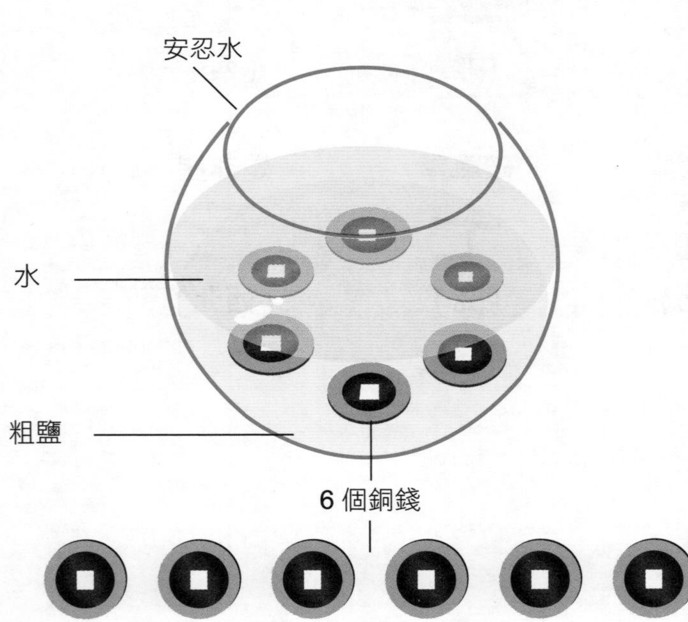

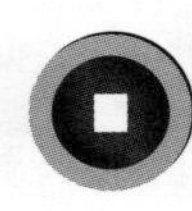

正西

四綠文昌星

五行屬性：木

主宰範疇：升職、讀書、進修、文職工作

催旺方法：今年四綠文昌星位於正西，從事文職的朋友可在辦公室桌子的正西位置擺放四枝毛筆，並在家中的**正西放置四枝水種富貴竹**及**九層文昌塔**，此局有助工作時頭腦清晰、增強工作升遷運。

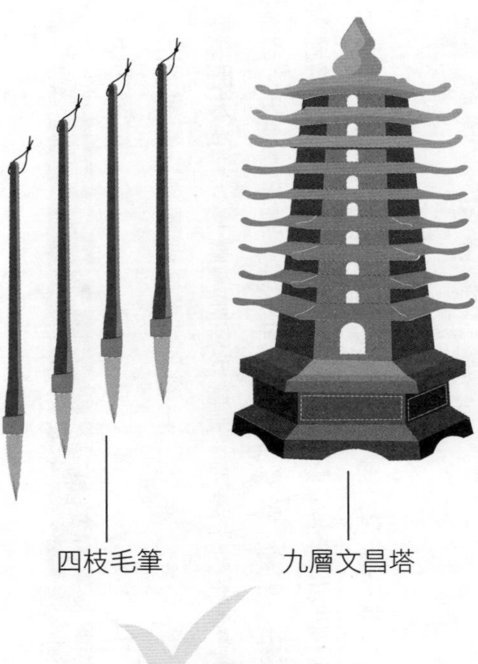
四枝毛筆
九層文昌塔

四枝富貴竹

正東

九紫喜慶星

五行屬性：火

主宰範疇：喜慶事、結婚、添丁

催旺方法：九紫喜慶星位於正東，代表一切喜慶事，即使並非急於嫁娶或添丁的朋友亦可加以催旺，九紫喜慶星亦為下元九運當運財星。家中、辦公室或商舖的正東方向，可放置九個紅包，每個紅包內放置一百元港幣。同時可以種植帶紅色果實的泥種植物，例如冬紅果、四季果等植物，或者可以擺放九枝已去刺的玫瑰花，並在花瓶下放置綠色卡紙，以作催旺喜慶位。

中宮 二黑病符星

五行屬性：土

主宰範疇：疾病、小災禍

化解方法：今年二黑病符星飛臨中宮方位，當中二黑病符星屬土，紅色代表火，黃色、啡色代表土，火可生土，因此家中或辦公室的中宮方位一帶，切忌放置紅色、紫色、黃色、啡色物品，並避免動土及長期坐臥。

要化解二黑病符位，可**放置安忍水或六個銅錢**，有助洩去土氣。

安忍水做法：把大量粗鹽放入闊口玻璃瓶內，在粗鹽上面放六個銅錢（六帝錢效果更佳，順序：順治、康熙、雍正、乾隆、嘉慶、道光），再加上少量自來水（剛蓋過銅錢 1cm 即可），緊記要開蓋讓空氣接觸銅錢並在水中氧化。

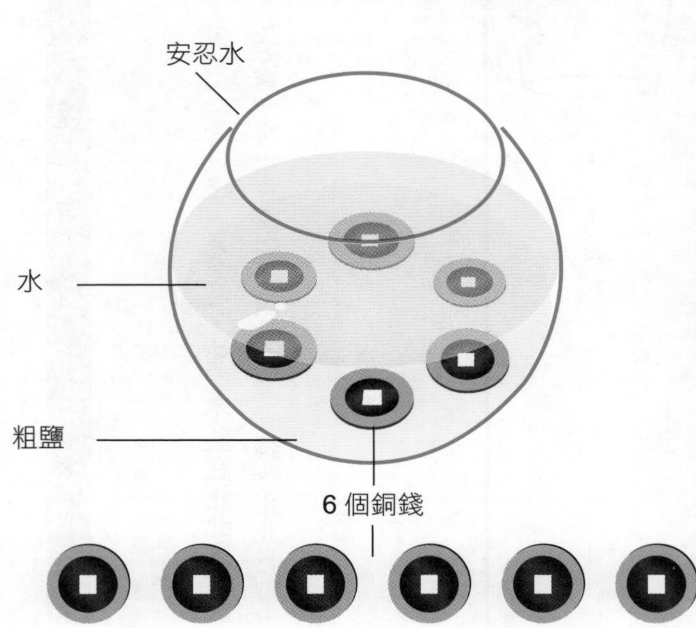

正北

七赤破軍星

五行屬性：金

主宰範疇：盜賊、破壞、失竊

化解方法：七赤破軍星在失運時，代表破壞、失竊之意，故不宜催旺，切記**不要在正北方位放置黃色、啡色物品**，以免土生金生旺七赤星，不妨放置一杯水在家中、辦公室或商舖的正北方位，有助洩其金氣。

西南

八白財星

五行屬性：土

主宰範疇：財運

催旺方法：今年的八白財星位於西南方位，雖然在下元九運中八白財星為退氣星，但八白財星本為三吉星之一，因此可在辦公室桌面的西南方，放置零錢盆並在底部放紅色卡紙。家中的西南方位**可擺放大葉植物及錢箱**（例如夾萬、聚寶盆），**植物可選用水種的萬年青、黃金葛及發財樹**等，此舉有助催旺財運、帶動財氣。此外切記不可在西南方放置雜物，以免阻礙財星之旺氣。

西北

三碧是非星

五行屬性：木

主宰範疇：是非、官非、小人、爭鬥

化解方法：今年家中及辦公室的**西北位置避免放置植物**（不論是水種或是泥種植物），以免催旺三碧是非星之木氣，導致是非纏身。同時亦可在三碧是非星**西北方位擺放粉紅色物品化解**，例如：揮春、粉紅色地氈、粉紅色卡紙、粉紅色海報等。

揮春

東南

一白桃花星

五行屬性：水

主宰範疇：人緣、姻緣、戀愛、貴人、偏財

催旺方法：單身的朋友想加強桃花運可以在家中、辦公室**東南方位放置流動水裝置及上鏈金屬製音樂盒**，並每天用音樂盒播放音樂，以達催旺桃花之效果。

希望改善人際關係的朋友可在家中東南方位**放置金屬製音樂盒或首飾盒及一杯水**即可（普通自來水）。

一杯水

音樂盒

正南

六白武曲星

五行屬性：金

主宰範疇：武職工作、偏財運、權力

催旺方法：今年六白武曲星位於正南方，有利從事武職工作的朋友，例如軍政界、紀律部隊、運動員等，可在家中、辦公室或商店的**正南位放置八粒圓形白石**，增強升遷運及偏財運。

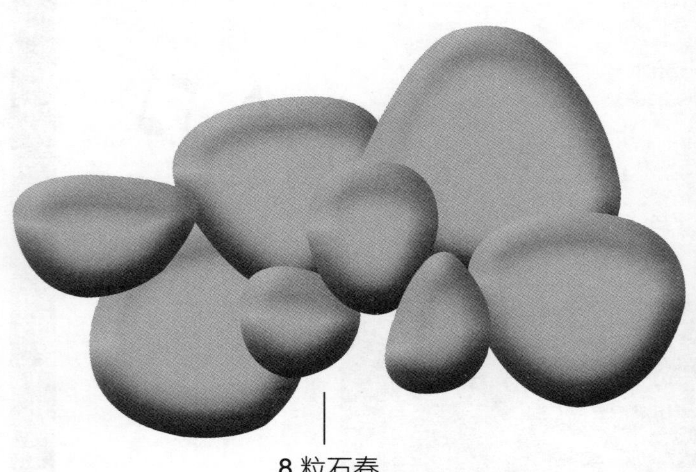

8 粒石春

二〇二五年乙巳蛇年風水佈陣圖

東

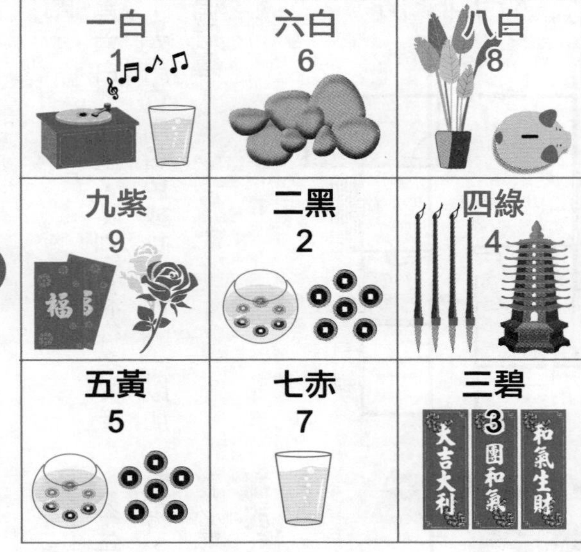

西

東北（五黃）	：安忍水／六個銅錢
正西（四綠）	：四枝文昌筆／富貴竹／九層文昌塔
正東（九紫）	：紅色物品／九枝去刺玫瑰花
中宮（二黑）	：安忍水／六個銅錢
正北（七赤）	：一杯水
西南（八白）	：大葉植物及聚寶盆
西北（三碧）	：粉紅色物品
東南（一白）	：金屬音樂盒及一杯水
正南（六白）	：八粒白石

蛇年大門方向家宅運預測及地氈顏色

大門向正南

今年正南為六白武曲星，特別有利從事文職以外的人士，大門宜用黃色或啡色地氈，以加強升遷運及偏財運。

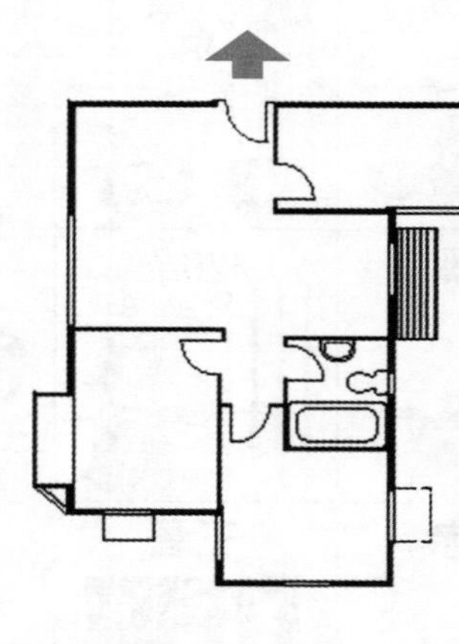

大門向東北

今年東北為五黃災星位，若大門向東北方或廚房、睡房位於東北方位，健康會受到影響，務必要小心注意，宜用灰色地氈，並在地氈下擺放六個銅錢，大門旁邊放風鈴化解，加強健康運。

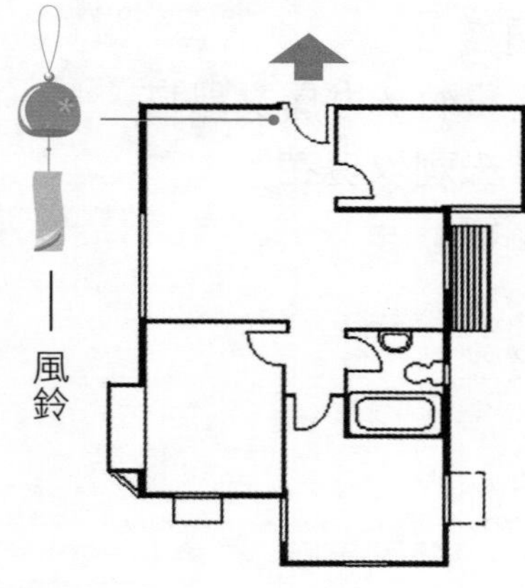

大門向正東

今年九紫喜慶星位於正東，整體家宅運不錯，有利嫁娶及添丁，宜門口位置擺放紅色或綠色地氈，以作催旺九紫喜慶星。

大門向西北

今年的三碧是非星位於西北，大門向西北的朋友要小心是非及官非訴訟，宜在門口位置擺放粉紅色地氈以作化解。

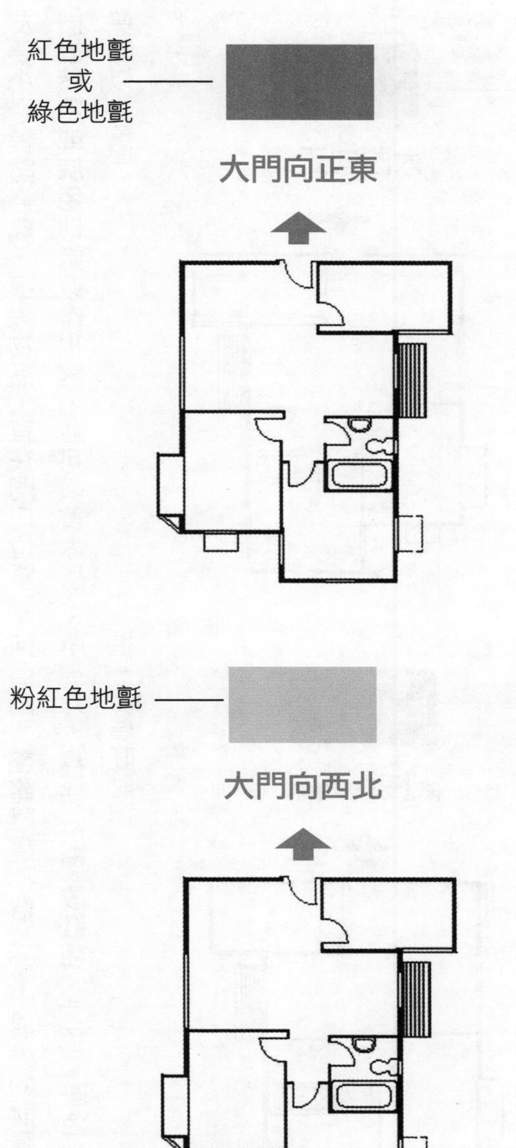

大門向正北

今年七赤破軍星位於正北，大門向正北的朋友要小心提防盜竊、遺失物品，**宜在門口位置擺放藍色或灰色地氈**以作化解，並可購買家居保險以防萬一。

大門向西南

今年的八白財星位於西南位置，若家中大門向西南，整體財運不俗，家中成員的財運均有所提升，**宜在門口擺放紅色、黃色、啡色地氈**，進一步催旺財運。

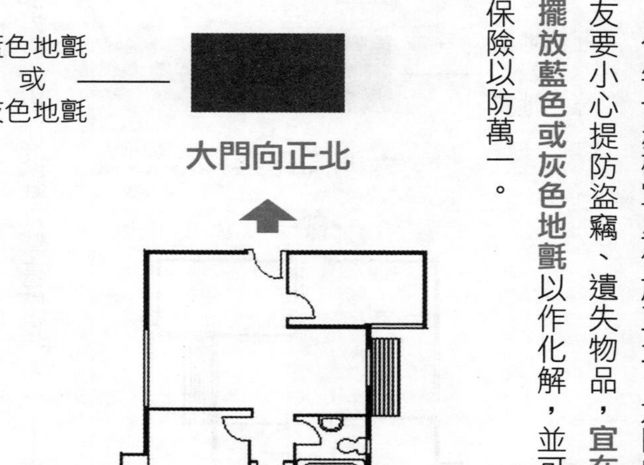

紅色地氈
或
黃色地氈
或
啡色地氈

大門向西南

大門向正西

今年四綠文昌星位於正西，因此大門向正西方向，有利從事文職或仍在求學中的朋友，**大門宜用綠色地氈，以加強文昌星的力量。**

大門向東南

今年的一白桃花星位於東南位置，若大門向東南，**宜放置藍色或灰色地氈有利桃花運。**（需要化桃花的朋友，則可放黃色或啡色地氈。）

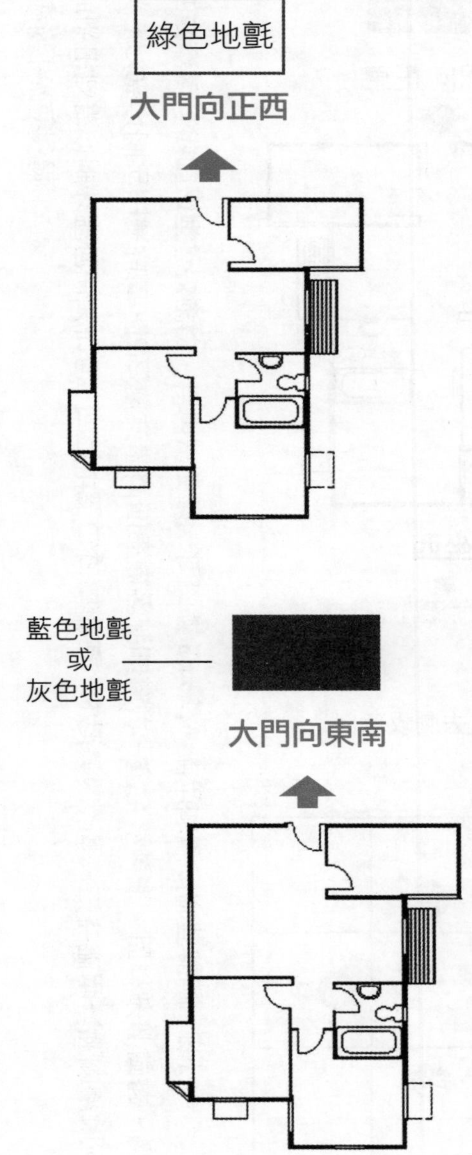

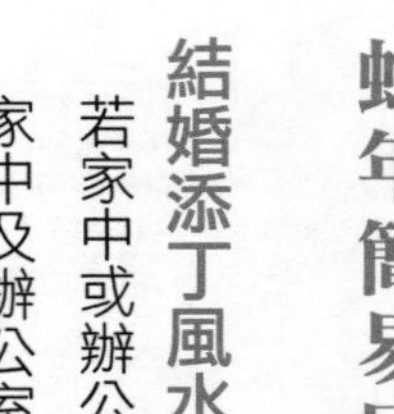

蛇年簡易風水陣

結婚添丁風水陣

若家中或辦公室大門向正東方向，可以在門口位置擺放紅色或綠色地氈，以作催旺九紫喜慶星。

家中及辦公室的正東位置，可以種植帶紅色果實的泥種植物，例如冬紅果、四季果等植物，或者可以擺放九枝已去刺的玫瑰花，並在花瓶底下放置綠色卡紙，催旺喜慶位有利結婚、添丁。

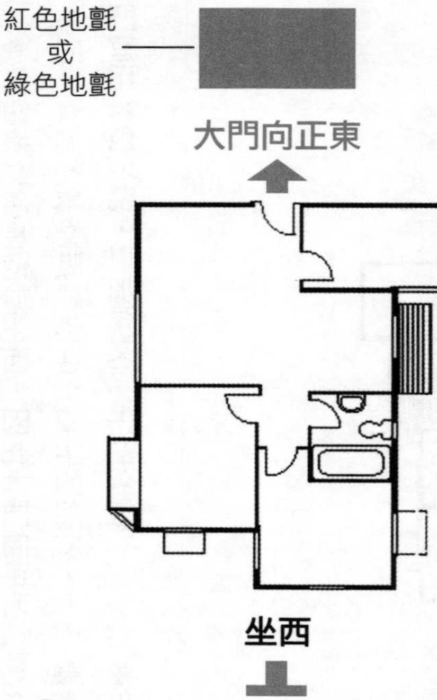

紅色地氈
或
綠色地氈

大門向正東

坐西

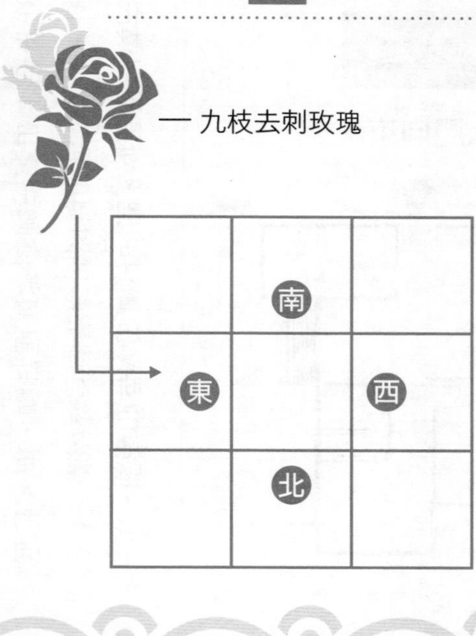

九枝去刺玫瑰

	南	
東		西
	北	

催旺桃花風水陣

想順利談戀愛的朋友，可在家中或辦公室東南位置，放流動的水裝置及上鏈金屬製音樂盒，並每天用音樂盒播放音樂，以達催旺桃花之效果。（桃花除了指異性之外亦代表人緣，適用於工作對外的行業，例如：銷售、保險、幕前、金融等。）

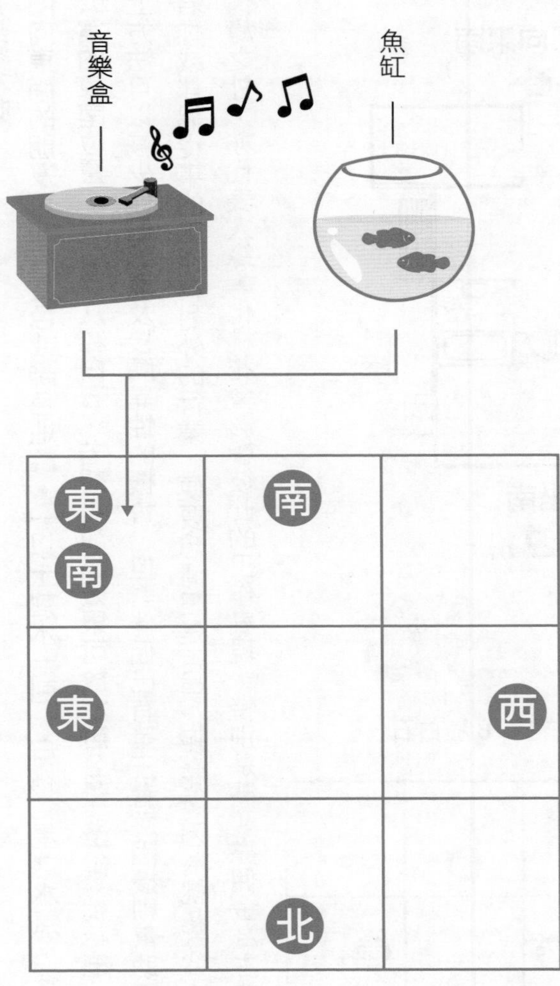

化桃花風水陣

大門向東南的朋友可使用黃色或啡色地氈，「以土剋水」剋一白桃花星之水氣。在家中及伴侶的辦公室的東南位置，可放置八粒白石，若想再加強效果可放木製公雞或木製桃花劍。

以上方法可以減少伴侶認識及接觸異性的機會，但對伴侶已有第三者之困擾則幫助不大。

（若你或伴侶從事的工作為對外的行業，便要想清楚是否要化桃花，因為桃花除了代表異性之間的情緣之外，亦代表人緣，化桃花會影響彼此的工作表現，特別是需要靠佣金為主的工作。）

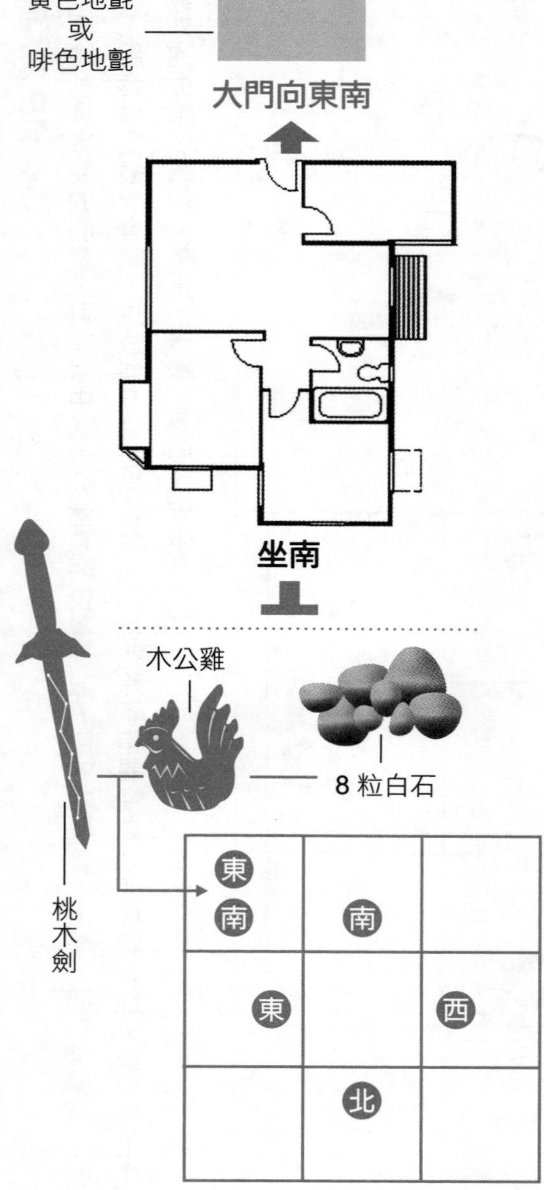

催財風水陣

想加強蛇年財運，可在今年九紫喜慶星正東位置，宜放與自己生肖相應的日本東密十二生肖守護神法牌及金色的豬形錢箱，並在錢箱內放置九個一元硬幣，有助改善正偏財、增加收入，短期之內可見成效。

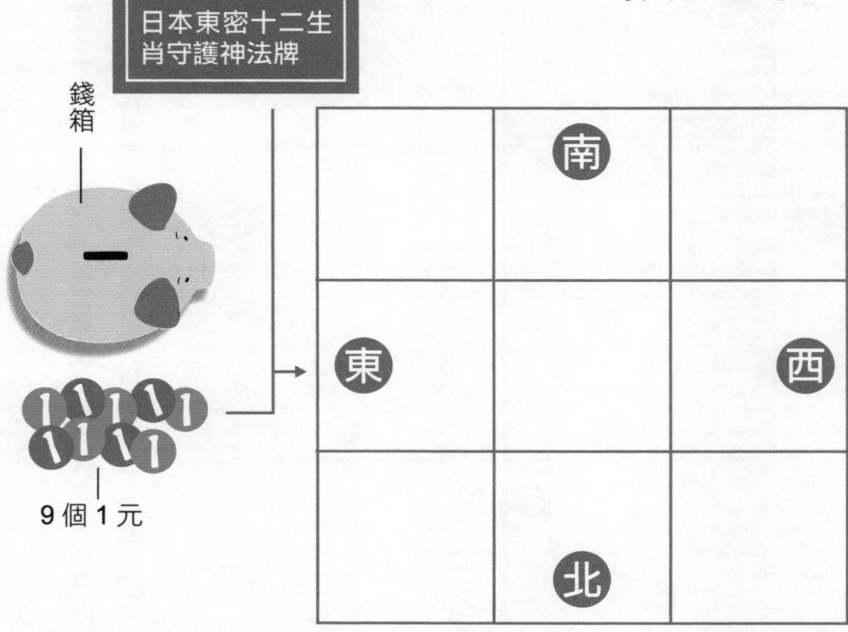

招財風水陣

二〇二五蛇年的八白財星位於西南，為三吉星之一，要財運亨通必然要從西南方入手，可在西南位置擺放瓦錢罌（即有入無出的錢箱），並放六個一元港幣入內，「六八武科發跡，丁財兩旺」，此局特別有利招財，短期之內可快速見效。

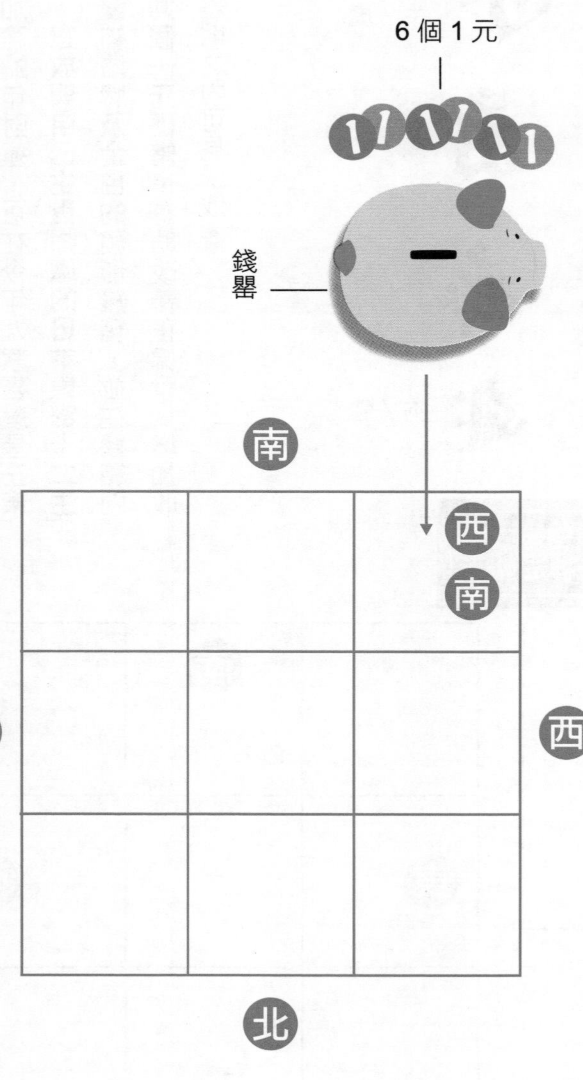

貴人加持風水陣

今年的一白桃花星位於東南，可在東南放六枝水種富貴竹，「一六共宗，金水相生」，並可配戴日本東密十二生肖守護神法牌，有助加強貴人運，工作時自然事事順利。

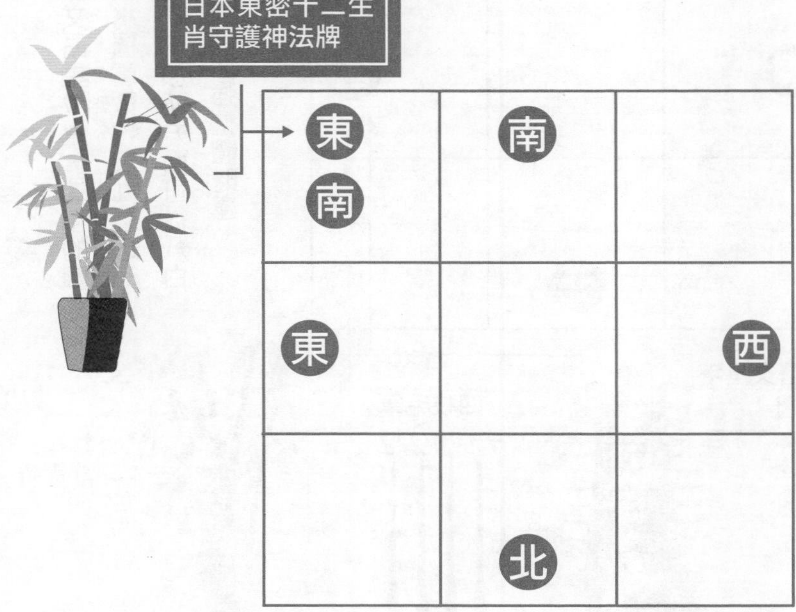

升薪加薪風水陣

希望升職的朋友可以催旺家中及辦公室的四綠文昌星位置，蛇年的四綠文昌星位於正西，可在家中的正西位置放四枝水種富貴竹及九層透明或綠色的文昌塔，並在辦公室正西位置放四枝毛筆。加薪方面可從八白財星著手，不妨在西南位置放水種大葉植物及錢箱，加強整體財運。

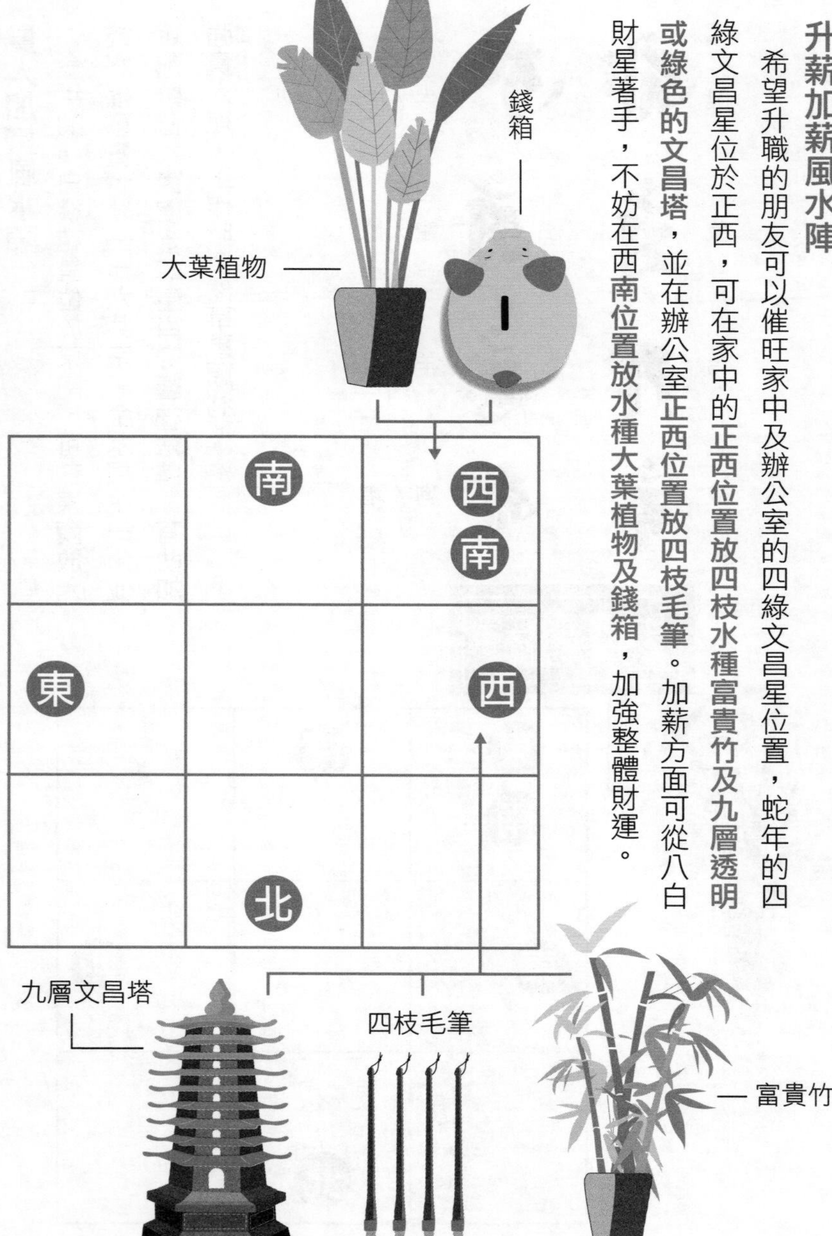

保飯碗風水陣

對於一眾打工族來説，避免被裁員是最重要的事情，因此要為自己在辦公室自製靠山，**宜把黃色或啡色外套掛在椅背上**，同時亦可**擺放大圓石春或八粒白石**，為自己自製靠山。

辦公桌

黃色外套
或
啡色外套

大圓石春／8 粒白石春

遠離是非風水陣

要避開是非及小人困擾，不妨在今年的三碧是非位，即**西北位置擺放粉紅色物品**，例如：揮春、粉紅色卡紙、粉紅色地氈等，有助減弱是非星的力量。

東	南	西
	南	
東		西
	北	西北

身體健康風水陣

今年的中宮及東北位置，分別為二黑病符星及五黃災星位，若家中的大門坐向、睡床或辦公室坐位方向，位於中宮或東北，則會對健康不利，容易引發疾病。因此在上述位置宜放安忍水或六個銅錢，並避免動土及切勿擺放紅色、紫色、橙色、啡色及黃色物品。

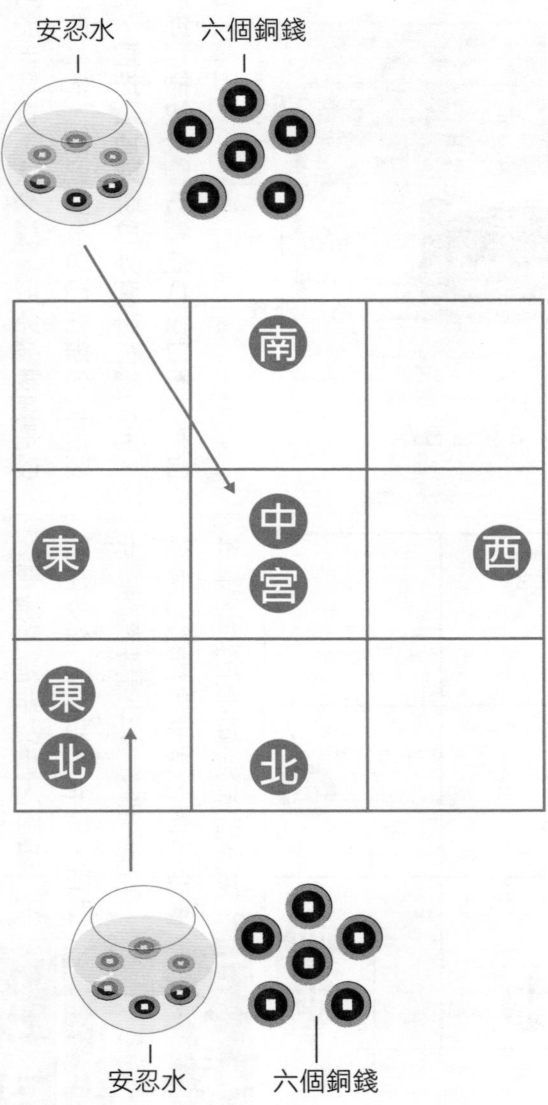

第三章　乙巳蛇年

犯太歲化解方法

乙巳蛇年犯太歲化解秘笈

傳統習俗來說，每一年都會有一位神明掌管當年的凡間事務，這位神明便是「太歲」。太歲一共有六十位，每一位太歲都有姓名、會順序值年，輪流掌管人間一年的禍福，即所謂「六十甲子」。

正所謂：「太歲當頭坐，無喜恐有禍」。每年犯太歲的生肖會有不同程度的運勢起伏，一般來説，犯太歲的年份會出現不同的變動，輕則會出現工作變動、搬遷，重則更會招致官司口舌、破財、生病、發生意外等，故不少犯太歲的朋友會在立春後到廟宇「攝太歲」祈求新一年事事順利。

犯太歲生肖：蛇、豬、虎、猴

肖【蛇】值太歲

今年為肖蛇者的「值太歲」之年，正所謂「太歲當頭坐，無喜恐有禍」，值太歲的年份，通常人生會出現不少變化，如能主動進行傳統喜事沖喜，例如結婚、添丁、置業、創業或開展新業務，則能主動應驗犯太歲的變化以作沖喜之用，從而減少因值太歲年而導致的不利影響。

若未能進行喜事沖喜者，則容易經歷在感情、事業、財運、住屋或健康方面的變化，肖蛇者宜於農曆四月及農曆十月進行捐血或洗牙，主動應驗血光之災，而且可多做善事積福，幫助有需要的人士，會有助化解本命年健康運不佳的不利因素。

肖【豬】沖太歲

今年為肖豬者「沖太歲」的年份，因為「巳亥相沖」，整年運勢變化較多。若能「一喜擋三災」，以喜事來迎合沖太歲的年份，就能夠平安順遂。

在太歲相沖之年，不妨主動進行喜事，例如結婚、置業、添丁、創業、開公司等，以喜事來化解沖太歲的變化。對於未能進行沖喜的朋友來說，蛇年的運勢會起伏不定及心情上落較大，容易遇到挫折，務必要小心謹慎。

此外，肖豬者受到「沖太歲」的影響，可在立春後可到廟宇攝太歲，並且以捐血或洗牙來化解血光之災，而且亦要避免探病問喪、出入能量較低的地方（例如：醫院、墳場、殯儀館、火葬場等），以免被負能量而影響個人運勢。

肖【猴】刑太歲及破太歲

乙巳年肖猴者受到地支「巳申相破」及「巳申相刑」的影響下，心態上會較為封閉，常常一遇到問題便會想不開而自尋煩惱。雖然「破太歲」對肖猴者的影響較輕微，但「破」還是有破壞、傷害人緣的意思，容易影響人際關係及心情。蛇年肖猴者不需要刻意舉辦喜事，只需多參與親朋好友的喜事，多沾喜氣便能加強運勢。此外，今年儘量減少參與探病問喪，否則容易招來災禍及疾病。

肖【虎】刑太歲及害太歲

肖虎者面對「刑太歲」的影響下可能會遭受陷害、人際關係不佳、健康和家庭運不順，對情緒及健康影響較大，建議凡事低調處理。幸好「害太歲」對肖虎者影響力不大，只需小心不要因言語而開罪他人，抱著「少說話、多做事」的做事方式，並不要理會他人的事情便能減輕犯太歲所帶來的影響。

犯太歲的化解方法

一、沖喜

犯太歲的生肖若能「一喜擋三災」，以喜事來迎合犯太歲的年份，則可平安大吉。特別是「值太歲」的肖蛇者及「沖太歲」的肖豬者在新一年很適合進行喜事，例如：結婚、置業、添丁及創業等，以喜事來應驗犯太歲的變化。

二、攝太歲

攝太歲日期

立春後（新曆2月3日）至農曆正月十五日前完成攝太歲的程序。（可參考書中「吉時吉日」部分，以得知適宜攝太歲的日子）

攝太歲方法

1. 準備攝太歲專用的衣紙一套，包括長祿馬、百解符、平安衣、圓祿馬、太歲衣。
2. 在太歲衣上，寫上自己姓名和出生資料（包括出生的年、月、日、時）。
3. 在殿外請香及上香。
4. 進入殿內後，先向六十太歲的統領「斗姆元君」上香。
5. 再向當年太歲（2025乙巳年的太歲為「吳遂」將軍）上香誠心說：「吳遂大將軍，信男／信女XXX（自己姓名）今年命犯煞星，現向太歲星君誠心祈求平安，保佑逢凶化吉，信男／信女XXX誠心請吳遂大將軍保佑。」說完後拜三拜，誠心上香。
6. 再向自己出生年所屬的太歲參拜上香。
7. 然後向其餘的58位太歲逐一參拜上香。（現今不少廟宇為環保都不可逐一向太歲

上香，可以雙手合十向前鞠躬代替）

8. 將壽金攝入太歲神像的腳底位置。

9. 最後把太歲衣帶往化寶爐焚化，整個儀式完畢。

香港攝太歲的地點：

香港島

1. 筲箕灣東大街天后廟
2. 銅鑼灣蓮花宮
3. 灣仔玉虛宮
4. 上環水月宮
5. 皇后大道中洪聖古廟
6. 荷李活道文武廟
7. 鴨脷洲洪聖廟

九龍

8. 旺角水月宮
9. 油麻地榕樹頭天后廟
10. 深水埗三太子及北帝廟
11. 嗇色園黃大仙祠
12. 紅磡觀音廟
13. 廟街觀音廟

新界

14. 荃灣圓玄學院
15. 屯門青松觀
16. 粉嶺蓬瀛仙館
17. 沙田車公廟

離島

18. 長洲玉虛宮宮
19. 大澳關帝廟

三、捐血或洗牙

每逢犯太歲的年份，流年的健康運勢會較差，容易出現血光之災，不妨在相應的月份主動捐血、洗牙或到醫院進行詳細的身體檢查，以化解血光之災。平日可多做善事幫助有需要人士，亦要避免參與高危險性的活動，例如：潛水、滑水、滑雪等。

犯太歲生肖　適宜進行捐血、洗牙的月份

蛇・農曆四月及農曆十月
豬・農曆四月及農曆十月
虎・農曆正月及農曆七月
猴・農曆正月及農曆七月

四、配戴生肖守護神法牌

犯太歲的生肖不妨佩戴日本東密十二生肖守護神法牌來化煞。不屬於犯太歲生肖的朋友，若想加強自身運氣，亦可佩戴相應的守護神法牌。

日本東密十二生肖守護神法牌

日本東密十二生肖守護神法牌

鼠・宜貼身佩戴千手觀音菩薩法牌
牛・宜貼身佩戴虛空藏菩薩法牌
虎・宜貼身佩戴虛空藏菩薩法牌

兔•宜貼身佩戴文殊菩薩法牌

龍•宜貼身佩戴普賢菩薩法牌

蛇•宜貼身佩戴普賢菩薩法牌

馬•宜貼身佩戴大勢至菩薩法牌

羊•宜貼身佩戴大日如來法牌

猴•宜貼身佩戴大日如來法牌

雞•宜貼身佩戴不動明王法牌

狗•宜貼身佩戴阿彌佗如來法牌

豬•宜貼身佩戴阿彌佗如來法牌

*註：千手觀音菩薩及阿彌陀如來梵文寫法相同。

五、做善事

犯太歲的年份可多做善事，為有需要的人士贈醫施藥及捐款到慈善機構，平日亦可主動做義工幫助有需要人士，並定期茹素減少殺生（例如每逢初一、十五），自然能增加自身福報，為自己及家人行善積德。

六、保持良好心情

犯太歲之年盡量令自己每天都能保持良好心情，持樂觀正面態度面對所有事物，遇到任何事情要告訴自己「凡事發生一切皆有利於我」，相信自己能面對一切困難，所有的事情必定對自身有利，化難為易，強烈的正面、樂觀及快樂的信念會為自己帶來好運。

七、唸經或抄經

當自己或親人得病時可念誦**《藥師琉璃光如來本願功德經》**，念經前可放一杯水在跟前，念完經後並可迴向功德利益給患病者，可說：「願弟子（自己姓名）今日所受持**《藥師琉璃光如來本願功德經》**所有功德，全數迴向給（對方姓名），願（對方姓名）早日痊愈，身體健康，免受疾病之苦。」，最後可讓患病者飲下前面的清水。平日亦可多唸誦或抄寫此經多累積福德與功德，則可無病延年，常保健康。若有自己喜歡的經文，例如《**心經**》、《**金剛經**》、《**大悲咒**》等等，也可以經常唸誦或抄寫，只要誠心唸經就能消除業障，增加福報。

抄寫佛經或誦經一直被視為消災祈福的方便法，任何人只要誠心誠意地抄寫佛經，便能斷除雜念，為自己「增添福慧，莊嚴內心」，亦可將我們寫經的功德作回向，以達到自利利人，消業增福。

【藥師琉璃光如來本願功德經】手抄本

唐三藏法師玄奘奉詔譯

如是我聞：一時薄伽梵，遊化諸國，至廣嚴城，住樂音樹下。與大苾芻眾八千人俱，菩薩摩訶薩三萬六千，及國王、大臣，婆羅門、居士，天龍八部，人非人等，無量大眾，恭敬圍繞，而為說法。爾時、曼殊室利法王子，承佛威神，從座而起，偏袒一肩，右膝著地，向薄伽梵，曲躬合掌。白言：「世尊！惟願演說如是相類諸佛名號，及本大願殊勝功德，令諸聞者業障銷除，為欲利樂像法轉時諸有情故」。

爾時、世尊讚曼殊室利童子言：「善哉！善哉！曼殊室利！汝以大悲，勸請我說諸佛名號，本願功德，為拔業障所纏有情，利益安樂像法轉時諸有情故。汝今諦聽！極善思惟！當為汝說」。

曼殊室利言：「唯然，願說！我等樂聞！」

佛告曼殊師利：「東方去此，過十殑伽沙等佛土，有世界名淨琉璃，佛號藥師琉璃光如來、應、正等覺，明行圓滿、善逝、世間解、無上士、調御丈夫、天人師、佛、薄伽梵。」

「曼殊室利！彼世尊藥師琉璃光如來本行菩薩道時，發十二大願，令諸有情，所求皆得」。

「第一大願：願我來世，得阿耨多羅三藐三菩提時，自身光明熾然照耀無量無數無邊世界，以三十二大丈夫相，八十隨形莊嚴其身；令一切有情如我無異」。

「第二大願：願我來世得菩提時，身如琉璃，內外明徹，淨無瑕穢；光明廣大，功德巍巍，身善安住，燄網莊嚴過於日月；幽冥眾生，悉蒙開曉，隨意所趣，作諸事業」。

「第三大願：願我來世得菩提時，以無量無邊智慧方便，令諸有情皆得無盡所受用物，莫令眾生，有所乏少」。

「第四大願：願我來世得菩提時，若諸有情行邪道者，悉令安住菩提道中；若行聲聞獨覺乘者，皆以大乘而安立之」。

「第五大願：願我來世得菩提時，若有無量無邊有情，於我法中修行梵行，一切皆令得不缺戒、具三聚戒；設有毀犯，聞我名已還得清淨，不墮惡趣！」

「第六大願：願我來世得菩提時，若諸有情，其身下劣，諸根不具，醜陋、頑愚、盲、聾、瘖、啞、攣躄、背僂、白癩、顛狂、種種病苦；聞我名已，一切皆得端正黠慧，諸根完具，無諸疾苦」。

「第七大願：願我來世得菩提時，若諸有情眾病逼切，無救無歸，無醫無藥，無親無家，貧窮多苦；我之名號一經其耳，眾病悉除，身心安樂，家屬資具悉皆豐足，乃至證得無上菩提」。

「第八大願：願我來世得菩提時，若有女人為女百惡之所逼惱，極生厭離，願捨女身；聞我名已，一切皆得轉女成男，具丈夫相，乃至證得無上菩提」。

「第九大願：願我來世得菩提時，令諸有情出魔羂網，解脫一切外道纏縛；若墮種種惡見稠林，皆當引攝置於正見，漸令修習諸菩薩行，速證無上正等菩提！

「第十大願：願我來世得菩提時，若諸有情王法所加，縛錄鞭撻，繫閉牢獄，或當刑戮，及餘無量災難凌辱，悲愁煎逼，身心受苦；若聞我名，以我福德威神力故，皆得解脫一切憂苦！」

「第十一大願：願我來世得菩提時，若諸有情饑渴所惱，為求食故造諸惡業；得聞我名，專念受持，我當先以上妙飲食飽足其身，後以法味畢竟安樂而建立之」。

「第十二大願：願我來世得菩提時，若諸有情貧無衣服，蚊虻寒熱，晝夜逼惱；若聞我名，專念受持，如其所好即得種種上妙衣服，亦得一切寶莊嚴具，華鬘、塗香，鼓樂眾伎，隨心所翫，皆令滿足」。

「曼殊室利！是為彼世尊藥師琉璃光如來、應、正等覺行菩薩道時，所發十二微妙上願」。

「復次、曼殊室利！彼世尊藥師琉璃光如來行菩薩道時，所發大願，及彼佛土功德莊嚴，我若一劫、若一劫餘，說不能盡。然彼佛土，一向清淨，無有女人，亦無惡趣，及苦音聲；琉璃為地，金繩界道，城、闕、宮、閣，軒、窗、羅網，皆七寶成；亦如西方極樂世界，功德莊嚴，等無差別。於其國中，有二菩薩摩訶薩：一名日光遍照，二名月光遍照。是彼無量無數菩薩眾之上首，次補佛處，悉能持彼世尊藥師琉璃光如來正法寶藏。是故曼殊室利！諸有信心善男子、善女人，應當願生彼佛世界」。

爾時、世尊，復告曼殊室利童子言：「曼殊室利！有諸眾生，不識善惡，惟懷貪吝，不知布施及施果報，愚癡無智，闕於信根，多聚財寶，勤加守護。見乞者來，其心不喜，設不獲已而行施時，如割身肉，深生痛惜。復有無量慳貪有情，積集資財，於其自身尚不受用，何況能與父母、妻子、奴婢作使，及來乞者？彼諸有情，從此命終生餓鬼界，或傍生趣。由昔人間曾得暫聞藥師琉璃光如來名故，今在惡趣，暫得憶念彼如來名，即於念時從彼處沒，還生人中；得宿命念，畏惡趣苦，不樂欲樂，好行惠施，讚歎施者，一切所有悉無貪惜，漸次尚能以頭目手足血肉身分施來求者，況餘財物？」

「復次、曼殊室利！若諸有情，雖於如來受諸學處，而破尸羅；有雖不破尸羅而破軌則；有於尸羅、軌則，雖則不壞，然毀正見；有雖不毀正見而棄多聞，於佛所說契經深義不能解了；有雖多聞而增上慢，由增上慢覆蔽心故，自是非他，嫌謗正法，為魔伴黨。如是愚人，自行邪見，復令無量俱胝有情，墮大險坑。此諸有情，應於地獄、傍生、鬼趣流轉無窮。若得聞此藥師琉璃光如來名號，便捨惡行，修諸善法，不墮惡趣；設有不能捨諸惡行、修行善法，墮惡趣者，以彼如來本願威力令其現前，暫聞名號，從彼命終還生人趣，得正見精進，善調意樂，便能捨家趣於非家，如來法中，受持學處無有毀犯，正見多聞，解甚深義，離增上慢，不謗正法，不為魔伴，漸次修行諸菩薩行，速得圓滿」。

「復次、曼殊室利！若諸有情慳貪、嫉妒，自讚毀他，當墮三惡趣中，無量千歲受諸劇苦！受劇苦已，從彼命終，來生人間，作牛、馬、駝、驢，恆被鞭撻，饑渴逼惱，又常負重隨路而行。或得為人，生居下賤，作人奴婢，受他驅役，恆不自在。若昔人中曾聞世尊藥師琉璃光如來名號，由此善因，今復憶念，至心歸依。以佛神力，眾苦解脫，諸根聰利，智慧多聞，恆求勝法，常遇善友，永斷魔罥，破無明殼，竭煩惱河，解脫一切生老病死憂愁苦惱」。

「復次、曼殊利室！若諸有情好喜乖離，更相鬥訟，惱亂自他，以身語意，造作增長種種惡業，展轉常為不饒益事，互相謀害。告召山林樹塚等神；殺諸眾生，取其血肉祭祀藥叉、羅剎婆等；書怨人名，作其形像，以惡咒術而咒詛之；厭魅蠱道，咒起屍鬼，令斷彼命，及壞其身。是諸有情，若得聞此藥師琉璃光如來名號，彼諸惡事悉不能害，一切展轉皆起慈心，利益安樂，無損惱意及嫌恨心，各各歡悅，於自所受生於喜足，不相侵凌互為饒益」。

「復次、曼殊室利！若有四眾：苾芻、苾芻尼、鄔波索迦、鄔波斯迦，及餘淨信善男子、善女人等，有能受持八分齋戒，或經一年、或復三月受持學處，以此善根，願生西方極樂世界無量壽佛所聽聞正法而未定者，若聞世尊藥師琉璃光如來名號，臨命終時，有八大菩薩，其名曰：文殊師利菩薩，觀世音菩薩，得大勢菩薩，無盡意菩薩，寶檀華菩薩，藥王菩薩，藥上菩薩，彌勒菩薩。是八大菩薩乘空而來，示其道路，即於彼界種種雜色眾寶華中，自然化生」。

「或有因此，生於天上，雖生天上，而本善根，亦未窮盡，不復更生諸餘惡趣。天上壽盡，還生人間，或為輪王，統攝四洲，威德自在，安立無量百千有情於十善道；或生剎帝利、婆羅門、居士大家，多饒財寶，倉庫盈溢，形相端嚴，眷屬具足，聰明智慧，勇健威猛，如大力士。若是女人，得聞世尊藥師琉璃光如來名號，至心受持，於後不復更受女身」。

「復次、曼殊室利！彼藥師琉璃光如來得菩提時，由本願力，觀諸有情，遇眾病苦瘦攣、乾消、黃熱等病；或被厭魅、蠱毒所中；或復短命，或時橫死；欲令是等病苦消除所求願滿」。

「時彼世尊，入三摩地，名曰除滅一切眾生苦惱。既入定已，於肉髻中出大光明，光中演說，大陀羅尼曰：『那謨薄伽筏帝，鞞殺社窶嚕，薜琉璃鉢剌婆喝囉闍也，怛陀揭多耶，阿羅訶帝，三藐三勃陀耶。怛姪陁：唵，鞞殺逝，鞞殺逝，鞞殺社，三沒揭帝娑訶』」。爾時、光中說此咒已，大地震動，放大光明，一切眾生病苦皆除，受安隱樂。

「曼殊室利！若見男子、女人有病苦者，應當一心，為彼病人，常清淨澡漱，或食、或藥、或無蟲水、咒一百八遍，與彼服食，所有病苦悉皆消滅。若有所求，志心念誦，皆得如是無病延年；命終之後，生彼世界，得不退轉，乃至菩提。是故曼殊室利！若有男子、女人，於彼藥師琉璃光如來，至心殷重，恭敬供養者，常持此咒，勿令廢忘」。

「復次、曼殊室利！若有淨信男子女人，得聞藥師琉璃光如來應正等覺所有名號，聞已誦持。晨嚼齒木，澡漱清淨，以諸香花，燒香、塗香，作眾伎樂，供養形象。於此經典，若自書，若教人書，一心受持，聽聞其義。於彼法師，應修供養：一切所有資身之具，悉皆施與，勿令乏少。如是便蒙諸佛護念，所求願滿，乃至菩提」。爾時、曼殊室利童子白佛言：「世尊！我當誓於像法轉時，以種種方便，令諸淨信善男子、善女人等，得聞世尊藥師琉璃光如來名號，乃至睡中亦以佛名覺悟其耳。世尊！若於此經受持讀誦。或復為他演說開示；若自書、若教人書；恭敬尊重，以種種華香、塗香、末香、燒香、花鬘、瓔珞、幡蓋、伎樂，而為供養；以五色綵，作囊盛之；掃灑淨處，敷設高座，而用安處。爾時、四大天王與其眷屬，及餘無量百千天眾，皆詣其所，供養守護。世尊！若此經寶流行之處，有能受持，以彼世尊藥師琉璃光如來本願功德，及聞名號，當知是處無復橫死；亦復不為諸惡鬼神奪其精氣，設已奪者，還得如故，身心安樂」。

佛告曼殊室利：「如是！如是！如汝所說。曼殊室利！若有淨信善男子、善女人等，欲供養彼世尊藥師琉璃光如來者，應先造立彼佛形像，敷清淨座而安處之。散種種花，燒種種香，以種種幢幡莊嚴其處。七日七夜，受八分齋戒，食清淨食，澡浴香潔，著清淨衣，應生無垢濁心，無怒害心，於一切有情起利益安樂，慈、悲、喜、捨平等之心，鼓樂歌讚，右遶佛像。復應念彼如來本願功德，讀誦此經，思惟其義，演說開示。隨所樂求，一切皆遂：求長壽，得長壽，求富饒，得富饒，求官位得官位，求男女得男女」。

「若復有人，忽得惡夢，見諸惡相；或怪鳥來集；或於住處百怪出現。此人若以眾妙資具，恭敬供養彼世尊藥師琉璃光如來者，惡夢、惡相諸不吉祥，皆悉隱沒，不能為患。或有水、火、刀、毒、懸險、惡象、師子、虎、狼、熊、羆、毒蛇、惡蠍、蜈蚣、蚰蜒、蚊、虻等怖；若能至心憶念彼佛，恭敬供養，一切怖畏皆得解脫。若他國侵擾，盜賊反亂，憶念恭敬彼如來者，亦皆解脫」。

「復次、曼殊室利！若有淨信善男子、善女人等，乃至盡形不事餘天，唯當一心，歸佛法僧，受持禁戒：若五戒、十戒，菩薩四百戒、苾芻二百五十戒，苾芻尼五百戒。於所受中或有毀犯，怖墮惡趣，若能專念彼佛名號，恭敬供養者，必定不受三惡趣生。或有女人，臨當產時，受於極苦；若能志心稱名禮讚，恭敬供養彼如來者，眾苦皆除。所生之子，身分具足，形色端正，見者歡喜，利根聰明，安隱少病，無有非人，奪其精氣」。

爾時、世尊告阿難言：「如我稱揚彼世尊藥師琉璃光如來所有功德，此是諸佛甚深行處，難可解了，汝為信不？」

阿難白言：「大德世尊！我於如來所說契經不生疑惑，所以者何？一切如來身語意業無不清淨。世尊！此日月輪可令墮落，妙高山王可使傾動，諸佛所言無有異也」。

「世尊！有諸眾生，信根不具，聞說諸佛甚深行處，作是思惟：云何但念藥師琉璃光如來一佛名號，便獲爾所功德勝利？由此不信，還生誹謗。彼於長夜失大利樂，墮諸惡趣，流轉無窮！」

佛告阿難：「是諸有情若聞世尊藥師琉璃光如來名號，至心受持，不生疑惑，墮惡趣者無有是處」。

「阿難！此是諸佛甚深所行，難可信解；汝今能受，當知皆是如來威力。阿難！一切聲聞、獨覺，及未登地諸菩薩等，皆悉不能如實信解，唯除一生所繫菩薩。阿難！人身難得；於三寶中，信敬尊重，亦難可得聞世尊藥師琉璃光如來名號，復難於是」。

「阿難！彼藥師琉璃光如來，無量菩薩行，無量善巧方便，無量廣大願；我若一劫，若一劫餘而廣說者，劫可速盡，彼佛行願，善巧方便無有盡也！」

爾時、眾中，有一菩薩摩訶薩，名曰救脫，即從座起，偏袒一肩，右膝著地，曲躬合掌而白佛言：「大德世尊！像法轉時，有諸眾生為種種患之所困厄，長病羸瘦，不能飲食，喉脣乾燥，見諸方暗，死相現前，父母、親屬、朋友、知識啼泣圍繞；然彼自身臥在本處，見琰魔使，引其神識至於琰魔法王之前。然諸有情，有俱生神，隨其所作若罪若福，皆具書之，盡持授與琰魔法王。爾時、彼王推問其人，計算所作，隨其罪福而處斷之。時彼病人，親屬、知識，若能為彼歸依世尊藥師琉璃光如來，請諸眾僧，轉讀此經，然七層之燈，懸五色續命神旛，或有是處彼識得還，如在夢中明了自見。或經七日，或二十一日，或三十五日，或四十九日，彼識還時，如從夢覺，皆自憶知善不善業所得果報；由自證見業果報故，乃至命難，亦不造作諸惡之業。是故淨信善男子善女人等，皆應受持藥師琉璃光如來名號，隨力所能，恭敬供養」。

爾時、阿難問救脫菩薩曰：「善男子！應云何恭敬供養彼世尊藥師琉璃光如來？續命旛燈復云何造」？救脫菩薩言：「大德！若有病人，欲脫病苦，當為其人，七日七夜受持八分齋戒。應以飲食及餘資具，隨力所辦，供養苾芻僧。晝夜六時，禮拜行道，供養彼世尊藥師琉璃光如來。讀誦此經四十九遍，然四十九燈；造彼如來形像七軀，一一像前各置七燈，一一燈量大如車輪，乃至四十九日光明不絕。造五色綵旛，長四十九褶手，應放雜類眾生至四十九，可得過度危厄之難，不為諸橫惡鬼所持」。

「復次、阿難！若刹帝利、灌頂王等，災難起時，所謂：人眾疾疫難，他國侵逼難，自界叛逆難，星宿變怪難，日月薄蝕難，非時風雨難，過時不雨難。彼剎帝利灌頂王等，爾時應於一切有情起慈悲心，赦諸繫閉。依前所說供養之法，供養彼世尊藥師琉璃光如來。由此善根及彼如來本願力故，令其國界即得安隱，風雨順時，穀稼成熟，一切有情無病歡樂。於其國中，無有暴惡藥叉等神惱有情者，一切惡相皆即隱沒；而剎帝利灌頂王等壽命色力，無病自在，皆得增益」。

「阿難！若帝后、妃主，儲君、王子，大臣、輔相，中宮、綵女，百官、黎庶，為病所苦，及餘厄難；亦應造立五色神旛，然燈續明，放諸生命，散雜色花，燒眾名香；病得除愈，眾難解脫」。

爾時，阿難問救脫菩薩言：「善男子！云何已盡之命而可增益」？救脫菩薩言：「大德！汝豈不聞如來說有九橫死耶？是故勸造續命旛燈，修諸福德，以修福故，盡其壽命不經苦患」。阿難問言：「九橫云何」？救脫菩薩言：「若諸有情，得病雖輕，然無醫藥及看病者，設復遇醫，授以非藥，實不應死而便橫死。又信世間邪魔、外道妖孽之師妄說禍福，便生恐動，心不自正，卜問覓禍，殺種種眾生，解奏神明，呼諸魍魎，請乞福祐，欲冀延年，終不能得。愚癡迷惑，信邪倒見，遂令橫死入於地獄，無有出期，是名初橫。二者、橫被王法之所誅戮。三者、畋獵嬉戲，耽淫嗜酒，放逸無度，橫為非人奪其精氣。四者、橫為火焚。五者、橫為水溺。六者、橫為種種惡獸所噉。七者、橫墮山崖。八者、橫為毒藥、厭禱、咒詛、起屍鬼等之所中害。九者、饑渴所困，不得飲食而便橫死。是為如來略說橫死，有此九種，其餘復有無量諸橫，難可具說！

「復次、阿難！彼琰魔王主領世間名籍之記，若諸有情，不孝五逆，破辱三寶，壞君臣法，毀於性戒，琰魔法王隨罪輕重，考而罰之。是故我今勸諸有情，然燈造旛，放生修福，令度苦厄，不遭眾難」。

爾時、眾中有十二藥叉大將，俱在會坐，所謂：宮毘羅大將，伐折羅大將，迷企羅大將，安底羅大將，頞你羅大將，珊底羅大將，因達羅大將，波夷羅大將，摩虎羅大將，真達羅大將，招杜羅大將，毘羯魔大將：此十二藥叉大將，一一各有七千藥叉，以為眷屬。

同時舉聲白佛言：「世尊！我等今者蒙佛威力，得聞世尊藥師琉璃光如來名號，不復更有惡趣之怖。我等相率，皆同一心，乃至盡形歸佛法僧，誓當荷負一切有情，為作義利，饒益安樂。隨於何等村城國邑，空閑林中，若有流布此經，或復受持藥師琉璃光如來名號恭敬供養者，我等眷屬衛護是人，皆使解脫一切苦難，諸有願求悉令滿足。或有疾厄求度脫者，亦應讀誦此經，以五色縷，結我名字，得如願已，然後解結」。

爾時、世尊讚諸藥叉大將言：「善哉！善哉！大藥叉將！汝等念報世尊藥師琉璃光如來恩德者，常應如是利益安樂一切有情」。

爾時、阿難白佛言：「世尊！當何名此法門？我等云何奉持？」佛告阿難：此法門名說藥師琉璃光如來本願功德；亦名說十二神將饒益有情結願神咒；亦名拔除一切業障；應如是持」！

時薄伽梵，說是語已，諸菩薩摩訶薩，及大聲聞，國王、大臣、婆羅門、居士、天龍、藥叉、健達縛、阿素洛、揭路茶、緊捺洛、莫呼洛伽、人、非人等一切大眾，聞佛所說，皆大歡喜，信受奉行。

第四章　乙巳蛇年十二生肖運程

蛇

肖蛇開運錦囊

★「金輿」吉星拱照下，寓意財源滾滾而來。

★宜主動進行喜事沖喜，例如結婚、添丁、置業或創業。

★「伏屍」星入主，不妨主動為家中更換家具、進行小型裝修來提升家宅運。

★「血刃」及「浮沉」凶星暗伏，主有小意外、血光之災。

★立春後到相熟廟宇攝太歲，有望減輕犯太歲的影響。

肖蛇者出生時間（以西曆計算）

1929 年 2 月 4 日 15:09 分	至	1930 年 2 月 4 日 20:52 分
1941 年 2 月 4 日 12:50 分	至	1942 年 2 月 4 日 18:49 分
1953 年 2 月 4 日 10:46 分	至	1954 年 2 月 4 日 16:31 分
1965 年 2 月 4 日 08:46 分	至	1966 年 2 月 4 日 14:38 分
1977 年 2 月 5 日 06:34 分	至	1978 年 2 月 4 日 12:27 分
1989 年 2 月 4 日 04:28 分	至	1990 年 2 月 4 日 10:15 分
2001 年 2 月 4 日 02:30 分	至	2002 年 2 月 4 日 08:25 分
2013 年 2 月 4 日 00:14 分	至	2014 年 2 月 4 日 06:04 分

整體運程

今年為肖蛇者為犯太歲的年份，為十二年一次的本命年，正所謂「太歲當頭坐，無喜恐有禍」，值太歲之年容易出現不同的變化，倘若能進行喜事沖喜，例如結婚、添丁、置業或創業，則能主動應驗犯太歲的變化以作沖喜之用，並可減少犯太歲的影響。

若未能進行喜事沖喜者，則容易經歷在感情、事業、財運、住屋或健康方面的變化，幸好今年為肖蛇者的工作升遷年，再加上有眾多吉星進駐，整體運勢不俗。

吉星方面，今年有「八座」、「歲駕」、「金輿」及「天解」吉星高照，「八座」吉星，寓意貴人相助，有遇難呈祥的意思。「歲駕」代表古時候皇帝出巡，可在工作上得到別人認同。而且在「金輿」吉星拱照下，寓意財源滾滾而來，惟「天解」星進駐，有先難後易之意。

雖然吉星眾多，但仍不可忽視凶星之力量，凶星方面有「劍鋒」、「伏屍」、「血刃」、「浮沉」及「指背」等凶星入主，「劍鋒」星代表容易因金屬受傷，要注意道路安全。「血刃」及「浮沉」凶星暗伏，主有小意外、血光之災，不宜進行任何高危險性的活動，以免發生意外。「伏屍」星代表家宅運欠佳，可以為家中更換家具、進行小型裝修來提升運勢。在本命年及凶星的影響下，易有開刀破相之險，可在農曆四月及農曆十月主動洗牙或捐血以應血光之災。

總言之，肖蛇者今年健康運及家宅運欠佳，可在立春後到相熟廟宇攝太歲，有望減輕犯太歲的影響。

【財運】

雖然為犯太歲的生肖，但整體財運不俗，為容易得財的年份。在眾多吉星拱照下，財來自有方，不論在正財或是偏財均會有所進步，若遇到合適的機會，可大膽一試積極爭取。

在「金輿」吉星拱照下為財運亨通的一年。「金輿」寓意財源滾滾而來，不論工作運及財運亦會有所進步。

打工一族，新一年有望升職加薪，自僱或從商者可獲得豐厚盈利，可在事業上大鵬展翅，取得好成績。

惟受到「劍鋒」、「伏屍」及「血刃」凶星入主，導致家宅運平平，會出現很多意外支出，例如家中長輩或自己患病，而需要金錢治病，可購買充足保額的醫療保險，以防萬一。

【事業】

事業發展理想的一年，今年有「八座」、「天解」及「歲駕」吉星高照，均與工作有關。

在「八座」及「天解」吉星的幫助下，事業能取得良好進展，打工一族能大權在握、扶搖直上，獲得期待已久的升職加薪機會，為事業發展順利的一年。自僱及從商者，事業打拼多年，今年能取得重大成果，實在可喜可賀。

「歲駕」星進駐，代表可獲到他人賞識，有望在職場上大展拳腳，展示個人的工作能力。與此同時若有機會，亦可嘗試新的業務範圍，拓展事業。

惟受到「指背」凶星入主，代表有小人暗中造謠、無是生非，唯有專注工作，不要理會閑言閒語。

【感情】

今年為肖蛇者的「感情鬫口年」，每逢值太歲及沖太歲的年份，總會容易出現感情變化，故此新一年要多與伴侶溝通，彼此分享內心想法。

已有穩定交往對象的朋友，可考慮在蛇年落實籌辦婚事，用「一喜擋三災」的方式來應值太歲之年，以免出現「不結即分」的危機。

已婚者，受到凶星「伏屍」入主會影響家人及伴侶的健康，故要多關心伴侶的身體狀況。此外本命年會與伴侶因意見不合而爭執，容易引致感情生變，宜在今年添丁或去長線的旅行，有助化解不利因素。

單身者，新一年桃花運欠奉，對感情不宜抱太大期望，宜把精力放在工作上。

【健康】

健康運欠佳，本命年再加上「劍鋒」、「伏屍」、「血刃」及「浮沉」多顆凶星的影響下，肖蛇者的健康運及家宅運欠佳，並要小心血光之災，不宜參與任何高危險性的活動。

「伏屍」星入主代表家宅運較差，不妨主動為家中更換家具、進行小型裝修來提升運勢。

「浮沉」凶星，具有犯水險而受傷之象，「欺山莫欺水」新一年不宜進行跳水、潛水、滑水等水上活動，以免發生意外。

肖蛇者可於立春後到相熟廟宇攝太歲，並在農曆四月及農曆十月進行捐血或洗牙，主動應驗血光之災，而且可多做善事積福，有助化解本命年健康運不佳的不利因素。

肖蛇者運勢（一九二九年、一九四一年、一九五三年、一九六五年、一九七七年、一九八九年、二〇〇一年、二〇一三年）

★一九二九年：己巳年（虛齡九十七歲）

來到新一年，健康明顯轉差，若有不適需馬上求醫，切記諱疾忌醫，拖延病情。心情欠佳，不宜過多走動，外出時要注意安全，免生意外，同時不宜探病問喪，避免到醫院、墳場、殯儀館等陰氣較重的地方，以免影響個人氣場。

★一九四一年：辛巳年（虛齡八十五歲）

天干金木相剋，再加上「血刃」及「劍鋒」凶星的影響下，會直接影響健康及家宅運，要時刻留意身體狀況，若有不適馬上求醫。建議立春後可到廟宇攝太歲。主動為家中大掃除，避免家中雜物太多，應移走雜物，避免阻礙通道，以免絆倒。

★一九五三年：癸巳年（虛齡七十三歲）

今年運勢欠佳，眾多凶星入主，特別不利出門，容易生意外，例如財物損失及手腳受傷等，故出發前可預先購買旅遊保險，減少因意外而造成的財物損失。投資方面，不過不失，不適宜參與高風險的投資理財產品，以免錄得虧損。

★一九六五年：乙巳年（虛齡六十一歲）

今年為人生重要的關口年，工作、感情、健康、財運，均容易出現變化。立春後務必要到廟宇攝太歲，在農曆四月及農曆十月可捐血或洗牙，主動化解血光之災。今年行嘴巴運，若嘴唇顏色較為紫黑或較為薄的朋友，在龍年年尾便要到醫院進行詳細的身體檢查。

★一九七七年：丁巳年（虛齡四十九歲）

踏入準頭即為鼻頭運，若鼻頭有肉，氣息光澤明潤，代表今年財源滾滾來，得財順利，可賺取不俗的財富。相反鼻頭經常生暗瘡、有黑頭或紅絲，則代表今年財運欠佳，避免任何投資理財，以免造成重大的金錢損失。已婚者與伴侶相處欠和諧，經常為了小事而爭執不斷，長久下去兩人關係漸行漸遠。

★一九八九年：己巳年（虛齡三十七歲）

新一年為「感情關口年」，為容易出現感情變化的年份。已有穩定交往對象的朋友，可考慮在今年落實籌辦婚事，用「一喜擋三災」的方式來應值太歲之年，以免出現「不結即分」的危機。工作表現良好，有望在今年升職加薪，務必要好好把握機會。財運亨通之年，眼神黑白分明、炯炯有神者，可大膽投資，希望能從中獲得豐厚回報。

★二〇〇一年：辛巳年（虛齡二十五歲）

今年最好進行喜事沖喜，若未能以喜事沖喜者，則容易經歷在感情、事業、財運、住屋或健康方面的變化，在本命年的影響下，已有伴侶者與伴侶常因小事而爭執，容易引起感情變化，若大家有緣無份，只好就此放生對方。財運大起大落的年份，幸好較為年輕，承受風險的能力也較高。

★二〇一三年：癸巳年（虛齡十三歲）

變化較大的一年，剛升上中學令你感到無所適從，幸好天生人際關係不俗，在新環境當中結識了不少新朋友，令你找到生活中的樂趣。學業運不過不失的一年，只好減少玩樂時間，才能追上學習進度。

每月運程

農曆正月（新曆2月3日至3月4日）

犯太歲之年，再加上地支相害的月份，人際關係欠佳，經常有小人在你背後搞小動作，無需過分介懷。對方的工作能力必然是不如你，才會在你背後諸多動作，比你優秀的人只會專注自身。財運欠佳，犯太歲的月份不要隨便投資，特別是根據身邊人所提供的「幕後貼士」，任何高風險的賭博、投資都不宜參與。

已婚者與伴侶經常為小事而爭執不斷，建議大家從對方的角度思考，關係才能長久。

駕駛人士務必要遵守交通規則，千萬不要超速駕駛，行人在過馬路時要遵守交通燈的指示，不要只顧看手機。立春後可到相熟廟宇攝太歲，可有助化解犯太歲的影響。

農曆二月（新曆3月5日至4月3日）

財運平平之月，幸好學習運較為強勁，可藉此機會報讀與工作相關的課程。打工一族，工作開始有點眉目，遠離小人的困擾，心情亦變得不錯。自僱或從商的朋友，本月因在行內的知名度增加，而增加生意額。

不宜進行任何投資理財決定，正財運亦較為一般，在年頭時間亦可好好計劃理財方案，為未來一年做好準備。

已婚者與伴侶關係回復正常，可多抽空陪伴對方，與伴侶多作心靈上的交流，了解對方內心感受。單身的朋友，可報讀興趣班，有望結識志同道合的異性。

受到「血刃」及「伏屍」星的影響下，身體出現小病小恙，如有不適馬上求醫。

農曆三月（新曆4月4日至5月4日）

全年財運最好的月份，機不可失，務必要好好把握機會。工作方面遇到合適機會可盡力一試，打工一族可在老闆或上司面前主動展示自身的工作能力，有望加薪。自僱及從商者，不妨為主動構思新業務或服務，增強自身競爭力。

財運亨通的月份，可嘗試投資具升值潛力的理財產品，喜歡賽馬的朋友，可投注喜愛的馬匹、購買六合彩或3T，有望獲得意外之財。

感情生活平穩的月份，有伴侶者可享受甜蜜的二人世界。單身的男士，本月有機會遇到合適的另一半，不妨主動相約對方外出，看看能否更進一步。

健康運良好，平日需注重休息，保持定期做運動的習慣。

農曆四月（新曆5月5日至6月4日）

值太歲之年再遇上太歲月，工作壓力較大的月份，無論怎樣努力仍然錯漏百出，舉步維艱，既然多做多錯，不如主動放假遠離工作煩囂，到外地旅遊。本月正財運尚佳，偏財運平平。主要收入以正財為主，不適宜參與高風險的投資活動及賭博，以免招致金錢上的損失。

已有伴侶的朋友，常常會因小事而爭執不斷，建議「忍一時風平浪靜」，不要事事爭第一，要學習從對方的角度思考，做好情緒管理，避免時常發脾氣而影響與伴侶的關係。單身者不必太過心急。

容易有血光之災的月份，長期病患者，可以進行身體檢查，同時肖蛇者可在本月捐血或洗牙，主動化解血光之災。

農曆五月（新曆6月5日至7月6日）

本月事業運順暢，工作表現得到獲得眾人的認可，務必要乘勝追擊，為事業打好根基。自僱及從商者，宜積極拓展事業領域，為客戶提供更優質的服務或產品，有助在行內打響知名度。

正財運為主的月份，從商及自僱者工作量增加，帶動營業額上升，從而增加收入。打工一族，只是工作量增加而收入不變。

桃花旺盛的月份，已有伴侶者，不要對異性過分熱情，以免發生三角關係而引起感情關係混亂。單身的朋友若遇到心儀對象，不妨努力爭取為將來幸福而努力。

平日要多抽空休息，不宜出席過多的應酬場合，以免身體過於疲累而生病。

農曆六月（新曆7月7日至8月6日）

工作運強勁的月份，可延續上月的好運，一直計劃已久的方案，不妨在本月開展。自僱及從商者，在本月會遇到更多機會，從而在事業上有不錯的發展，可增加整體營業額。打工一族，宜全心全意投入到工作當中，可取得相應成果。財運方面以正財運較好，只需努力工作便可得到相應的財富，投注方面不宜太進取，以免出現虧損。

單身的女士，透過工作關係會結識新的異性朋友，不要太過心急開展一段戀情，先觀察對方的態度再作決定。已婚者，不妨在假日與另一半舊地重遊，增進彼此之間的感情。

健康運尚可，平日可根據自身需要補充適量的維生素。

農曆七月（新曆8月7日至9月6日）

貴人運強勁的月份，借助相合的力量，整體運勢不俗。打工一族可以得到上司及客戶的支持。自僱人士及做生意的朋友，可在本月以多勞多得的形式來增加收入。

正財運不俗，做生意及自僱人士營業額增加而令收入上升。打工一族，得到上司及客戶的欣賞，有望升職加薪。

已有伴侶者，感情穩定，可抽空與對方約會，分享內心的愛意。單身者，可透過長輩介紹結識條件優秀的異性，可惜年齡相差較大，代溝問題令你舉棋不定。

蛇年眾多凶星埋伏，家宅運一般，避免去陰氣重的地方，例如醫院、殯儀館、墳場等地方。平日可多參與喜慶場合，例如婚禮、百日宴等。

農曆八月（新曆9月7日至10月7日）

相合貴人月，事事順利。工作能力得到別人認同。打工一族，靠自身的專業能力奠定事業基礎，可得到上司及老闆的賞識，發揮所長。自僱及從商者，自身的業務能力出色，在行內知名度有所提高，令營業額上升。

在強而有力的貴人相助下，得財的機會較多。喜歡投機的朋友，可小注怡情，以「刀仔鋸大樹」的方式來進行，只要不太貪心，便能有所斬獲。

單身者，即使沒有辦法遇到適合自己的對象，也可以擴闊自己的圈子認識多一點新朋友。已有伴侶者感情穩定。

「欺山莫欺水」，本月不宜參與高危險性的水上活動，例如跳水、滑水、潛水等。

農曆九月（新曆10月8日至11月6日）

多勞多得的月份，凡事親力親為才能有所回報。事業進展順利，宜好好把握機會。本月工作繁忙令你忙得不可開交，不要怕辛苦，只要努力便能得到回報。

財運不過不失，收入未有因工作量增加而上升，但經常會出現莫名其妙的開支，出現收支不平衡。

已有伴侶者，多抽空陪伴對方，不要因工作而忽略伴侶，以免讓他人有機可乘。單身者透過朋友介紹結識心儀對象，切勿太過急進以免嚇怕對方，一切要循序漸進，慢慢發展。

家宅運平平，宜多做善事，例如主動做義工或捐款到慈善機構，為家人積福，減低凶星的影響力。

農曆十月（新曆11月7日至12月6日）

沖太歲月，運勢反反覆覆。打工一族，於工作上會遇到各種突如其來的改變，難以實行計劃已久的工作方案。受到「指背」凶星影響下，自僱及從商者，會遭到競爭對手的造謠，從而影響生意額。

財運欠佳，容易破財。因此與他人合作做生意或投資前，一定要寫清楚雙方利益，以免有所爭執。同時亦不宜進行任何賭博、投資決定。

已有伴侶者，本月會出現大爭吵，不可強加自己的想法在對方身上，彼此要互相包容及接納對方的優點和缺點。單身者繼續等待。

在「劍鋒」凶星的影響下，本月容易跌傷、撞傷，當中懷孕的女士出門時要加倍小心，以防小產。

農曆十一月（新曆12月7日至26年1月4日）

終於脫離沖太歲的月份，心情明顯轉好。若有轉工想法的朋友，本月並不是合適時機，建議繼續留守在原有崗位工作，否則新不如舊，只會越轉越差得不償失。從商或自僱人士，有望提高本月營業額，增加收入。

整體財運較上月有所改善，但仍要謹慎理財，不要胡亂購物。投資運欠佳，不宜過分進取，投資金融衍生產品。

已婚者，關係有所好轉，回復昔日甜蜜的時光，可多花心思在伴侶身上，為彼此製造甜蜜的回憶。單身的朋友可報讀興趣班，有望結識志同道合的異性。

長期病患者，本月病情惡化，若有不適馬上求醫，不要諱疾忌醫。

農曆十二月（新曆26年1月5日至2月3日）

來到年尾，本月貴人運旺盛，人際關係明顯轉好。打工一族，在工作上容易獲得上司或老闆提攜，有望升職加薪。自僱及從商者，可在本月多參與社交活動及工作聚會，可結識更多潛在的客戶，為事業打好基礎。

正財較佳的月份，自僱或從商者可望因工作量上升而增加收入。投資方面，不宜抱有太大期望，不要輕信他人的意見而胡亂投資。

已有伴侶者，即使工作繁忙，亦要主動關心伴侶，偶爾發送甜蜜的問候短訊，讓伴侶感受你的愛意。單身者把心思放在工作上，工資才能漲得快。

身體並無大礙，保持作息定時，及定期進行帶氧運動。

馬

肖馬開運錦囊

★ 今年為工作升遷年，事業表現出色。

★「太陽」星代表男性貴人星，特別有利經營男性行業。

★「文昌星」進駐，有利學習、考試及升職。

★「晦氣」代表容易因無心之失而開罪別人。

★「咸池」入主為霧水桃花之年。

肖馬者出生時間（以西曆計算）

1930 年 2 月 4 日 20:52 分	至	1931 年 2 月 5 日 02:41 分
1942 年 2 月 4 日 18:49 分	至	1943 年 2 月 5 日 00:41 分
1954 年 2 月 4 日 16:31 分	至	1955 年 2 月 4 日 22:18 分
1966 年 2 月 4 日 14:38 分	至	1967 年 2 月 4 日 20:31 分
1978 年 2 月 4 日 12:27 分	至	1979 年 2 月 4 日 18:13 分
1990 年 2 月 4 日 10:15 分	至	1991 年 2 月 4 日 16:09 分
2002 年 2 月 4 日 08:25 分	至	2003 年 2 月 4 日 14:06 分
2014 年 2 月 4 日 06:04 分	至	2015 年 2 月 4 日 12:00 正

整體運程

今年為肖馬者的工作升遷年，流年運勢相當不俗，得到三顆吉星「太陽」、「文昌」及「天空」高照，不論是事業運、財運、人際關係均較去年有所進步。

吉星方面，「太陽」星代表男性貴人星，特別有利經營男性行業，自僱及從商者可主力發展男性生意，例如：賽馬界、鐘錶界、汽車界等，今年會有不錯的收入。打工一族，得到男上司或老闆的賞識，有望在蛇年升職加薪。

在「文昌星」進駐下，肖馬者的頭腦會變得靈活、思想敏捷、有利學習、考試及升職，建議蛇年可以投資更多在學習上，工作時自然能事半功倍。再加上「天空」吉星拱照，代表想像力、創意力、天馬行空，特別有利從事創作、設計的朋友，工作時靈感不斷，宜好好把握機會，爭取更佳的工作表現。

感情方面，單身的女性可在工作期間結識條件優秀的異性，有望開展一段浪漫的情緣，惟受到「咸池」星影響下，主霧水情緣，新一年感情生活雖然多姿多彩，但未必能長久穩定，要提前做好心理準備。當中已婚者務必要時刻提醒自己，不要對伴侶以外的異性太過熱情，否則容易陷入三角關係。

惟凶星方面有「晦氣」入主，「晦氣」代表容易因無心之失而開罪別人，因此要小心與他人相處，並要時刻留意自己的態度，凡事低調做人。

總括來説，新一年運勢較為理想，宜主動出擊把握機會，工作期間大膽出擊，可得到顯著提升。

蛇 馬 羊 猴 雞 狗 豬 鼠 牛 虎 兔 龍

【財運】

去年財運不過不失，來到新一年財運不俗，不論是正財或偏財亦能有所提升。今年有「太陽」吉星入主，代表男性貴人及遠方財星的意思，若能從事與男性有關的行業，例如：賽馬、汽車、鐘錶、健身、音響、男士服飾等行業，今年有望增加營業額，從而提升正財收入。打工一族，亦可藉着男性貴人賞識的機遇，爭取較大的加薪幅度。

偏財運較去年進步，可與男性貴人一起合作或投資買賣，有望獲得豐厚的回報。

但在「咸池」星的影響下，新一年交際應酬活動較多，開支會較往年大，務必要做好理財規劃，否則賺得多花得多，到頭來「竹籃打水一場空」。

【事業】

蛇年為肖馬者的工作升遷年，事業有明顯的進步，再加上三顆與事業有關的吉星進駐，有望更上一層樓。「太陽」吉星高照，能得到男性貴人的賞識及支持，從商及自僱人士，工作若以男性客戶為主，新一年透過原有客戶的支持下，會認識更多具發展潛力的合作夥伴及新客戶，事業發展良好。

打工一族，今年與男上司及老闆相處融洽，並會得上司或老闆提攜，可抓緊機會表現自我。

從事文職工作的朋友，在「文昌」吉星的幫助下，蛇年頭腦清晰、思路敏捷，務必要好好把握機會，爭取升職加薪的機會。另外「天空」星有利從事創作工作的朋友，可藉此機會增加知名度。

【感情】

今年感情生活多姿多彩，當中特別有利肖馬的女性，在「太陽」吉星拱照下，單身的女士，會遇到條件優越的男士，建議積極爭取，為未來幸福而努力。單身的男性，今年會遇到心儀對象。惟「咸池」入主為霧水桃花星，即使開展了新戀情亦容易出現分分合合。

已婚者與伴侶相處融洽，但肖馬者天生桃花旺盛，再加上霧水桃花之年更要小心。肖馬的女士千萬不要對伴侶以外的異性太過熱情，要保持適當距離以免陷入三角關係，同時要時刻警惕，切勿因新鮮感而破壞原有的婚姻關係，否則覆水難收，摧毀經營多年的婚姻關係，從而影響自己在社會上的名聲及地位。

【健康】

新一年在眾多吉星高照下，健康運並沒有太大問題，雖然沒有大病困擾，但小病小恙在所難免，容易患上傷風、感冒等小毛病，平日要保持個人衛生，定期做運動提高抵抗力。

出生在夏天的朋友，即農曆四月、農曆五月及農曆六月，在蛇年容易患上與眼睛、心臟、血液、血管有關的疾病，若有身體不適馬上求醫，切勿諱疾忌醫，以免拖延病情。

「咸池」星入主交際應酬較多，容易出現暴飲暴食，造成腸胃負擔，建議要以清淡飲食為主，時刻提醒自己節制飲食，減少出席不必要的聚會，定時做運動維持健康體魄，平日亦要盡量抽時間休息，以免太過勞累

肖馬者運勢（一九三〇年、一九四二年、一九五四年、一九六六年、一九七八年、一九九〇年、二〇〇二年、二〇一四年）

★一九三〇年：庚午年（虛齡九十六歲）

天干「乙庚相合」，人際關係較好的一年，與後輩相處開心愉快，可以多與後輩溝通，分享過去人生的經驗。健康運大致良好，平日注意飲食即可，家居環境宜保持乾淨整齊，以免發生家居意外。

★一九四二年：壬午年（虛齡八十四歲）

健康運較去年進步，長期病患者病情能得到適當的控制，早年一直困擾你的疾病，終於找到緩解的方法。活了一輩子健康才是最重要，平日宜保持定期做運動的習慣，對於後輩的事情放寬心，不用太過緊張，開心快樂才是活着的目的。

★一九五四年：甲午年（虛齡七十二歲）

財運相當一般，投資收益未如理想，甚至錄得虧損，人活了大半輩子，不要對財富太過着緊，精神壓力太大會引致很多身體上的小毛病。健康運尚可，惟長期病患病情會急速惡化，若有任何不適，盡早求醫以免耽誤病情。

★一九六六年：丙午年（虛齡六十歲）

丙午年出生的長者，今年運勢較為反覆不定，事業發展未如理想，經常在背後被別人非議及批評，令你感到十分困擾，從前能坦然面對，如今卻耿耿於懷，是時候考慮退休了。

健康運較差，當中出生在春天及夏天的朋友，容易患上與眼睛、心臟、血液、血管有關的疾病，建議可到醫院做一個詳細的身體檢查。

★一九七八年：戊午年（虛齡四十八歲）

事業發展順利，新一年更上一層樓，不妨藉着運氣不俗的年份，發展新的業務，有望取得不錯的成果。人際關係較為一般，與人相處時多注意自身的態度，不要經常自以為是，否則到頭來人心盡失，宜多從別人的角度出發，想想他人的難處。

★一九九〇年：庚午年（虛齡三十六歲）

事業及財運發展良好，整體發展相當不錯，宜好好把握機會。桃花運旺盛的年份，單身的朋友有望發展異地情緣，遇到心儀對象不妨主動出擊，兩人關係是否長久需要看多方面因素，但還沒有開始便退縮，便是膽小怕事的表現。

★二〇〇二年：壬午年（虛齡二十四歲）

變化較大的一年，幸好今年貴人較多，找工作的時候可以找以男性為主導的行業，例如：鐘錶界、汽車界、音響界、男士服飾界別等等。已有伴侶的朋友，由於桃花運暢旺，自我感覺良好，而且遇到不同的異性追求，因此與伴侶的關係時好時壞。單身者不用太過心急，寶物沉歸底，好的姻緣是需要用時間來等待。

★二〇一四年：甲午年（虛齡十二歲）

在「文昌」吉星的幫助下，新一年學業成績明顯進步，上課時很容易了解及明白老師的講解，不妨藉此機會主動學習更多知識，可報讀感興趣的課外活動，增強自身競爭力，對日後人生有莫大裨益。

每月運程

農曆正月（新曆2月3日至3月4日）

相合之月運勢平穩，學習運強勁的月份，既然在工作上未能取得重大進展，不如靜下心來學習新事物增值自己。從商及自僱人士可抽空出席業內活動，拓展人際關係及進一步增加在行內的知名度。

財運較好的月份，可購買中長期的理財產品，為日後的財富打好基礎。喜歡賽馬的朋友可以投注心水馬匹及購買六合彩彩票，增加中獎機會。

已有伴侶者，本月感情非常穩定，可以好好享受兩人甜蜜的時光。單身者趁着相合月，主動參加社交聚會，藉此機會結識新朋友。

健康運大致良好，平日宜多注重休息，定期做帶氧運動，保持良好習慣。

農曆二月（新曆3月5日至4月3日）

相破的月份，人際關係出現倒退。事業運勢較上月有所退步，在工作場合要時刻控制個人情緒，自僱及從商者，同行間出現對你的流言蜚語，不用理會他人，繼續默默地耕耘總會有人看到。

財運平平，收入與往常一樣。本月不宜參與任何高風險的博彩及投機，以免造成金錢損失。

單身的朋友，有望遇到心儀對象，可多相約對方外出約會，先了解對方再決定是否進一步發展。已有伴侶者亦要好好把持自己，不要陷入三角關係，以免後患無窮。

心情較為低落的月份，不宜探病問喪，以免沾染負能量影響個人氣場。平日可到郊外走走，多接觸大自然對身心有益。

農曆三月（新曆4月4日至5月4日）

財運順暢的月份，工作表現出色。自僱及從商者，在客戶的支持下，只要努力工作便能得到相應的回報。打工一族，本月得到貴人賞識，可在上司及老闆面前展現自我，爭取升職加薪的機會。

正財運及偏財運較佳的月份，肖馬者容易有偏財運，遇上抽獎活動，不妨積極參與，平日亦可購買六合彩、3T。喜歡賭博的朋友，可投注心水馬匹及喜愛的球隊。

已婚者感情平穩的月份，可多與伴侶外出遊玩。單身的男士有望遇到合適的另一半，可主動出擊。

心情舒暢的月份，身體自然健康，沒有需要特別注意的問題，只需作息定時及放鬆心情便可安然渡過此月。

農曆四月（新曆5月5日至6月4日）

八方來財，為全年財運最好的月份。自僱及從商者，得到客戶鼎力支持，可展開新的工作計畫，會比以往更積極及忙碌，整體營業額增加。打工一族，工作順利，得到上司或老闆的賞識，有望升職加薪。

財運亨通，機會一瞬即逝，若遇到合適的投資機會，可大膽嘗試，能獲得意外之財。

平日可與伴侶外出遊玩，可增進雙方感情之餘，亦可藉此舒緩工作壓力，令身心得以徹底放鬆。如在工作上遇到難題亦可詢問伴侶看法，能為你排憂解難。

工作繁忙，再加上交際應酬較多，令休息時間減少，只好減少出席不必要的社交應酬活動，緊記健康才是一切。

農曆五月（新曆6月5日至7月6日）

「午午自刑」的月份，事業運勢欠佳，常常認為自己懷才不遇，打工一族因做錯事而受到上司或老闆的責備，只好安慰自己下次做得更好，建議盡快收拾心情。

本月財運欠佳，出現破財，若有人向你提出借貸要求，切勿輕易答應以免在金錢上有所損失。同時亦避免參與任何投機及賭博，以免錄得虧損。

已婚者與伴侶的關係變差，經常因為瑣碎事而與伴侶爭執不斷，建議可把精力投放在工作上。單身的朋友，不宜對感情抱有太大期望。

健康運較差的月份，容易發生小意外，故要特別留意交通情況，過馬路及駕駛時要打起十二分精神，宜捐血或洗牙以作化解血光之災。

農曆六月（新曆7月7日至8月6日）

本月為工作運強勁的月份，事業漸入佳境。工作時得心應手，惟要提防小人在暗中破壞，故要特別注意人際關係，不宜參與過多應酬活動，完成工作後可回家休息。

正財為主的月份，自僱或從商者可望因工作量上升而增加收入。投資方面，不宜抱有太大期望。

感情方面，單身的馬女桃花旺盛，可透過工作場合結識心儀對象，切勿太過急進以免嚇怕對方，一切要循序漸進，慢慢發展。已有伴侶者，本月感情平穩，可藉此機會增進感情，為對方製造驚喜，來一個浪漫的約會。

雖然工作繁忙，但仍要抽空做運動，才能維持健康體魄。

農曆七月（新曆8月7日至9月6日）

貴人運強勁的月份，工作運及財運繼續向好。工作期間可得到男性貴人幫忙，令你的事業平步青雲。平日宜多留意身邊的男性貴人，並向對方表達感激，人際關係有來有往才能長久。

財運不錯的月份，不妨與肖狗及肖虎的朋友一起購買六合彩或投注3T，增加中獎的機會，有望得到意外之財。

感情生活平穩，有伴侶者可享受甜蜜的二人世界。想脫離單身者，本月社交聚會增多，不妨積極參與，增加接觸異性的機會，平日亦要多注重個人儀容，定期進行面部護理及修剪適合自己面形的髮型也是相當重要。

身體方面，即使工作繁忙亦要保持作息定時，平日可多進食一些健康食品或營養補充品。

農曆八月（新曆9月7日至10月7日）

事業進展良好的月份，工作期間能藉着男性貴人的幫助，令業績節節上升。打工一族，不妨向上司或老闆提出你對工作上的想法，對方會欣然接納及欣賞你的才能。自僱或從商者，透過舊客戶介紹下，將會認識更多潛在的客戶，為未來工作打好根基。

本月財運稍作穩定，可作小量投資。惟不可太過貪心，以免最後錄得虧損。

已婚者，感情穩定，可多與伴侶約會增進彼此感情。單身者，容易與身邊朋友突然展開戀情，但受到「咸池」桃花星的影響下，戀情易聚易散，故不要太過投入，以免傷心過度。

容易有失眠的困擾，可培養早睡早起的習慣，建議每天可在同一時間睡覺，會對失眠有所改善。

農曆九月（新曆10月8日至11月6日

相合之月，工作上與同事們相處融洽，人際關係轉好，可專心工作，可借相合月的力量加強運勢。只要腳踏實地做事，不要追求太高的目標，本月定能有所進步。

財運方面，本月以正財為主，故不宜參與賭博，並要量入為出，要做好理財管理，以免造成收支不平衡。

感情生活平穩，有伴侶者可享受甜蜜的二人世界。想脫離單身者，社交聚會增多，不妨積極參與，增加接觸異性的機會。

本月心情良好，適宜多參與戶外活動，例如郊外旅行、行山等有益身心活動。平日亦可以定期進行帶氧運動，促進多巴胺分泌，令心情更愉快，減少疾病困擾。

農曆十月（新曆11月7日至12月6日）

整體運勢不俗，打工一族可得到男性貴人的賞識及支持。從商及自僱人士，透過熟客的介紹下，可開拓新的客戶群，在新舊客戶的支持下，營業額將會有所提升。

多勞多得的月份，營業額上升，可增加整體收入。若遇到適合的投資機會，不妨大膽一試，增加正財以外的收入。

已婚者與伴侶關係穩定，不妨相約伴侶家人一起聚餐，增進兩家人之間的感情。單身者，要小心交友，不要常常沉醉在網絡世界，即使有機會結識異性，亦要了解清楚對方，減低受騙的機會。

身體健康，心情舒暢的月份。記得每天回家後要馬上洗手，能有效防止感染及傳播傳染病。

農曆十一月（新曆12月7日至26年1月4日）

沖太歲的月份，運勢反覆不定。工作期間遭到同行或同事的針對，令工作進展不順利。學習從他人的角度出發，不要只顧自己而忽略他人感受，否則會因人際關係欠佳而影響工作成果。

正財運欠奉，出現破財。家中經常出現意外開支，宜量入為出做好理財規劃，以免入不敷支。

已有伴侶者，心情鬱悶情緒低落，容易與伴侶發生激烈爭執，可減少見面次數及做好情緒管理。單身者時機未到，繼續等候。

家宅運一般，家中若有長輩有任何不適，馬上求醫切勿拖延。同時避免去陰氣重的地方，例如醫院、殯儀館、墳場等地方。平日可多參與喜慶場合，例如婚禮、百日宴等。

農曆十二月（新曆26年1月5日至2月3日）

相害之月，人際關係再一次出現倒退。打工一族，在職場上會感到諸多阻攔，經常遭到上司或老闆的刁難及苛責，令你心情欠佳。自僱或從商者，只要繼續努力便能取得相應的成果。

財來財去的月份，容易出現「三更貧、五更富」的情況。本月不宜投機，只適合投資穩健的理財產品，切忌參與賭博，以免出現金錢損失。

已婚者，即使對新結識的異性充滿新鮮感，亦要好好把持自己。單身者趁年尾社交聚會較多，宜好好把握機會，多參與社交聚會，能遇到適合對象。

明年便是犯太歲的生肖，平日多留意家中長輩的健康，如有不適馬上求醫，以免病情惡化。

羊

肖羊開運錦囊

★ 財運亨通之年，正財收入較為理想。

★ 「喪門」凶星入主，代表親人生病、家宅不安。

★ 主動為家宅進行小型裝修或更換家具，有助提升家宅運。

★ 建議每逢初一、十五茹素。

★ 佩戴日本東密藥師佛法牌，有助增強健康運。

肖羊者出生時間（以西曆計算）

1931 年 2 月 5 日 02:41 分	至	1932 年 2 月 5 日 08:30 分
1943 年 2 月 5 日 00:41 分	至	1944 年 2 月 5 日 06:23 分
1955 年 2 月 4 日 22:18 分	至	1956 年 2 月 5 日 04:13 分
1967 年 2 月 4 日 20:31 分	至	1968 年 2 月 5 日 02:08 分
1979 年 2 月 4 日 18:13 分	至	1980 年 2 月 5 日 00:10 分
1991 年 2 月 4 日 16:09 分	至	1992 年 2 月 4 日 21:49 分
2003 年 2 月 4 日 14:06 分	至	2004 年 2 月 4 日 19:57 分
2015 年 2 月 4 日 12:00 正	至	2016 年 2 月 4 日 17:47 分

整體運程

新一年肖羊者與太歲無沖無合，運勢較為平穩，但蛇年並沒有任何吉星高照，因此凡事只能靠自己，可借用對宮肖牛的吉星力量，例如「華蓋」，不過力量只有三成，只能有少許助力，「華蓋」吉星代表古時皇帝出巡所用的綢傘，象徵藝術、創作才能得以發揮。

幸好今年為肖羊者的財運年，正財收入較為理想，故此建議肖羊的朋友新一年把注意力放在財運上，便能得到相應的回報。平日亦要主動爭取，遇到合適的投資理財機會應該大膽嘗試，相信自己的眼光，即使沒有吉星相助，不妨用自身的能力來闖一片天，「靠山山會倒，靠水水會流，靠自己永遠不倒。」

乙巳年肖羊者在凶星入主下，對家宅運及健康運特別不利，凶星包括：「豹尾」、「喪門」、「飛廉」及「大煞」，「豹尾」寓意豹子的尾巴，代表被人反咬一口，有機會遭到別人出賣，容易與他人發生口舌之爭，建議凡事不要太過高調。

「喪門」凶星入主，代表親人生病、家宅不安，故務必要多加留意家中長輩健康，一有不適便馬上求醫。不妨主動為家宅進行小型裝修或更換家具，有助提升家宅運。「飛廉」和「大煞」入主代表容易發生小意外，手腳容易受傷，因此要避免進行任何高風險的活動。

總括而言，蛇年有望在金錢上取得不錯的成績，但是健康運及家宅運較為一般，建議肖羊的朋友每逢初一、十五茹素及佩戴日本東密藥師佛法牌，有助增強健康運。

【財運】

今年為肖羊者的財運年，並為財運亨通之年。不論是正財或偏財運均較去年有所增長，只要在投資時，預先做好功課，確保自己能夠準確分析金融市場的發展趨勢及大膽嘗試，便能在投資方面有所獲利，建議可投資穩健的基金及藍籌股，在工作以外賺取更多收入。同時亦可考慮聘請年長的男性作為自己的股票經紀，有助增強偏財運。

惟在「喪門」凶星的影響下，導致家宅運平平，會出現很多意外支出，例如家中長輩或親人患病，而需要金錢治病，可購買充足保額的醫療保險。

平日要做好理財策劃，預備一定金額的應急錢，閒時不妨為有需要的朋友贈醫施藥。

【事業】

乙巳年並沒有任何吉星高照，工作方面得不到貴人的幫助，事業上的一切要依靠自己實力。新一年「宜守不宜攻」，若有任何轉換工作崗位、發展新業務或轉工等想法，必須準備充足，切忌衝動行事，千萬不要「裸辭」，否則在短期之內難以找到心儀工作，而成為失業人士。

在眾多凶星的帶動下，會出現是非、小人、官司訴訟等問題。自僱及從商者要小心因文件處理不當而惹上官非訴訟，因此在簽署任何文件時務必謹慎處理。

打工一族，在職場上會感到諸多阻攔，經常遭到上司或老闆的刁難及苛責，只能咬緊牙關做好目前的工作。

【感情】

今年並沒有任何與桃花有關的吉星進駐，肖羊者天生桃花運欠奉，只能靠自身魅力來吸引異性。單身的男士，結識伴侶前先要整理儀表，再主動參加社交聚會，便能結識外表不俗的女士，可積極追求對方，有望締結一段良緣。

單身的女士，對伴侶的要求太過挑剔，今年亦難以遇到合心意的對象，只好把心思都放在工作上。

已婚者，感情平穩的一年。相愛多年，經歷了不少高高低低，好好珍惜對方才能長久走下去，學習從對方的角度思考，能減少雙方爭執。平日可與伴侶出外旅遊，可增進雙方感情之餘，亦可藉此舒緩工作壓力，令身心得以徹底放鬆。

【健康】

健康運及家宅運平平，因此新一年切忌探病問喪，不宜出入陰氣較重的地方，例如醫院、殯儀館、墳場等地，以免沾染負能量影響個人氣場，導致情緒低落、運勢下降。相反可主動參加親朋戚友的喜事，例如婚宴、百日宴、公司開幕等，有助提升運勢。

在「喪門」凶星影響下，務必要小心家中長輩健康，要時刻留意他們的身體狀況，若有不適馬上求醫，情況一旦轉差，切記掉以輕心，必須謹慎處理。

當自己或親人得病時可念誦《藥師琉璃光如來本願功德經》，能獲得福報庇蔭。平日宜主動為有需要人士贈醫施藥、施棺贈殮，有助提升家宅及健康運。

肖羊者運勢（一九三一年、一九四三年、一九五五年、一九六七年、一九七九年、一九九一年、二〇〇三年、二〇一五年）

★一九三一年：辛未年（虛齡九十五歲）

在「喪門」星的影響下，長期病患者，病情會急速惡化，若有任何不適，盡早求醫以免耽誤病情。當中出生在農曆四月、農曆五月及農曆六月的長者，今年會出現與眼睛、心臟、血液、血管有關的疾病，建議可在龍年年尾到醫院進行詳細的身體檢查。

★一九四三年：癸未年（虛齡八十三歲）

出門時要注意安全，切記粗心大意，以免發生意外。財運不俗的一年，投資方面可以略為大膽，不妨選擇回報較高的理財產品，有望增加退休後的被動收入。

與後輩相處時力不從心，不要理會太多別人的事情，每天最緊要吃得飽睡得好便好。

★一九五五年：乙未年（虛齡七十一歲）

財運不過不失的一年，投資方面不宜太過進取，否則只會錄得虧損。表面上賺取的金錢回報豐厚，但一來一回反而剛剛好打和。平日要做好理財規劃，與好友吃飯時不要次次請客，否則退休金只會越變越少，將來需要金錢時便會一籌莫展。

★一九六七年：丁未年（虛齡五十九歲）

秋天及冬天出生的朋友運勢相當理想，自僱及從商的朋友，只要努力工作，便可獲得豐厚盈利，事業上大鵬展翅，取得好成績。打工一族可積極爭取表現，有望升職加薪。相反春天及夏天出生的朋友運勢低迷，凡事只能靠自己，能維持原狀已是額外獎勵。

★一九七九年：己未年（虛齡四十七歲）

財運相當理想，為求財得財的年份，早前投資的項目，蛇年終於來到收成期，投資成果令你相當滿意，不妨與伴侶一起分享。已婚者，與伴侶感情甜蜜，不妨一起長途旅遊能增進雙方感情，拋開煩惱享受生活，人生並不是只有工作，家庭亦是非常重要的一課。

★一九九一年：辛未年（虛齡三十五歲）

天干金木相剋，家宅運欠佳，可主動為家中進行小型維修或更換家具，有助提升家宅運。財運不過不失，蛇年並沒有明顯的進步，反而開支較大令你煩惱不已。幸好事業發展尚可，打工一族只要默默耕耘中終一天會被人看到，自僱及從商者生意經營艱難，只能繼續苦守。

★二〇〇三年：癸未年（虛齡二十三歲）

工作時常常有小人從中作梗，令你感到煩惱不已，這就是人生需要學習的課題。財運不過不失，未見有太大的進步，人是沒有辦法賺取認知以外的金錢，避免投資不熟悉的理財產品，以免錄得虧損。

★二〇一五年：乙未年（虛齡十一歲）

與同學相處經常出現爭執，學習成績亦因此退步，只能在回家後將勤補拙。做運動時要做好熱身運動，能伸展肌肉與關節的彈性，避免身體受到傷害。此外今年不宜參與任何高危險性的活動，例如機動遊戲。

每月運程

農曆正月（新曆2月3日至3月4日）

多勞多得的月份，只要付出努力便能得到相應回報。事業方面必須親力親為，整體工作量增加，對從商及自僱人士較為有利，營業額上升。打工一族，只是工作量增加而非收入上升。

正財運平平，偏財運欠佳，投資方面不宜過分進取，若錄得虧損便要考慮斬倉，「留得青山在，哪怕沒柴燒。」只要保留足夠現金，將來遇到機會便能東山再起。

已婚的朋友，感情甜蜜。單身的朋友，透過朋友介紹可結識價值觀相若的異性，不妨與對方深入了解看看能否發展感情。

家宅運平平，宜多做善事，例如主動做義工或捐款到慈善機構，為家人積福，減低凶星的影響力。

農曆二月（新曆3月5日至4月3日）

相合之月，人際關係明顯轉好，肖羊者務必要乘勝追擊，為事業打好根基。自僱及從商者，宜積極拓展事業領域，為客戶提供更優質的服務或產品，有助在行內打響知名度。打工一族，長期的努力得到上司及老闆的認可，令你工作更為賣力。整體財運尚可，主要以正財為主，遇到合適的投資機會可小試牛刀，只要不太貪心便能有所收穫。

已有伴侶者感情更見穩定，可多與對方結伴出遊，增加雙方感情。單身者會結識新的異性，不妨主動相約對方外出。

健康運不俗，惟經常外出食飯，會導致油脂攝取量過多，容易引起三高問題，建議要保持定期做運動的習慣。

農曆三月（新曆4月4日至5月4日）

學習運強勁的月份，既然在工作上未能取得重大進展，不如靜下心來學習新事物增值自己。從商及自僱人士可抽空出席業內活動，拓展人際關係及進一步增加在行內的知名度。打工一族，可主動報讀與工作相關的課程，以作增進自身知識。

本月不宜對財運抱有太大期望，經常會出現莫名其妙的開支，要控制自己不可胡亂消費。

已婚者感情甜蜜，彷彿又回到最初相戀的時候，偶爾為伴侶送上驚喜，可令感情變得更甜蜜。單身者，可報讀興趣班，有望認識志同道合的異性。

家宅運一般，不要只顧工作而忽略與父母的相處時間，多回家與父母吃飯。

農曆四月（新曆5月5日至6月4日）

學習運強勁的月份，思想清晰，分析力強。可積極裝備自己，主動參與業界講座或研討會，有助了解清楚行業發展趨勢，並從中學習別人成功的經驗。

財運一般，收入相同但支出增加。平日要注意理財，家庭開支增加，要量入為出，不要胡亂消費，減少購買不必要的物品。

已婚者與伴侶出現分歧時，不要輕易漠視，以為時間會沖淡一切，建議主動向對方表達感受，從對方角度思考，認真解決雙方誤會。單身的朋友，外表乾淨整齊才能吸引異性的注意。

長期使用電子產品，會令眼睛過度疲累，會令近視加深，增加患上黃斑病變、青光眼的風險。

農曆五月（新曆6月5日至7月6日）

相合財運月，事事順利。工作能力得到別人認同。打工一族，靠自身的專業能力奠定事業基礎，可得到上司及老闆的賞識，發揮所長。自僱及從商者，自身的業務能力出色，在行內知名度有所提高，令營業額上升。

財運亨通的月份，喜歡博彩的朋友，不妨在投注方面多花點時間，構想出不同的投注組合，例如三串七過關等，「以小博大」看看能否贏大錢。

感情生活平穩的月份，有伴侶者可享受甜蜜的二人世界。想脫離單身者，本月社交聚會增多，不妨積極參與，增加接觸異性的機會。

即使工作繁忙，但仍要抽空做運動，才能維持健康體魄。

農曆六月（新曆7月7日至8月6日）

犯太歲之月，運勢反反覆覆。打工一族，於工作上會遇到各種突如其來的改變，難以實行計劃已久的工作方案。自僱及從商者，會遭到競爭對手的造謠，而影響生意額，如有需要可主動反擊，不用凡事忍讓。

雖然人際關係欠佳，但財運卻相當理想，若遇到合適的投資機會，不妨大膽一試，凡事太過規行矩步，未必能夠有大進步，運氣好的時候記得主動出擊，才能獲取更多利益。

感情方面，已婚者常常因小事爭吵，學會包容及體諒對方，不要事事靠發脾氣來解決。單身者時機未到。

家宅運欠佳，要時刻留意家中長輩身體狀況，若有不適馬上求醫。

蛇 馬 羊 猴 雞 狗 豬 鼠 牛 虎 兔 龍

農曆七月（新曆8月7日至9月6日）

工作運穩步上揚，事業發展順利。打工一族，透過同事的幫助下，即使遇到困難，仍能得以解決。從商及自僱人士，可藉此機會增加收入，但對薪資固定的上班族來說，有機會只是工作量增加而非收入上升。

偏財運不過不失，投資前要了解清楚該公司的業務範疇、市盈率等問題，切記人云亦云誤信身邊朋友的「股票貼士」，胡亂投資導致蒙受損失。

已有伴侶者感情更見穩定，可多與對方結伴出遊，增加雙方感情。單身的女士，透過工作場合結識條件不錯的男士，不妨主動相約對方外出。

駕駛人士必須遵守交通規則，過馬路時亦要看清楚路面情況。

農曆八月（新曆9月7日至10月7日）

做人做事需要有足夠的胸襟，包容一切才能成就大事。工作表現尚可，緊記「先做人後做事」，與他人相處真誠才是必殺技，太多的虛情假意只會令人感到煩厭。

財運未見有太大的起色，正財為主的月份，要勤奮工作才能獲得相應的報酬。偏財運欠佳，不宜參與高風險的投資，以免錄得虧損。

已婚者不妨與伴侶來一場約會，重拾昔日的甜蜜時光，多花時間在愛侶身上，發掘對方的優點，伴侶才是相伴到老的人。單身的女士，透過工作場合可結識條件不錯的異性。

健康運平平，避免參與高危險性的活動，例如：笨豬跳、潛水、滑水等等。

農曆九月（新曆10月8日至11月6日）

相刑之月，本月運勢反覆不定，要提前做好心理準備。工作上無法取得別人認同，難以在短時間內取得大進展，只能等待合適時機，不妨放慢腳步，稍作休息。

財運有所下滑，當投資失敗時，應該詳細分析失敗原因，不要再犯同一錯誤。平日不宜把所有資金放到同一個股票或基金帳戶，要確保有一筆緊急資金，以作應付突如其來的開支。

單身者，若不主動接觸新朋友、不拓展社交圈，很難認識新的異性朋友，想成功開展一段新感情，要學會主動爭取。已有伴侶者，與伴侶意見不合時，要學習互相包容體諒。

本月腸胃容易出現問題，要注意飲食，不可進食過多生冷食物。

農曆十月（新曆11月7日至12月6日）

相合貴人月，整體人緣不錯可得到貴人扶持。自僱及從商者，在客戶的支持下，營業額上升，收入大幅增加。打工一族，整體工作量增加，幸好努力得到相應的回報，在貴人的幫助下，有望升職加薪。

財運順暢的月份，有利出外求財，可主動爭取出差的機會，以「動中生財」的方式求財更為有利。

已有伴侶者，本月感情回復平穩，平日可多讚美對方，有助增進雙方感情。單身者，透過長輩介紹，可結識合眼緣的對象，不妨主動相約對方外出，互相了解後才決定是否在一起。

記得每天回家後要馬上洗手，能有效防止感染及傳播傳染病。

農曆十一月（新曆12月7日至26年1月4日）

相害之月，人際關係出現倒退。事業運勢欠佳，在工作場合要時刻控制個人情緒。因做錯事而受到上司或老闆的責備，只好安慰自己下次做得更好，建議盡快收拾心情，為未來而努力。

財運平平，一切與金錢有關的事情，須思慮周全後才作決定，特別是回報率過高的投資產品，小心留意細節以免被騙。

已有伴侶者，因自信心不足，對感情患得患失，常常認為對方不愛自己，要好好調節心態而免影響雙方感情。單身者桃花運旺盛，可主動結識新朋友，擴闊社交圈子。

家宅運欠佳，即使工作繁忙，也要多關心及陪伴家人，時刻注意他們的身體狀況。

農曆十二月（新曆26年1月5日至2月3日）

相沖之月，無論在工作、財運，均感到重重障礙，再加上凶星的影響下，心情欠佳，工作壓力較大。工作時要專注，不要理會別人的事情，平日「少説話多做事」，方能安然渡過本月。

財運欠佳，年尾開支會較大，平日要做好理財，切記大手大腳胡亂花費。駕駛者不要違例泊車、超速，容易被罰款，記緊遵守交通規則。

已有伴侶的朋友，本月容易爭吵，內心覺得對方不了解自己，建議以「聚少離多」的方式來相處，少一點見面增加雙方的距離感，以免發生正面衝突。

健康運一般，故可到醫院作詳細的身體檢查，及定期茹素減少殺生，以求心安。

猴

肖猴開運錦囊

★ 蛇年「合中帶破帶刑」，人際關係時好時壞，運勢亦大起大落。

★「太陰」吉星坐命，可得女貴人相助。

★ 單身男士，能結識性格溫柔、情投意合的女性。

★ 小心是非謠言、麻煩瑣事，緊記要謹言慎行。

★「孤辰」入主，會影響感情關係。

肖猴者出生時間（以西曆計算）		
1932 年 2 月 5 日 08:30 分	至	1933 年 2 月 4 日 14:10 分
1944 年 2 月 5 日 06:23 分	至	1945 年 2 月 4 日 21:20 分
1956 年 2 月 5 日 04:13 分	至	1957 年 2 月 4 日 09:55 分
1968 年 2 月 5 日 02:08 分	至	1969 年 2 月 4 日 07:59 分
1980 年 2 月 5 日 00:10 分	至	1981 年 2 月 4 日 05:56 分
1992 年 2 月 4 日 21:49 分	至	1993 年 2 月 4 日 03:38 分
2004 年 2 月 4 日 19:57 分	至	2005 年 2 月 4 日 01:44 分
2016 年 2 月 4 日 17:47 分	至	2017 年 2 月 3 日 23:35 分

整體運程

今年為肖猴者的「合太歲」年份，地支「巳申相合」的同時「合中帶破」及「合中帶刑」，象徵人際關係時好時壞，同時整體運勢亦會大起大落。新一年肖猴者容易心緒不寧，並會遇上較多的麻煩阻滯，而且人際關係有所退步，要提前做好心理準備。幸好今年肖猴者在吉星高照下，容易遇到新的合作機會並為思想學習年，「太陰」吉星進駐，可減低「犯太歲」的影響。「太陰」吉星坐命，代表女性貴人，有望得到女性貴人扶持。自僱或做生意人士，從事的行業若以女性為主，例如：美容、女性服飾、珠寶等，在蛇年有望大幅增加生意額，整體收入上升。至於打工一族，有望得到女性上司或女性老闆賞識，不妨主動表現自我，有望得到別人賞識，令事業發展穩步上揚。

雖然得到吉星的幫助，但始終受到「犯太歲」及凶星的影響，人際關係欠佳，肖猴者必須小心處理人際關係及感情問題，稍一不慎便會後患無窮。

凶星方面，包括：「貫索」、「勾神」、「孤辰」及「亡神」。「貫索」代表金錢苛索、是非謠言、麻煩瑣事，緊記要謹言慎行。「勾神」主遇到麻煩、糾纏不清及工作上的變動，故轉換工作前，要小心處理清楚僱員合約，避免產生法律問題。

「孤辰」入主，會影響感情關係。「亡神」入主，代表經常忘記事情或遺失小物品。

總言之，肖猴的朋友今年雖然為六合的生肖，但由於受到刑太歲及破太歲的影響下，人際關係明顯轉差。

【財運】

今年為正財運亨通的一年，事業發展不俗，直接帶動正財收入上升。自僱及從商的朋友若從事的行業以女性為主，例如：美容、化妝、珠寶首飾、母嬰產品、女性服裝等，生意額會有明顯的增長，整體收入顯著提升，打工一族可受惠於加薪幅度，令正財收入增加。

惟「貫索」及「勾神」凶星入主，代表容易因金錢問題與他人糾纏不清，建議在處理任何文件時要留意清楚條款細則，不要忽略細節而引致金錢損失，如有需要可尋求專業人士協助。

此外，「亡神」代表經常忘記事情或遺失小物品，建議旅行時，不要攜帶太多現金並提前購買足夠保額的旅遊保險。

【事業】

事業發展相當理想，在「太陰」吉星高照下，特別有利從事與女性相關行業或與女性生意拍檔合作的朋友，未來二十年為中年女性的天下，即三十至五十五歲之間的女性。自僱及從商者不妨藉此機會拓展新的女性業務或找女性拍檔一起合作，擴大事業版圖。

打工一族亦能得到女性上司或老闆的欣賞及提攜，務必要積極爭取並努力工作，可得到良好晉升機會，為將來事業打好根基。

惟受到凶星及「犯太歲」的影響下，經常無故招惹是非，同事或同行之間鬥爭不斷，導致工作壓力增加。在「貫索」及「勾神」凶星影響下，打工一族，今年並不適合轉換工作，以免引起與原公司的合約糾紛。

【感情】

新一年在「太陰」吉星的幫助下，單身的男士，透過身邊人介紹，能結識許多條件優秀的女性，會找到一位性格溫柔、情投意合之對象，可發展一段開花結果的戀情。

單身的女性，透過合太歲的幫助下，能結識新的朋友，只要不太挑剔便能展開一段新戀情。

正所謂「男忌孤辰，女忌寡宿」。已婚者，受到「孤辰」凶星入主會導致新一年容易出現感情變化，經常覺得有伴侶等於沒有伴侶，彼此溝通不足，沒有辦法進行精神上的交流，建議主動向伴侶分享內心想法，認真傾聽對方的想法再給建議，讓彼此感到信任與窩心，若意見分歧時，不妨在對方的角度思考，再分析彼此的想法。

【健康】

健康運不過不失，在「犯太歲」及凶星的影響下，人際關係出現倒退，受到口舌是非的困擾，令你的心情欠佳，出現壓力過大、情緒低落、失去動力的情況。長期處於精神壓力底下，身體、精神和社交健康便會受到影響，因此適當地處理壓力對維持身心健康很重要。建議培養定期做運動的習慣，適當的運動能夠幫助釋放壓力及緊張的情緒，不妨選擇嘗試適合自己的運動方式，同時做運動前要做好拉筋動作，千萬不要太過急進。

平日可多做善事，行善佈施自然能提升健康運，可主動幫助有需要的人士或捐款給可信賴的慈善機構。

肖猴者運勢（一九三二年、一九四四年、一九五六年年、一九六八年、一九八〇年、一九九二年、二〇〇四年、二〇一六年）

★一九三二年：壬申年（虛齡九十四歲）

健康較去年有所改善，惟長期病患者飽受疾病困擾，只能向醫生查詢舒緩病情的方法。受到「孤辰」凶星的影響下，經常覺得孤獨、空虛、寂寞、無助和不被需要，建議不妨主動親近後輩或年輕人一起自然能找到生活的樂趣。

★一九四四年：甲申年（虛齡八十二歲）

學習運旺盛的一年，學無止境、學海無涯，若能在晚年生活中，找到自己感興趣的事物來學習，亦值得高興。平日可多請教子孫一些新事物，若能融入現今世代，例如學習怎樣使用電子通訊設備，便能發掘更多樂趣。

★一九五六年：丙申年（虛齡七十歲）

七十從心所欲，人生已過了大半輩子，為家庭奔波勞碌了一生，是時候尋找活着的意義，不要過分着緊後輩子女的事情，不妨主動學習新事物或去長途旅行，令人生變得更豐富有趣。財運不過不失容易出現金錢紛爭，若遇到親朋好友向你提出借貸或擔保要求，務必要三思而行，否則容易因金錢而與他人產生糾紛。

★一九六八年：戊申年（虛齡五十八歲）

工作發展順利，運勢明顯轉好。自僱及從商者，可考慮在新一年發展新的業務或引入新的合作夥伴，有望把生意拓展，從而賺取更多收入。打工一族，若從事的工作與女性行業有關，有望升職加薪。與伴侶相處時經常出現牛頭不搭馬嘴的情況，只能耐心表達意見。

★一九八〇年：庚申年（虛齡四十六歲）

今年「乙庚相合」人際關係明顯轉好。營商的朋友，會有人向你發出邀請一起合作投資或經營業務，若看清楚條款及細則，不妨嘗試有望取得意外之財。打工一族今年事業發展順利，宜多在女性上司或老闆面前展現能力，爭取升職加薪。已婚者，與伴侶經常面和心不和，常常覺得對方不了解自己，從而對伴侶產生不滿。

★一九九二年：壬申年（虛齡三十四歲）

眉毛生得漂亮者，即眉尾有聚再配合雙目有神的朋友，新一年運勢明顯轉好，可大膽投資，可取得豐厚回報。相反眉毛散亂，蛇年事業運會陷入窘境，而且會出現破財，不妨主動購買喜歡的物品。單身的朋友感情運不過不失，人越大要求越高，但自身在擇偶的市場卻不如年輕時多選擇。

★二〇〇四年：甲申年（虛齡二十二歲）

仍在上學的朋友，與朋友相處愉快，下課時經常一群人玩樂，令你無比快樂，同時今年為學習之年，學業成績較往年進步。已工作的朋友，開始慢慢感受到職場的競爭，要分清楚同事和朋友的分別，以免被人欺騙。已有伴侶的朋友，新一年容易發生問題而令你不得不放棄這段感情，若想保留這份感情，便要努力經營。

★二〇一六年：丙申年（虛齡十歲）

學業成績今年突飛猛進，不妨在今年打好基礎，下課時主動備課，培養自主學習模式，而且能提前知道課本內容，上課時更加得心應手。

每月運程

農曆正月（新曆2月3日至3月4日）

相沖之月，特別容易招惹是非，同事或同行之間鬥爭不斷，導致工作壓力增加，同時在簽署文件、合約時必須格外小心，切勿做任何觸犯法律的事。

財運欠佳，避免進行任何理財投資決定，以免錄得虧損，同時亦要量入為出，不要太過大花筒，以免導致收支不平衡。

已婚者受到「孤辰」星的影響下，與伴侶的內心距離越來越遠，內心的感受得不到伴侶的重視，使你更加拒絕與伴侶溝通，令彼此關係產生隔閡，長久以來會導致婚姻關係起紅燈，務必要正視問題。單身者繼續等待。

本月容易發生小意外，故不宜參與高危險性的活動，例如滑水、潛水、機動遊戲等等。

農曆二月（新曆3月5日至4月3日）

脫離相沖月的影響，來到本月運勢平穩向上。自僱及從商者，可得到女性貴人相助，惟「太陰」星是屬於性質緩慢的吉星，凡事不可太過心急，用心經營自然能做好口碑。打工一族，工作時可得到同事及下屬的幫忙，工作順利。

雖然得到貴人相助，但財運仍未為最佳時機，若遇到合適的投資產品，只可作小量投資，以免貪字得個貧。

已有伴侶者，常常因自己不自信，而患得患失，想法較為偏激，要好好調節心態而免影響雙方感情。單身的朋友，透過長輩介紹有望結識背景相似的異性，可惜沒有心動的感覺。

健康運良好，平日多注重休息及定期進行有氧運動，有助身體增強免疫力。

農曆三月（新曆4月4日至5月4日）

相合之月，事業發展順利，打工一族可獲上司或老闆賞識，有望在本月升職加薪，可多展現自我才能。自僱或從商者，在客戶支持下有望提升整體營業額，從而增加本月收入。

財運方面略有起色，可與女性貴人一起合作投資，加強自身財運，有望得到豐厚回報。若喜歡賭博的朋友亦可小注怡情，增加工作以外的收入。

已有伴侶者，感情穩定，可抽空與對方約會，分享內心的愛意。單身者，可結識條件優秀的異性，可惜大家性格不合，只好作罷。

健康大致良好，惟情緒問題需要多加注意，學習情緒管理，切忌把負面情緒發洩在別人身上，要學習尊重別人。

農曆四月（新曆5月5日至6月4日）

相合的月份，工作順利。打工一族，工作表現良好，可得到上司或老闆的賞識，有望升職加薪。自僱或從商者，一直以來的努力都被人看見，獲得相應回報，令你喜不自勝，建議乘勢追擊主動聯絡舊客戶，令生意額更上一層樓。

正偏財運較佳，本月可進行短炒買賣及小賭怡情，但要衡量自我能力，只要不太過貪心，便能有所收獲。

已有伴侶者，多與伴侶溝通，表達內心的愛意。單身的男士，會認識新的異性朋友，可惜對方對你並無興趣，不用浪費時間。

天氣時好時壞，稍一不慎便會患上與上呼吸道有關的疾病，平日緊記多注意休息，不要太過操勞。

農曆五月（新曆6月5日至7月6日）

本月頭腦清晰，可把握機會報讀與工作相關的課程，增加自身的競爭力，以配合不同階段的事業發展。詳細分析自身的優勢，善用優勢創造最大利益。

學習運暢順的月份，不妨藉此機會學習理財，養成定期儲蓄的習慣。如喜歡股票投資，亦可報讀相關的課程，增加對股票市場的認識。

感情方面，因自己的情緒問題而跟伴侶產生衝突，不要太過執着雙方的對錯，學習理性看待每一件事，凡事都能解決。單身者，時機未到繼續等待。

家宅運平平，宜多做善事，例如主動做義工或捐款到慈善機構，為家人積福，減低凶星的影響力。

農曆六月（新曆7月7日至8月6日）

學習運強勁的月份，可把握機會學習與工作有關的課程。即使有固定工作，但社會不斷進步，切記原地踏步「逆水行舟，不進則退」必須不斷學習來防患於未然。

財運平平，切勿誤信他人的投資貼士，而胡亂購買自身不熟悉的股票或基金。同時投資方面不宜過分進取，可選擇較低風險的藍籌股。

已婚者，本月的情緒較為波動，經常與伴侶發生爭執，可減少見面次數以免發生正面衝突。單身者要帶眼識人，提防感情騙子。

健康運良好的月份，趁着陽光普照與三五知己結伴同遊，到郊區行山，藉此呼吸新鮮空氣，遠離城市繁囂。

農曆七月（新曆8月7日至9月6日）

犯太歲之月，心情及人際關係明顯轉差。運勢反覆不定，工作發展受阻，一切計劃難以順利開展，有舉步為艱的感覺。做好自己本分已經足夠，不要理會別人的事情，自作聰明只會招致失敗。

正財運為主，可在本月實行籌備已久的投資方案。惟不可進行高風險的投資或投機決定，以免造成金錢上的損失

已婚者，受到「孤辰」星的影響下，與伴侶溝通不足，引起彼此的猜忌，建議主動向伴侶分享內心感受。感情未穩定者，在本月有機會分開。

患有長期病的長者，本月身體狀況急劇轉差，如有任何不適馬上求醫，千萬不可拖延病情。

農曆八月（新曆9月7日至10月7日）

財運亨通的月份，再加上桃花運旺盛，一直困擾已久的工作難題，終於能順利解決。自僱及從商者，雖然業內競爭激烈，仍能迎難而上，最終得到成功。打工一族，除了要應付繁重的工作量，亦要抽空出席工作聚會，令你不勝其煩。

正偏財運亨通的月份，若遇到合適的投資機會，不妨大膽一試短炒買賣，只要不太貪心便能有所收穫。喜歡賽馬的朋友，亦可投注心水的馬匹，有望得到意外之財。

已有伴侶者，桃花運旺盛，不要與伴侶以外的異性單獨外出，以免引起誤會。單身的男士，會認識性格溫柔體貼的異性，可主動相約對方外出。

健康運大致良好，不用特別注意。

農曆九月（新曆10月8日至11月6日）

事業運順遂，工作表現出色。自僱及從商者，在客戶的支持下，只要努力工作便能得到相應的回報。打工一族，得到女性貴人賞識，可在上司及老闆面前展現自我，爭取升職加薪的機會。

財運平平，主要以正財為主，偏財運欠奉。必須努力工作才可賺取相應的收入，不要進行高風險的投資或投機決定。

已有伴侶者，感情較為穩定的月份，可向對方分享自己內心想法，讓大家更加了解彼此，拉近雙方之間的距離。單身的女士，透過工作場合，可結識性格合得來的異性，若對方並無大的缺點，不妨可考慮更進一步。

常常使用電子產品會影響視力，要給予眼睛充分休息的時間。

農曆十月（新曆11月7日至12月6日）

相害的月份，人際關係出現倒退。工作期間，經常有小人在背後指指點點，正所謂「明槍易躲，暗箭難防」，整月的是非口舌會較多，建議凡事莫理以免因無心之失而開罪別人。

正財運為主的月份，從商及自僱者工作量增加，帶動營業額上升，從而增加收入。打工一族，只是工作量增加而收入不變。

感情容易出現變化，受到「孤辰」凶星的影響下，情緒較為低落，容易把自己的情緒問題發洩在伴侶身上。單身者時機未到繼續等待。

情緒起伏較大的月份，導致身體的其他器官也都會受到情緒起伏的影響而出現不適，例如：腸胃、皮膚、內分泌系統等。

農曆十一月（新曆12月7日至26年1月4日）

相合貴人月，人緣不錯可得到女性貴人扶持。自僱及從商者，在客戶的支持下，營業額上升，收入大幅增加。打工一族，本月的工作量增加，幸好努力得到相應的回報，在貴人的幫助下，有望升職加薪。

由於得到強而有力的女性貴人相助，得財的機會較多。喜歡投機的朋友，可小注怡情，以「刀仔鋸大樹」的形式來進行，只要不太貪心，便有所斬獲。

已有伴侶者可享受甜蜜的二人世界。想脫離單身者，本月社交聚會增多，不妨積極參與，增加接觸異性的機會。

身心回復至正常狀態，思緒過多影響睡眠，睡前不要想太多，可選擇聆聽放鬆音樂、泡浴，放鬆心情。

農曆十二月（新曆26年1月5日至2月3日）

「太陰」吉星高照，打工一族在工作上容易獲得女性上司或老闆提攜，有望升職加薪，同時亦可多參與社交活動及工作聚會，可結識更多潛在的客戶，為事業打好基礎。

財運不錯的月份，肖猴者不妨購買六合彩或投注3T，若能與肖鼠或肖龍的朋友一起合作投注，可增加中獎的機會，得到意外之財。

已有伴侶者，可在本月主動體貼關懷對方，為對方排憂解難作對方的後盾，感情自然變得如膠似漆。單身的朋友，年尾社交聚會增多，不妨主動出席擴闊社交圈子。

身體狀況良好，可根據自身需要，而購買相應的營養補充品，補充身體所需營養。

雞

肖雞開運錦囊

★ 與太歲關係友好，運勢平穩向上，得到貴人扶持。

★ 財源滾滾而來，不論是工作運還是財運都會有所進步。

★ 「三台」象徵扶搖直上、步步高陞之意。

★ 「地解」貴人星有逢凶化吉、轉危為安之意。

★ 建議在簽署文件、合約時必須格外小心。

肖雞者出生時間（以西曆計算）		
1933 年 2 月 4 日 14:10 分	至	1934 年 2 月 4 日 20:04 分
1945 年 2 月 4 日 21:20 分	至	1946 年 2 月 4 日 18:05 分
1957 年 2 月 4 日 09:55 分	至	1958 年 2 月 4 日 15:50 分
1969 年 2 月 4 日 07:59 分	至	1970 年 2 月 4 日 13:46 分
1981 年 2 月 4 日 05:56 分	至	1982 年 2 月 4 日 11:45 分
1993 年 2 月 4 日 03:38 分	至	1994 年 2 月 4 日 09:33 分
2005 年 2 月 4 日 01:44 分	至	2006 年 2 月 4 日 07:28 分
2017 年 2 月 3 日 23:35 分	至	2018 年 2 月 4 日 05:30 分

整體運程

蛇年肖雞者為「巳酉丑」三合的生肖之一，代表與太歲關係友好，代表運勢平穩向上，人際關係理想，可得到貴人扶持及有望與他人一起合作取得顯著成果。

乙巳年為肖雞者學習運旺盛之年，新一年思想敏捷、頭腦清晰，不妨主動學習與工作相關的課程。在眾多吉星的照耀下，今年為學習運順暢、事業發展順利及財源滾滾來的一年，務必要把握良機。

蛇年有「金匱」、「三台」、「將星」及「地解」吉星進駐。在「金匱」吉星的加持下，意味著財源滾滾而來，不論是工作運還是財運都會有所進步。「三台」象徵扶搖直上、步步高陞之意，事業發展理想。「將星」代表領導才能，寓意事業發展順利，特別有利從事武職的朋友，例如：紀律部隊、建築、工程等行業。與此同時，「地解」貴人星為消災解難之星，有逢凶化吉、轉危為安之意。

蛇年雖然得到太歲相合及眾多吉星的幫忙，但也不能忽視凶星的影響，新一年有「五鬼」及「官符」凶星入主。「五鬼」會導致新一年容易疑神疑鬼，精神緊張。「官符」凶星入主，主有官非、訴訟問題出現，建議在簽署文件、合約時必須格外小心，切勿做任何觸犯法律的事，如有需要可以尋求專業人士協助。

總言而之，踏入蛇年肖雞者鴻運當頭、吉星高照，事業發展步步高升，務必要好好把握得來不易的好運，同時亦可以嘗試與他人合作，惟合作前要寫好雙方利益避免有所紛爭。

【財運】

財運旺盛的一年，為容易得財的年份。在眾多吉星拱照下，財來自有方，不論在正財或是偏財均會有所進步。

在「金匱」及「將星」吉星拱照下為財運亨通的一年。「金匱」寓意財源滾滾而來，不論工作運及財運亦會有所進步。打工一族，有望在蛇年升職加薪，自僱或從商者可獲得豐厚盈利，可在事業上大鵬展翅，取得好成績。

投資方面亦可大膽嘗試，只要看準時機及準確分析大市趨勢，便能取得可觀回報。

蛇年與太歲相合，貴人運旺盛，會有朋友主動找上你合作做生意或投資，建議可以仔細考慮，經過詳細的研究後才可以實施，以便增加整年的收入。

【事業】

新一年在合太歲及眾多吉星幫助下，事業上可取得突破性的發展，為未來數年打下紮實的根基。蛇年與太歲相合，會有朋友主動找你合作做生意或投資，建議可以仔細考慮，經過研究後可以實施，有望增加整年的收入。

在「將星」高照下，寓意事業發展理想，特別有利從事武職的朋友，例如：紀律部隊、建築、工程等行業。「三台」主步步高升、工作發展更上一層樓。同時在「金匱」吉星拱照下，寓意財源滾滾而來，事業發展順暢。

打工一族，得到上司或老闆賞識，有望在蛇年升職加薪。自僱及從商者，事業騰飛、如日中天，可主動擴張新業務，能取得良好進展。

【感情】

今年為「巳酉丑」太歲相合之年，肖雞者天生桃花運旺盛。單身者，主動參加不同的社交聚會，例如同學、同事、工作聚會等，能擴展個人社交圈子。

同時亦可邀請親朋好友穿針引線為你引薦適合的異性。遇到新相識的異性時，宜了解清楚對方背景及性格，才決定是否與對方在一起。

已婚者，今年與伴侶相處融洽，但受到「五鬼」星的影響下，再加上工作應酬較多，與伴侶相處時間減少，夫婦間容易產生間隙，對伴侶有疑神疑鬼的情況出現。

建議抽出時間來與伴侶相處，婚姻關係是需要時間及心思經營，工作取得良好成果亦可以主動與伴侶分享你的喜悅，兩人共同成長關係才會長久。

【健康】

在合太歲的幫助下，新一年健康運不錯，惟受到「五鬼」凶星的影響下，今年的情緒會較為低落，不宜出入陰氣較重的地方，例如醫院、墳場等地，以免沾染負能量影響個人氣場。相反可多參與親朋戚友的喜事，例如婚宴、壽宴、公司開幕等，令讓心情變得舒暢。

此外，經常要提醒自己要保持正面樂觀的心情，保持心情愉快不單能減低您患上嚴重疾病的風險，亦能減少患上小病如傷風和感冒。

工作繁忙應酬較多，令你的生活作息不規律，平日進行定期做運動，能釋放多巴胺，提高愉悅感、減輕壓力，保持身心健康，以增強運勢和提升自己的情緒狀態。

肖雞者運勢（一九三三年、一九四五年、一九五七年、一九六九年、一九八一年、一九九三年、二〇〇五年、二〇一七年）

★一九三三年：癸酉年（虛齡九十三歲）

心情舒暢的一年，與後輩相處融洽，經常與後輩一起談天。健康運良好，一直困擾你的健康問題，來到蛇年得到緩解，不妨趁着身體健康狀況良好多點外出及做運動，規律的有氧運動，如快走、游泳或騎自行車，能顯著提高心肺功能，降低心血管疾病的風險。

★一九四五年：乙酉年（虛齡八十一歲）

今年財運不俗，可進行少量投資，有望取得額外收入，多了零用錢。健康運一般，要注意個人衛生，容易患上呼吸系統疾病，外出時可帶口罩預防傳染病。平日不宜進食隔夜及過期食物，定期清洗冰箱才能保持乾淨衛生的環境。

★一九五七年：丁酉年（虛齡六十九歲）

仍在工作中的朋友，可把握今年的機會令事業更上一層樓，臨近退休年齡，可好好把握工作的時光。財運亨通的一年，正財及偏財均有所提升，實在可喜可賀。健康運平平，平日主動幫助他人能夠提升運勢。

★一九六九年：己酉年（虛齡五十七歲）

工作運順暢，有望得到升職加薪的機會，惟「五鬼」入主會導致疑神疑鬼，感到精神緊張，心理壓力較大，建議不要將壓力和煩惱放在心中，主動與可信任的朋友分享內心想法。同時與人合作投資或做生意時，要注意細節及條款以免到最後引起爭執。

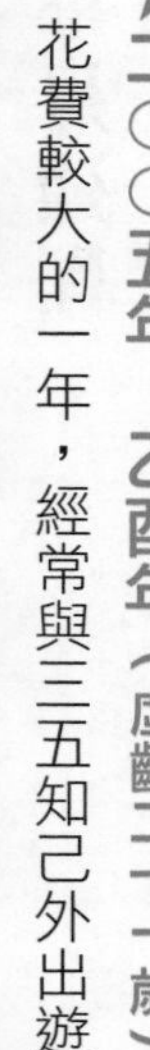

★一九八一年：辛酉年（虛齡四十五歲）

鼻梁高挺有肉的朋友，運勢持續走好，工作及家宅運相當不錯，不妨藉此機會嘗試一些新業務，有望取得不俗的成績。相反鼻梁露節的朋友，運勢反覆，人際關係明顯轉差，經常與人出現爭執，令你的事業停滯不前。

★一九九三年：癸酉年（虛齡三十三歲）

八方來財、運勢高企的一年，事業發展稱心如意，宜抓緊機會打穩事業基礎。蛇年得到天時、地利、人和的幫助下，求財得財，不論是正財還是偏財均較以往有明顯的進步。單身的女性遇到條件優越的異性追求，可考慮發展一段穩定的關係。

★二〇〇五年：乙酉年（虛齡二十一歲）

花費較大的一年，經常與三五知己外出遊玩而令財政出現緊拙。幸好今年得財容易，不妨購買六合彩，有望獲得意外之財。學習運良好，上課時只要專心，便能把課本的知識融會貫通、了解明白。已有伴侶者，感情甜蜜的一年。

★二〇一七年：丁酉年（虛齡九歲）

人際關係變好，得到長輩疼錫，零用錢增加了不少，令你的心情十分愉快。學習運較強的年份，不妨報讀興趣班，增進學業以外的知識。

每月運程

農曆正月（新曆2月3日至3月4日））

貴人運旺盛的月份，從事武職工作的朋友本月有吉星進駐，在工作上容易獲得上司或老闆提攜，有望升職加薪。自僱或從商者，可多參與社交活動及工作聚會，可結識更多潛在的客戶，為事業打好基礎。財運亨通的月份，喜歡賽馬或足球的朋友，不妨在投注方面多花點時間，構想出不同的投注組合，例如三串七過關等，「以小博大」看看能否贏大錢。

已有伴侶者，多與伴侶溝通，表達內心的愛意。單身者，可以多參加社交聚會，有望結識條件優秀的異性。

健康方面，即使工作再繁忙，亦要保持作息定時，不要過多應酬而忽略睡眠時間，健康才是第一位。

農曆二月（新曆3月5日至4月3日）

太歲相沖月，工作時會遭到同行或同事的妒忌，導致是非、謠言較多，不用放上心，只有能力不及你之人，才會有時間在你背後説是非，做好自己手頭上的事便可。

財運平平，以正財運為主，若看準時機投資中長期的投資產品，例如基金或是藍籌股，有望得到長遠回報。

單身的女性，有機會遇上熱情如火的年輕男生，為你沉悶已久的生活帶來新景象。已婚者，家庭、事業兩兼顧是自古以來的難題，只能在繁忙的工作後，多抽空陪伴對方。

平日可多做善事，幫助別人，每逢初一、十五亦可茹素，為自身及家人增加福報。

農曆三月（新曆4月4日至5月4日）

相合之月，運勢回勢正常。整體人緣不錯可得到貴人扶持。自僱及從商者，在客戶的支持下，營業額上升，收入大幅增加。打工一族，本月的工作量增加，幸好努力得到相應的回報，在貴人的幫助下，有望升職加薪。八方來財，偏財運暢旺。若遇上抽獎活動，不妨積極參與，平日亦可購買六合彩、3T，有望得到意外之財。

感情生活回復正常，已婚者可享受甜蜜的二人世界。單身者本月社交聚會增多，不妨積極參與，增加接觸異性的機會。

健康運良好，定期為家中進行大掃除，不要經常累積大量沒有用的物品，要學習「斷捨離」。

農曆四月（新曆5月5日至6月4日）

貴人運順暢，工作表現得到獲得眾人的認可，務必要乘勝追擊，為事業打好根基。自僱及從商者，宜積極拓展事業領域，為客戶提供更優質的服務或產品，有助在行內打響知名度。

正偏財運相當不錯，可進行短炒買賣，只要看準時機出手，定能有所收穫。想加強財運，可與肖牛者及肖龍者一起投資、購買六合彩彩票，增加中獎機會。

已婚者感情穩定，可抽空與對方約會，分享內心的愛意。單身者可結識條件優秀的異性，不妨主動相約對方外出，看看能否進一步發展。

健康運良好，睡前可選擇聆聽放鬆音樂、泡浴，放鬆心情。

農曆五月（新曆6月5日至7月6日）

重桃花之月，可把桃花化作人緣。打工一族，有機會得到晉升機會，宜積極把握。不論是自僱、從商或打工一族均可靠工作表現，而得到別人的認同，自僱及從商人士可多參加業界聚會，增加行內的知名度。

財運不俗的月份，可與他人一起合作投資，可加強自己的運勢。喜歡賭博的朋友，可用「刀仔鋸大樹」的方式進行，有望獲得意外之財。

已婚者，桃花運旺盛，要小心避免與伴侶以外的異性單獨相處，要時刻警惕自己不要對異性太過熱情，免得有三角關係之困擾。單身者，追求對象眾多，令你煩惱不已。

交際應酬太多，令身體有點吃不消，是時候適當減少社交聚會。

農曆六月（新曆7月7日至8月6日）

本月學習運強勁，可把握機會學習與工作有關的課程。社會不斷進步，「逆水行舟，不進則退」主動學習裝備自己，防患於未然，為未來做好準備。平日若遇到工作上的難題，不妨向身邊前輩虛心請教，真誠待人永遠都是王道。

正財收入較好的月份，會出現高風險高利潤的投資項目，若能承受相關風險，不妨大膽一試。

已婚者即使工作繁忙，亦要主動關心伴侶，偶爾發送甜蜜的問候短訊，讓伴侶感受你的愛意。單身者可主動報讀興趣班，有望結識是同道合的異性。

平日不妨靜下心來學習書法、插花、瑜珈等放鬆心情的活動，減少因壓力而引致的小疾病。

農曆七月（新曆8月7日至9月6日）

全年財運最好的月份，運勢高開、機會處處，工作上能充分發揮才能。「三台」吉星主加官進爵，官運亨通，本月若有轉換工作的想法，可付諸實行，有望覓得合適及待遇較好的工作。「金匱」吉星拱照下，財運將會轉趨順遂，既有賺錢機會亦能聚財，預必要把握機會，看準時機大膽投資。喜歡博彩的朋友亦可小試牛刀，有望獲得意外之財。

已婚者可享受甜蜜的二人世界。單身的男士，本月社交聚會增多，不妨積極參與，增加接觸異性的機會。

工作繁忙，亦要注重休息，盡量保持早睡早起的習慣，不要經常捱夜，以免令身體負擔過大。

農曆八月（新曆9月7日至10月7日）

本月受到「酉酉自刑」的影響下，心態上會較為封閉，常常一遇到問題便會想不開而自尋煩惱，建議不要把自己想得太重要，適時放下身段，學會接受不完美亦是一種成長。凡事放輕鬆，不用太着緊，是你的終究是你的。

八方聚財，機會一瞬即逝，若遇到合適的投資機會，不妨大膽嘗試可得意外之財。

已婚者，既然當初認定對方，便要一心一意對待伴侶，不要因新鮮感作祟而發生外遇，不然陷入三角關係會令你十分困擾。單身者會結識不同的異性，不用心急可慢慢想清楚才作決定。

平日宜多做善事積福，幫助有需要的人士，「施比受更有福」。

農曆九月（新曆10月8日至11月6日）

相害之月，工作運較為平穩，未有任何新突破。人際關係尚可，但遇到困難時只能靠自己解決。「人靠山山會倒，不如靠自己最好」，遇到難關就當是訓練自己的機會。

正財運較為理想，可藉着工作關係而增加正財收入，對收入不穩定的朋友特別有利。偏財運一般，不宜參與賭博及高風險的投機活動，以免造成金錢損失。

已婚者經常因小事與伴侶爭執，不妨以「小別勝新婚」的形式相處，減少見面次數避免正面衝突。單身者，緣份未到繼續等待。

生活中要保持良好的生活習慣，切忌過量吸煙、飲酒。煙酒並不能減壓，過量反而會令人精神委靡，影響身體健康。

農曆十月（新曆11月7日至12月6日）

事業運明顯轉好，工作能力得到別人認同。打工一族，靠自身的專業能力奠定事業基礎，可得到上司及老闆的賞識，發揮所長。自僱及從商者，自身的業務能力出色，在行內知名度有所提高，令營業額上升。

財運亨通的月份，當機會來臨時，要努力把握，勇敢地去爭取，積極地去搶佔，可以使自己的財富累積得更快。

已有伴侶者，不妨在假日與另一半舊地重遊，重拾昔日甜蜜的回憶，修補雙方的關係。單身者，透過工作場合可結識背景及性格合得來的異性。

健康運良好，平日可培養定期做運動的習慣，有助強健骨骼、肌肉和關節。

農曆十一月（新曆12月7日至26年1月4日）

相破之月，人際關係不過不失。平日多注意自身待人接物的態度，不要因事業上一時得意而沾沾自喜，説話時要尊重別人。受到「官符」凶星的影響下，本月並不適合轉換工作，以免引起與原公司的合約糾紛。

財運方面略有起色，可與肖牛者及肖龍者一起合作投資，加強自身財運，有望得到豐厚回報。若喜歡賽馬的朋友亦可小注怡情，增加工作以外的收入。

感情方面，已婚者常常因小事爭吵，學會包容及體諒對方，多從對方角度出發，兩人相處亦是一種學問，需要用心學習。單身者，繼續等待時機未到。

健康並無大礙，平日宜多喝湯水保健及多穿衣物保暖。

農曆十二月（新曆26年1月5日至2月3日）

相合貴人月，工作較為忙碌。自僱及從商者不妨藉此機會開展新業務，有望令業務發展更上一層樓，打工一族，工作上可望獲得貴人助力而有所作為，「金匱」吉星進駐，寓意升職加薪。

財運滾滾來的月份，容易有偏財運，遇上抽獎活動，不妨積極參與，平日亦可購買六合彩、3T。喜歡賭博的朋友，可投注心水馬匹及喜愛的球隊。

已婚者，既然當初認定對方，便要一心一意對待伴侶，不要因新鮮感作祟而發生外遇，不然陷入三角關係會令你十分困擾。單身者透過別人介紹，會結識不同的異性，不用心急可慢慢想清楚才作決定。

健康運良好，只需要多休息便可。

狗

肖狗開運錦囊

★「月德」貴人星具有化解災厄、平安之意。

★紅鸞星動的年份，有利結識異性。

★正財運亨通之年，投資方面可略為進取。

★「扳鞍」入主，會有轉換工作環境之意。

★「死符」入主，宜主動為家居更換家具或進行小型裝修。

肖狗者出生時間（以西曆計算）		
1934 年 2 月 4 日 20:04 分	至	1935 年 2 月 5 日 01:49 分
1946 年 2 月 4 日 18:05 分	至	1947 年 2 月 4 日 23:51 分
1958 年 2 月 4 日 15:51 分	至	1959 年 2 月 4 日 21:43 分
1970 年 2 月 4 日 13:46 分	至	1971 年 2 月 4 日 19:26 分
1982 年 2 月 4 日 11:45 分	至	1983 年 2 月 4 日 17:41 分
1994 年 2 月 4 日 09:33 分	至	1995 年 2 月 4 日 15:14 分
2006 年 2 月 4 日 07:28 分	至	2007 年 2 月 4 日 13:19 分
2018 年 2 月 4 日 05:30 分	至	2019 年 2 月 4 日 11:16 分

整體運程

來到乙巳年，終於脫離龍年「沖太歲」的影響，去年受到「沖太歲」的影響下，不論在事業、財運、感情以及健康等各方面，均經歷了不同的變化。

新一年為正財運亨通的年份，而且得到二顆吉星高照，包括有：「月德」及「紅鸞」吉星進駐。「月德」貴人星具有化解災厄、平安之意，並能改善肖狗者的人際關係，自僱或從商人士均能有所得益，有望透過舊客戶介紹，而展開新的業務範疇及開拓更多新客戶。打工一族則能獲得客戶支持及上司的欣賞，對事業發展有所幫助，即使在工作上遇到難題亦會有貴人相助。

今年為紅鸞星動的年份，「紅鸞」星入主特別有利桃花及人緣。已有穩定交往對象的朋友，在今年會突然有結婚的衝動。

雖然吉星眾多，惟凶星方面，有「死符」、「扳鞍」及「小耗」入主，對健康運及家宅運甚為不利。「死符」主對家宅運帶來不利影響，可主動為家居進行小型維修或更換家具，此舉有助提升家宅運。「扳鞍」入主，代表新一年會有轉換工作環境之意，建議在任職新公司前，先看清楚待遇及工作環境後，才作決定，否則只會得不償失、越轉越差。

此外，「小耗」為破財星，主容易破財，會有金錢上的損失，避免進行高風險的投機活動及減少賭博，可轉為投資較低風險的藍籌股。

總言之，今年運勢較去年有所進步，平日宜多做善事幫助有需要的人士，自然可以提升整體運勢。

【財運】

蛇年終於脫離「沖太歲」的影響，新一年正財運旺盛，再加上在「月德」吉星拱照下，正財收入平穩上揚。

自僱及從商者能得到貴人相助，會有更多客戶支持而增加營業額，令整體收入高於去年，收入繼而增加，惟收入上升的同時開支亦會有所增加，宜做好理財規劃，以免得不償失。打工一族，在上司或老闆賞識下，有望升職加薪，從而增加整年收入。

但由於在「小耗」凶星的影響下，經常因突如其來的狀況而破財。偏財運一般，切忌投資高風險的理財產品及參與賭博，若喜歡投資的朋友，可以主力投資低風險的藍籌股及做銀行定期，以保本為主。

【事業】

新一年在「月德」吉星高照下，人際關係明顯轉好，可得到貴人相助。自僱或從商者更能得益於吉星的力量，在新舊客戶的支持下，事業發展順利、機會處處，不妨藉此機會開展新的業務範疇，有望開拓新的產品市場，從而令事業發展的道路更為廣闊，分散業務單一的風險。

打工一族，在貴人相助下，得到上司或老闆賞識，工作時與客戶相處融洽，工作成果得到大家的認同，有望升職加薪。再加上「扳鞍」有轉換工作之意，只要看清楚新工作的薪酬待遇及工作環境後，衡量過是否適合自己再作決定，切記一時心急便轉換工作，以免越轉越差。

【感情】

去年為沖太歲之年，曾發生感情變化的朋友，來到新一年有望結識新伴侶，重新出發。

今年為正桃花之年，蛇年桃花運旺盛，「紅鸞」星高照有利桃花運及人緣。「男愛紅鸞，女愛天喜」，單身者會遇到心儀對象，不妨主動出擊，「先敬羅衣後敬人」，先為自己換一個新形象，令人有眼前一亮的感覺，自然能開展一段甜蜜的戀情。

已有伴侶的朋友，不妨在蛇年共諧連理，令彼此的關係更進一步，多年的感情終於開花結果，實在可喜可賀。

已婚者，桃花運旺盛，緊記與伴侶以外的異性保持適當距離，不要單獨與對方外出，以免陷入三角關係，破壞建立已久的感情。

【健康】

蛇年健康運平平，受到「死符」星的影響下，家宅運較為一般，不妨為家居購買家居保險，並考慮為家居進行小型維修或更換家具，有助提升家宅運。

今年不宜探病問喪，避免到醫院、墳場、殯儀館等陰氣較重的地方，以免沾染負能量影響個人氣場。相反可主動參與喜慶場合，例如婚宴、店舖開幕、壽宴等等，此舉能增加自身的正能量，從而提升整體健康運及家宅運。

而且受到凶星的影響下，宜多做善事，幫助有需要的人士。平日可主動贈醫施藥、放生、去廟宇參拜及多唸《藥師琉璃光如來本願功德經》、《金剛經》等等，以上的全部，能增加自身及家人福報。

肖狗者運勢（一九三四年、一九四六年、一九五八年、一九七〇年、一九八二年、一九九四年、二〇〇六年、二〇一八年）

★一九三四年：甲戌年（虛齡九十二歲）

新一年健康運欠佳，長期病患者容易出現病情反覆及惡化的情況，如有任何不適，務必馬上求醫，以免拖延病情。與此同時，亦可在龍年年尾，到醫院進行詳細的身體檢查，早發現早治療。

★一九四六年：丙戌年（虛齡八十歲）

運勢不過不失，財運欠奉的一年，使用電子通訊設備時，要了解清楚與你溝通的人之背景，不要有任何轉賬或借貸行為，以免被人欺騙。如果遇上疑問，不妨向身邊親人請教。投資方面，不宜投資高風險、高回報的理財產品，以免到頭來一無所有。

★一九五八年：戊戌年（虛齡六十八歲）

新一年健康運不俗，早前一直困擾你的小毛病終於得到解決，令你心情大好，不妨外出旅遊，看看世界之大，了解世界各地的風土人情。與後輩相處融洽快樂，經常與子女一起飲茶聊天，令你十分安慰。財運不俗，早年投資的理財產品終於迎來收益，實在可喜可賀。

★一九七〇年：庚戌年（虛齡五十六歲）

人際關係較去年進步，工作表現出色，得到眾人的讚賞。打工一族，多在上司或老闆面前展現自我實力，有望升職加薪。自僱或從商者，工作發展順利，整體收入上升。已婚者與伴侶甜蜜融洽，不妨一同旅遊增進雙方感情。

蛇 馬 羊 猴 雞 狗 豬 鼠 牛 虎 兔 龍

★一九八二年：壬戌年（虛齡四十四歲）

終於脫離沖太歲的影響，人際關係及心情回復正常。工作開始逐漸上軌道，人生狀態慢慢好轉，經歷去年的變化令你的心態放開了不少。財運亨通的一年，喜歡賽馬或足球的朋友，可構思不同的投注方式，有望得到工作以外的收入。

★一九九四年：甲戌年（虛齡三十二歲）

工作發展平平穩穩，未見有太大突破，只能埋頭工作、默默付出，希望終有一日會取得成果。已有穩定交往對象，不妨在正桃花年更進一步，共諧連理踏入婚姻的殿堂。若仍未有結婚打算的朋友，今年要小心有第三者的插足。單身者，有望開展一段新感情。

★二〇〇六年：丙戌年（虛齡二十歲）

學習期間明顯出現退步，心思不在學業上。桃花運旺盛的一年，單身的朋友可以好好把握機會，主動出席舊同學及朋友舉辦的聚會，出席前好好打扮自我，才能吸引他人的注意。已有男女朋友者，務必要與伴侶以外的異性保持適當距離，否則容易引起三角關係。

★二〇一八年：戊戌年（虛齡八歲）

健康運欠佳，容易出現小病小恙。飲食時要注意衛生，進食前務必清潔好雙手。保持良好的衛生習慣，早晚刷牙可以防止牙齦炎、蛀牙等牙科疾病。

每月運程

農曆正月（新曆2月3日至3月4日）

相合之月，整體運勢不俗。打工一族可得到別人的賞識及支持。從商及自僱人士，透過熟客的介紹下，可開拓新的客戶群，在新舊客戶的支持下，營業額將會有所提升。

正財收入較好的月份，會出現高風險高利潤的投資項目，若能承受相關風險，不妨大膽一試。

已有伴侶者，本月感情平穩，時間久了感情終究會變成親情，一起發掘新鮮事物能令彼此感情更為牢固。單身者，透過身邊朋友介紹，可結識合眼緣的對象，不妨主動相約對方外出，互相了解才決定是否在一起。

家宅運良好，保持家居衛生，並可在家中添置空氣清新機，保持舒適的家居環境。

農曆二月（新曆3月5日至4月3日）

桃花相合之月，人緣不錯可得到貴人扶持。自僱及從商者，在客戶的支持下，營業額上升，收入大幅增加。打工一族，本月的工作量增加，幸好努力得到相應的回報，在貴人的幫助下，有望升職加薪。

正偏財運暢旺，若遇上抽獎活動，不妨積極參與，平日亦可購買六合彩、3T。喜歡賭博的朋友，亦可投注心水馬匹及喜愛的球隊。

已婚者桃花運旺盛，必須好好把持自己，避免與伴侶以外的異性單獨約會，以免影響建立已久的感情基礎。單身者新相識的異性條件不俗，可了解清楚對方背景後，再決定是否在一起。

家宅運良好，平日可多做善事幫助有需要之人，主動為他人贈醫施藥，提升自身運勢。

蛇 馬 羊 猴 雞 狗 豬 鼠 牛 虎 兔 龍

農曆三月（新曆4月4日至5月4日）

沖太歲的月份，工作上會出現難題令你步步為營。若有轉職打算，要注意在轉變新崗位後，才發現工作上的細節和瑣事令自己不勝其煩，盡量以不變應萬變。人際關係未如理想。工作時緊記少説話多做事，不要理會別人的事情。

財運欠奉，整體財運上落較大，主要以正財收入為主，投資方面不宜過分進取，可選擇較低風險的藍籌股。

已有伴侶者容易出現感情變化，本月要與伴侶多進行溝通，及控制自己的情緒，避免與伴侶發生爭吵。單身者時機未到，繼續等待。

家宅運欠佳，避免去陰氣重的地方，例如醫院、殯儀館、墳場等地方。

農曆四月（新曆5月5日至6月4日）

學習運旺盛，「知識改變命運」學海無涯，宜積極裝備自己。自僱及從商的朋友可以多參與業界講座或研討會，藉此提升自身的知識及認識業內德高望重的前輩。打工一族，可報讀與工作有關的短期課程，提升自己的競爭力，為職業生涯打好根基。

正財運一般，偏財運欠奉，要學習從生活中開源節流，不能像過往一樣胡亂花費，宜花時間學習理財知識。

已有伴侶者，感情回復正常，平日可多讚美對方，有助增進雙方感情。單身者，可主動報讀興趣班，藉此機會認識興趣相投的異性。

身體狀況良好，可根據自身需要，而購買相應的營養補充品，補充身體所需營養。

農曆五月（新曆6月5日至7月6日）

全年財運最好的月份，再加上三合的力量，諸事順利，財運及事業運有明顯進步。自僱及從商者，在工作上若遇到新機遇，可積極爭取，有助提升業界知名度。打工一族，早前一直困擾已久的工作問題，得到別人的幫忙後迎刃而解。

財運亨通，機會一瞬即逝，務必要好好把握，若遇到合適的投資機會，可大膽嘗試，能獲得意外之財。

已婚者的男士，遇到外來誘惑特別多，若把持不定，惹上桃花劫，或遭第三者介入，陷於感情糾紛中，就會帶來困擾與傷害。單身者，主動對心儀對象表白，有望順利開展一段新戀情。

健康運大致良好，平日保持良好生活習慣即可。

農曆六月（新曆7月7日至8月6日）

相破之月，幸好本月財運亨通。自僱及從商者可把握機會嘗試新的工作，會得到意料之外的成果。打工一族，能獲得眾人的認可，令你信心大增。

財運亨通的月份，喜歡博彩的朋友，不妨在投注心水方面多花點時間，構想出不同的投注組合，例如三串七過關等，「以小博大」看看能否贏大錢。

已婚者桃花運旺盛，切勿三心兩意，要好好把持自己，以免發生三角關係，傷害彼此之間的感情。單身者多參加社交聚會，有助結識新朋友。

健康運不俗，惟經常外出食飯及進食外賣，會導致脂肪攝取量過多，容易引起肥胖及三高問題，建議要保持定期做運動的習慣。

蛇 馬 羊 猴 雞 狗 豬 鼠 牛 虎 兔 龍

農曆七月（新曆8月7日至9月6日）

事業運較好的月份，打工一族，不妨向上司或老闆提出你對工作上的想法，對方會欣然接納及欣賞你的才能。自僱或從商者，透過舊客戶介紹下，將會認識更多潛在的客戶，為未來工作打好根基。

受到「小耗」破財星的影響下，正財運平平，偏財運欠佳，投資方面不宜過分進取，若錄得虧損便要考慮是否需要斬倉。

已婚的朋友，感情甜蜜。單身的女士，透過工作場合可結識價值觀相若的異性，不妨與對方深入了解看看能否發展感情，要好好把握正桃花的年份。

平日要多抽空休息，以免缺乏休息時間，而令健康變差。

農曆八月（新曆9月7日至10月7日）

相害的月份，人際關係及事業運均出現退步。打工一族，因同事及下屬之間的相處令你飽受情緒困擾，工作進度停滯不前，只好單靠自己的努力來完成手頭上的項目。自僱及從商者在簽署任何文件之前，記得要看清楚條款。

財運欠佳的月份，不宜有重大投資，例如創業，業務擴張，買樓，大舉投資買股票等，因為這些投資項目都可能令你招致損失，要小心注意理財，切勿輕信他人的意見而胡亂投資。

感情運較差的月份，建議凡事要忍讓，不要每天挑剔伴侶的錯處。單身者繼續等待。

閒時可抽空做運動或與三五知己外出聚會，亦能令心情舒暢。

農曆九月（新曆10月8日至11月6日）

犯太歲之月，運勢反覆不定，人際關係欠佳。凡事要爭第一的性格會導致人際關係變差，要注意本月的是非、口舌問題日益嚴重，故處事不宜太過高調，要以謙虛的態度待人，不要自以為是。

財運反覆不定，容易出現破財。偏財運欠佳，不宜作出任何投資決定。若有親朋好友向你提出借貸要求或擔保，千萬要三思而後行。

已有伴侶者，不要因新鮮感作祟而發生外遇，否則會失去最愛你的人。單身者會結識不同的異性，不用心急可慢慢想清楚才作決定。

家宅運欠佳，容易發生小意外，故不宜參與高危險性的活動，例如滑水、潛水、機動遊戲等等。

農曆十月（新曆11月7日至12月6日）

貴人運強勁的月份，凡事能逢凶化吉。打工一族會得到客戶支持，工作進展順利，能夠取得良好的成績，令你心情愉快。自僱及從商者，經營的業務會得到舊客戶支持，整體營業額上升。

財運相對上月有所改善，可在本月實行籌備已久的投資方案。惟不可進行高風險的投資或投機決定，以免造成金錢上的損失。

剛經歷感情變化的朋友，不要急於投入下一段感情，可以給自己一段時間與自己相處，進行自我療癒和成長，當身心準備好，自然會遇上理想對象。已婚者感情穩定。

健康回復正常，雖然工作繁忙，但仍要抽空做運動，才能維持健康體魄。

農曆十一月（新曆12月7日至26年1月4日）

多勞多得的月份，「一分耕耘、一分收穫」一只要努力，便能得到相應的回報。打工一族，得到貴人賞識，可在上司及老闆面前展現自我，爭取升職加薪的機會。自僱及從商者，收到期待已久的好消息，令你信心大增。

財運方面以正財運較好，透過貴人的幫助而增加收入。投資方面不宜太進取，不要投資高風險的理財產品。

已有伴侶者，不妨在假日與另一半舊地重遊，重拾昔日甜蜜的回憶，增進彼此之間的感情。單身者主動向身邊朋友透露想談戀愛的決心，才會有人主動為你介紹對象。

工作太過繁忙令身體有些吃不消，要注意休息及保持良好的生活習慣。

農曆十二月（新曆26年1月5日至2月3日）

「丑戌相刑」的月份，人際關係出現倒退。運勢欠佳，容易犯官非、訴訟，因此在簽署文件、合約時必須格外小心，而且不要做任何觸犯法律的事。凡事安分守己，做好自己的本分。

財運一般，收入相同但支出增加。平日要注意理財，家庭開支增加，要量入為出，不要胡亂消費，減少購買不必要的物品。

單身者，在朋友聚會中遇上心儀對象，切勿太過急進以免嚇怕對方，一切循序漸進。已婚者，與伴侶出現過多爭執，容易引致感情生變，不要常常因日常瑣事而與伴侶爭吵。

平日飲食要盡量清淡，不要進食過多生冷及油膩食物，以免令身體太大負擔。

豬

肖蛇開運錦囊

★ 沖太歲的年份很適合進行喜事，例如：結婚、置業、創業、添丁。

★ 「國印」入主有升職加薪之意，特別有利從事管理或文職工作者。

★ 用「動中生財」的方式能增加整年收入。

★ 「大耗」為破財星，主財運欠佳。

★ 農曆四月及十月主動捐血或洗牙，有助化解血光之災。

肖豬者出生時間（以西曆計算）		
1935 年 2 月 5 日 01:49 分	至	1936 年 2 月 5 日 07:30 分
1947 年 2 月 4 日 23:51 分	至	1948 年 2 月 5 日 05:43 分
1959 年 2 月 4 日 21:43 分	至	1960 年 2 月 5 日 03:23 分
1971 年 2 月 4 日 19:26 分	至	1972 年 2 月 5 日 01:20 分
1983 年 2 月 4 日 17:41 分	至	1984 年 2 月 4 日 23:20 分
1995 年 2 月 4 日 15:14 分	至	1996 年 2 月 4 日 21:09 分
2007 年 2 月 4 日 13:19 分	至	2008 年 2 月 4 日 19:02 分
2019 年 2 月 4 日 11:16 分	至	2020 年 2 月 4 日 17:04 分

整體運程

今年為肖豬者「沖太歲」年份，故此整年的變化較多，正所講「一喜擋三災，無喜是非來」，沖太歲的年份很適合進行喜事，例如：結婚、置業、創業、添丁等，以喜事來應驗沖太歲的變化。

在「沖太歲」的影響下，為充滿變化的一年，不論是事業、愛情、健康及人際關係均會出現變化。幸而今年為多勞多得的年份，只要付出並便會有相應的回報，同時得到兩顆吉星高照下，運勢尚算良好。

「國印」吉星進駐，對事業發展特別有利，「國印」為古時候的帥印，有升職加薪之意，特別有利從事管理或文職工作者。

「驛馬」星動之年，今年不妨主動出外工作，以「動中生財」的方式來增加整年收入。若有移民或是在外地置業的想法，今年不妨一試而且成事機會頗高。

雖然得到吉星的幫助，亦不可忽視眾多凶星的影響，例如「大耗」、「歲破」、「欄干」及「披頭」。「大耗」為破財星，主財運欠佳，不適合進行任何高風險的投資或投機決定，減少因投資失誤而造成的損失。「歲破」入主代表人際關係的破敗，容易因無心之失而開罪別人。同時「欄干」凶星則代表做事困難，容易產生一波三折的感覺，事業會出現嚴重阻滯。

此外，「披麻」入主會衝擊家宅運及健康運，不妨主動為家居進行小型裝修及更換家具。

總括來說，在「沖太歲」的年份務必要事事小心，與此同時可主動做喜事沖喜，自然能提升個人運勢。

【財運】

受到「沖太歲」及眾多凶星的影響下，整年財運平平，未見有太大起色。

幸好在「驛馬」星的帶動下，外出機會增加，以「動中生財」的方式求財會較為有利。自僱及從商者，可嘗試開拓海外市場，有望取得不錯的成果。若未能開拓海外市場，則要注意今年的生意額會不升反跌，從而令整體收入下降。

打工一族，若任職海外公司，有望在新一年升職加薪，至於任職本地公司的朋友，可主動爭取出差的機會，有望提升收入。

蛇年「大耗」凶星入主，主大破財，故不宜進行任何高風險的投資，同時要提醒自己不要胡亂花費，減少日常生活的開支。

【事業】

太歲相沖年，工作上會出現不同程度的變動，在「驛馬」星帶動下，不妨遠離出生地，到海外發展會較為有利。主動製造出遠門的機會，例如：到外地出差、開拓海外市場等。

同時在「國印」吉星高照下，對事業運會有正面幫助，「國印」為古時候的帥印，有升職加薪之意。肖豬的朋友若有轉換工作的想法，可在今年付諸實行，有望覓得薪金高待遇好的工作機會。

惟在凶星影響下，工作期間容易遇到多重困難，「欄干」入主代表做事困難，今年會較為奔波勞碌，經常出現心力交瘁的感覺。「歲破」主人際關係的破敗，在工作上會遇到小人陷害。

【感情】

受到「巳亥相沖」的影響下，今年為感情最容易出現變化的年份。正所謂「太歲當頭坐、無喜必有禍」已有穩定交往對象者，不妨在蛇年籌備婚禮，以喜事來應驗沖太歲的變化。至於未能進行喜事的朋友，則容易出現感情變化、經歷離合，要提前做好心理準備。

已婚者，經常與伴侶爭執不斷，建議在今年落實添丁計劃，作為喜事沖喜。沒有添丁打算的朋友，不妨用「小別勝新婚」的形式來相處，減少見面次數避免正面衝突。

單身者，在「驛馬」星動的年份，主動到外地旅遊放鬆心情，有望在異地結識心儀對象，看看能否開展一段異國情緣。

【健康】

肖豬者在沖太歲及眾多凶星的影響下，今年健康運及家宅運欠佳。再加上水火相沖，代表容易發生意外、災禍、手術、開刀，建議立春後便到廟宇「攝太歲」，並在農曆四月及農曆十月進行捐血或洗牙，主動應驗血光之災。

凶星重重，蛇年切忌參與任何高危險性的活動，例如：潛水、滑水、跳降落傘等等，以免出現手腳受傷。

此外，「披麻」入主會衝擊家宅運及健康運，不妨主動為家居進行小型裝修及更換家具，平日可多做善事，每逢初一、十五定期茹素，並多唸佛經以保佑自己及家人身體健康。此外，可在龍年年尾可到醫院作詳細的身體檢查，以防萬一。

肖豬者運勢（一九三五年、一九四七年、一九五九年、一九七一年、一九八三年、一九九五年、二〇〇七年、二〇一九年）

★一九三五年：乙亥年（虛齡九十一歲）

身體狀況明顯走下坡，長期病患者今年病情急速惡化，如有任何不適馬上求醫，切記拖延病情。財運欠佳的一年，不宜進行任何投資理財及賭博活動，以免錄得重大虧損，要清楚知道，年老時可承受的投資風險亦會相對降低。

★一九四七年：丁亥年（虛齡七十九歲）

家宅運欠佳，可為家居購買家居保險，並考慮為家居進行小型維修或更換家具，有助提升家宅運。切忌探病問喪，不宜出入陰氣較重的地方，例如醫院、墳場等地，以免沾染負能量影響個人氣場。財運不過不失，無需抱有太大期望，結果只會令你失望。

★一九五九年：己亥年（虛齡六十七歲）

「驛馬」星動的年份，需要主動製造出門機會，以「動中生財」的方式來增加整年收入。如果有移民或在外地置業的想法，今年不妨一試，成事的機會較高。財運反覆不定，容易出現破財。若有親朋好友向你提出借貸要求或擔保，千萬要三思而後行。

★一九七一年：辛亥年（虛齡五十五歲）

在「歲破」星的影響下，人際關係明顯轉差，工作時遭到小人從中作梗，令你寸步難行。工作表現未如理想，出現了前所未有的瓶頸位，只能硬着頭皮應付。財運平平，只要做好收支平衡已經不錯了，購物前想清楚自己是想要還是需要，不要胡亂花費。

★一九八三年：癸亥年（虛齡四十三歲）

新一年求財困難，不宜對財運抱有太大期望，經常會出現莫名其妙的開支。已婚者，雙方經常因為瑣碎事而爭執不斷，令你的內心產生不滿，不妨以「聚少離多」的方式來相處，減少正面衝突。單身的朋友可主動到國外旅遊，有望開展一段異國情緣。

★一九九五年：乙亥年（虛齡三十一歲）

正式踏入眉運的一年，若眉頭有眉毛逆生，今年容易有感情變化，可考慮落實籌辦婚事，用「一喜擋三災」的方式來應沖太歲之年，以免出現「不結即分」的危機。眉毛貼肉順生、顏色潤澤者，新一年事業發展理想，有望得到升職加薪的機會。

★二〇〇七年：丁亥年（虛齡十九歲）

已有伴侶的朋友，今年很容易與伴侶因為小事而分手，令你傷心不已。幸好今年為升讀大學的年份，可結識更多朋友，發掘更多新事物。已工作的朋友，今年事業發展未如理想，有機會轉換工作。

★二〇一九年：己亥年（虛齡七歲）

剛升上小學，學習運一般，經常不明白老師所說的課題，幸好天生較為聰穎，只需要用心學習，便能追回進度。

每月運程

農曆正月（新曆2月3日至3月4日）

雖然今年為沖太歲的生肖，幸好春季期間運氣尚可。本月工作繁忙，宜全力投入工作。自僱及從商者，可遇到更多機會，從而在事業上有不錯的發展，可增加整體營業額。打工一族，工作中會處於緊張狀態，強大的壓力使你不能順利完成手上的工作，不妨虛心請教他人。

財運不錯的月份，不妨購買六合彩或投注3T，增加中獎的機會，有望得到意外之財。

已有伴侶者，多與伴侶溝通，表達內心的愛意。單身的女士，本月會認識新的異性朋友，可惜對方的想法與你南轅北轍只好作罷。

健康運平平，學會平衡工作與生活，適時放下工作，放鬆心情。

農曆二月（新曆3月5日至4月3日）

相合之月為大展宏圖的良好時機。工作上會有不錯的表現，惟要注意自我的言行舉止，以免得罪小人而不自知。早前困擾已久的問題，在本月有望徹底解決，可從中吸取教訓，為將來做好準備。

正財收入較好的月份，會出現高風險高利潤的投資項目，若能承受相關風險，不妨大膽一試。

已有伴侶者，本月感情平穩。平日可多讚美對方，有助增進雙方感情。單身者，在工作場合當中可結識合眼緣的對象，不妨主動相約對方外出，互相了解才決定是否在一起。

心情舒暢，身體自然健康，平日可培養定期做運動的習慣，令身心得到舒展。

農曆三月（新曆4月4日至5月4日）

貴人相助的月份，工作上會得到客戶支持。本月工作進展順利，能夠取得良好的成績。自僱及從商者，經營的業務會得到舊客戶支持，而令整體營業額上升。打工一族，把握機會在上司或老闆面前展現自身實力。

財運尚可，惟受到「大耗」破財星的影響下，不宜進行太高風險的投資，以免造成財政上的損失。買賣股票時宜見好即收，不妨訂下止賺位及止蝕位，否則「貪字得個貧」到最後還是有所虧損。

已婚者，即使工作繁忙，亦要主動關心伴侶，偶爾發送甜蜜的問候短訊，讓伴侶感受你的愛意。單身者繼續等待。

家宅運尚可，平日宜多關心家人，陪伴父母。

農曆四月（新曆5月5日至6月4日）

沖太歲之年的沖太歲月，運勢反覆不定。人際關係出現退步。平日要注意是非、口舌問題日益嚴重，做事不宜太過高調，切記自以為是。工作期間常常感到力不從心，令你十分氣餒。

財運欠奉，出現破財，不要投資任何高風險的理財產品。家中經常出現意外開支，宜量入為出做好理財規劃，以免入不敷支。

已婚者情緒起伏較大，經常與伴侶發生爭執，可減少見面次數以免發生正面衝突。單身者可主動出遊，有望展開異地情緣。

本月容易發生小意外，故要特別留意交通情況，過馬路及駕駛時要打起十二分精神，宜捐血或洗牙以作化解血光之災。

農曆五月（新曆6月5日至7月6日）

多勞多得的月份，努力便可得到相應成果。自僱及從商者，宜好好把握時機，可考慮開展新業務或推出新產品，有望得到不錯的成果。打工一族，在公司要注意自我的言行舉止，避免太高調而引起別人的妒忌心。

財運平平，會出現莫名其妙的開支，令你頓時失去預算，故在平日便要培養儲蓄的習慣，以免長期入不敷支。

感情生活平穩，有伴侶者可享受甜蜜的二人世界。想脫離單身者，本月社交聚會增多，不妨積極參與，增加接觸異性的機會。

平日要注意個人衛生，保持良好的個人衛生習慣，時常保持雙手清潔，回家後必須馬上洗手。

農曆六月（新曆7月7日至8月6日）

多勞多得之月，再加上相合的力量，事業發展順逐，一直計劃已久的工作方案，可藉着本月運勢而提上日程，將會得到別人的認可及幫忙，讓你輕鬆完成工作目標。

財運不俗，遇到合適的投資產品，不妨大膽一試。另外也可投注六合彩或3T，有機會得到意外之財。

單身者透過朋友介紹，能結識新的異性朋友，平日亦要多注重儀容，不修邊幅及太過急進會嚇怕對方。已婚者，雙方感情甜蜜，不妨主動為伴侶準備一個浪漫的約會，增進雙方感情。

健康運大致良好，平日可進食適量的蔬果，盡量保持飲食清淡，不要進食過多生冷及辛辣食物。

農曆七月（新曆8月7日至9月6日）

相害的月份，人際關係及事業運均出現退步。打工一族，因同事及下屬之間的相處令你飽受情緒困擾，工作進度停滯不前，只好單靠自己努力來完成手頭上的項目。自僱及從商者在簽署任何文件前，記得要看清楚條款。

財運反覆不定，偏財運欠佳，整月容易破財切忌賭博。

已婚的女士，不要經常為了小事而跟伴侶爭吵，對方只會覺得你無理取鬧，長久下來必定會影響雙方感情，在處理感情的時候必須忍讓。單身者，本月感情運一般，凡事隨緣。

患有長期病的長者，病情會有惡化的傾向，緊記按時服藥，如有不適，切勿拖延馬上求醫。

農曆八月（新曆9月7日至10月7日）

學習運強勁的月份，運勢穩步上揚。頭腦清晰，適宜學習新事物，藉此機會擴闊視野，加強在工作中的競爭力。自僱或從商者，可在本月嘗試新的工作方向，發掘更多工作機遇。

財運相對上月有所改善，可投資中長期的理財產品，不可進行高風險的投資或投機決定，以免造成金錢上的損失。

單身的朋友可以多參加社交活動，即使沒有辦法遇到適合自己的對象，也可以擴闊自己的圈子認識多一點新朋友。已有伴侶者，本月感情相對穩定。

駕駛及過馬路時必須遵守交通規則，避免參與任何高危活動，例如滑雪、潛水、機動遊戲等，慎防意外發生。

農曆九月（新曆10月8日至11月6日）

財運順暢的月份，工作表現出色。自僱及從商者，在客戶的支持下，只要努力工作便能得到相應的回報。打工一族，得到貴人賞識，可在上司及老闆面前展現自我，爭取升職加薪的機會。

本月財運旺盛，偏財運不俗，只要看準時機，可進行短炒買賣，賺取工作以外的收入。

已有伴侶者，感情發展平穩，不妨主動為對方送上驚喜，為彼此留下甜蜜的回憶。單身的男士，有望結識合眼緣的異性，惟對方已有伴侶令你無從入手。

家宅運一般，避免去陰氣重的地方，例如醫院、殯儀館、墳場等地方。平日可多參與喜慶場合，例如婚禮、百日宴等。

農曆十月（新曆11月7日至12月6日）

「亥亥自刑」的月份，運勢起伏不定。心情低落，工作上困難重重，飽受是非、小人的困擾，不妨主動在本月放一個悠長的假期，讓自己遠離是非之地。

雖然為犯太歲之月，幸好財運不俗，遇到合適的投資產品，不妨大膽一試。

已婚者的男士務必要好好把持自己，所謂的新鮮感便是與不同的人做相同的事，多年來的感情生活來之不易，且行且珍惜。單身者宜好好把握機會，多外出參加社交聚會，能遇到適合對象。

家宅運欠佳，本月容易發生小意外，駕駛人士務必要遵守交通規則，千萬不要超速駕駛，行人在過馬路時要遵守交通燈的指示，不要只顧看手機。

農曆十一月（新曆12月7日至26年1月4日）

桃花運旺盛的月份，工作進展良好，財運及人緣也能獲得提升，整體運勢較佳。自僱及從商者宜好好利用本月，為自己計劃未來一年的動向，以免錯失良機。打工一族，有望升職加薪，可在上司或老闆面前表現自己。

財運平平，主要以正財為主，偏財運欠奉。必須努力工作才可賺取相應的收入，不要進行高風險的投資或投機決定。

單身的女士，不妨主動向心儀對象表白，有望順利開展一段新戀情。已婚者，遇到外來誘惑特別多，若把持不定，惹上桃花劫，或遭第三者介入，陷於感情糾紛中，就會帶來困擾與傷害。

健康運大致良好，平日可多做善事，幫助有需要人士，能提升自我運勢。

農曆十二月（新曆26年1月5日至2月3日）

來到沖太歲年的最後一個月，工作方面仍然困難重重，只能安慰自己一切都會過去，有任何轉工或轉換崗位的想法不妨留待明年，否則只會新不如舊。不妨藉住年尾放大假，令自己休息一下。

財運方面，收入不穩者有望增加正財收入，固定薪酬者，會有輕微的加薪幅度，雖然未能符合預期。

感情生活回復正常，有伴侶者可享受甜蜜的二人世界，平日宜多關心伴侶，多從對方角度思考。想脫離單身者，接近年尾社交聚會增多，不妨積極參與，增加接觸異性的機會。

抵抗力明顯下降，保持充足睡眠對健康是很重要，長期失眠會導致炎症惡化和更頻繁患病。

鼠

肖鼠開運錦囊

★ 蛇年事業發展順遂、財源滾滾來。

★「紫微」及「龍德」兩顆強而有力的貴人星拱照下，事業發展如日中天。

★「天乙」貴人星進駐，代表消災解難、逢凶化吉。

★ 偏財運一般，避免投資高風險的理財產品。

★「天厄」主不利出門，出門前預先購買足夠保額的旅遊保險。

肖鼠者出生時間（以西曆計算）

1936 年 2 月 5 日 07:30 分	至	1937 年 2 月 4 日 13:26 分
1948 年 2 月 5 日 05:43 分	至	1949 年 2 月 4 日 11:23 分
1960 年 2 月 5 日 03:23 分	至	1961 年 2 月 4 日 09:13 分
1972 年 2 月 5 日 01:20 分	至	1973 年 2 月 4 日 07:04 分
1984 年 2 月 4 日 23:20 分	至	1985 年 2 月 4 日 05:13 分
1996 年 2 月 4 日 21:09 分	至	1997 年 2 月 4 日 03:04 分
2008 年 2 月 4 日 19:02 分	至	2009 年 2 月 4 日 00:52 分
2020 年 2 月 4 日 17:04 分	至	2021 年 2 月 3 日 23:00 正

整體運程

今年為能者多勞的年份，再加上有眾多吉星聚集，不論是財運、事業運均較去年有明顯進步，取得理想成績。蛇年事業發展順遂、財源滾滾來，工作期間即使遇到問題，亦會在貴人相助下而逢凶化吉，務必要好好把握良機，令事業更上一層樓。在「紫微」及「龍德」兩顆強而有力的貴人星拱照下，今年事業發展如日中天、一帆風順，並能獲得貴人的提攜及賞識，不妨主動出擊，展現自身的工作能力，能獲得眾人認可。再加上「天乙」貴人星進駐，代表消災解難、逢凶化吉，即使偶爾碰倒上難題亦無需過分憂慮。自僱及從商者，在新舊客戶的支持下，藉此機會不妨拓展業務，令事業版圖擴大。打工一族，一直以來勤勤懇懇，終於得到回報，蛇年為大放光彩的年份，可得到上司或老闆的提攜，有望升職加薪。

但在「暴敗」及「天厄」凶星的影響下，新一年務必要小心理財，「暴敗」星入主代表財運上落較大，避免進行高風險的投資及賭博，以免出現「三更窮、五更富」的情況，同時減少購買不必要的物品，學習量入為出，做好理財規劃。

此外，「天厄」凶星主不利出門，出門容易遇到意外或財物損失，旅遊期間時刻提高警覺，保管好自己的財物，亦可在出門前預先購買足夠保額的旅遊保險，以應付突如其來的變化。

總括來說，新一年肖鼠者運勢高企，事業發展步步高升，務必要把握今年的運勢。惟偏財運一般，故避免投資高風險的理財產品，則能降低破財的機會。

【財運】

多勞多得的年份，主要以正財收入為主。在「紫微」及「龍德」吉星幫助下，有望得到貴人相助。從商或自僱者，在新舊客戶的支持下，整年營業額穩步上揚，只要努力經營業務，便能在新一年爭取更高的營業額，提升整個蛇年的正財收入。

打工一族，可得到上司或老闆賞識，有望升職加薪，今年加薪幅度較大，再加上花紅、獎金，整體收入較以往數年明顯進步。

但受到「暴敗」星影響，代表財運上落較大，偏財運欠奉。因此不宜投資高風險的理財產品，同時避免持有賺快錢的心態，相反應該增強自我能力，把心思放在工作上而非投機或賭博。

【事業】

蛇年在「紫微」、「龍德」及「天乙」多顆充滿力量的貴人星高照下，工作發展順利，事業發展較過去數年明顯進步，務必要把握良機，在好運的時間努力工作爭取更佳成績。

自僱及從商者，得益於良好的人際關係，透過新舊客戶的支持下帶動生意額上升，可考慮在蛇年開展新業務或推出新產品，增加營業額，令整體生意更一上層樓。

打工一族，蛇年運勢高企，工作期間可主動展現自我能力，對公司所提出的意見及建議，會獲得上司或老闆的接納，令人刮目相看，從而打好未來事業的基礎。

緊記好運不常有，若能抓緊機會，便能令人生更上一層樓。

【感情】

蛇年沒有任何桃花星進駐，幸好肖鼠者天生桃花運旺盛，想順利脫單並非難事。單身的男士，若想開啟一段新戀情，務必要主動出擊，首先要改變一下自我形象，換一個精神爽利的髮型，以及改變一向的穿衣風格，再主動製造機會，多參與社交聚會，擴闊交友圈子，自然能增加遇上心儀對象的機會。

單身的女士，在選擇伴侶時不要太過挑剔，要對自身有清晰的認知，若自身條件普通，卻希望遇上外表、家境優秀的伴侶，則會導致遲遲未能脫單。不妨詢問身邊好友，了解清楚自己對伴侶的要求是否太高。

已有伴侶者，因工作繁忙而冷落對方，令雙方關係轉為平淡。

【健康】

在吉星高照下，新一年健康運不錯。早前飽受疾病困擾的朋友，來到蛇年時來運轉，終於能夠找到根治的方法，實在可喜可賀。

工作較為繁忙，休息時間不足，令身體出現亞健康的問題，是時候維持良好的生活習慣，長期不良的生活習慣會導致心腦血管疾病。當中吸煙、過度飲酒、高脂肪或過量飲食、缺少運動、睡眠不足、不吃早飯等不良生活習慣，會對健康造成不利的影響，是時候作出改變。健康才是一切的根本。

此外，受到「天厄」凶星的影響下，代表出門容易遇到意外、手腳受傷，故不宜進行高危活動，出門前要預先購買旅遊保險，以應付突如其來的變化。

肖鼠者運勢（一九三六年、一九四八年、一九六〇年年、一九七二年、一九八四年、一九九六年、二〇〇八年、二〇二〇年）

★一九三六年：丙子年（虛齡九十歲）

運勢大致良好，身體健康出現明顯改善，平日不妨主動學習氣功、太極，有助改善平衡和協調性，從而降低跌倒的風險。閒時可看中醫調理身體，能固本培元，強化免疫力。財運不俗，喜歡賽馬或足球的朋友也可以少量投注，有望得到意外之財。

★一九四八年：戊子年（虛齡七十八歲）

人際關係較好，與子女後輩相處融洽，忙碌了大半輩子，是時候享受生活，把家庭的重擔，放手交給子女。

正偏財運較去年有所增長，再配合天生眼光獨到，考慮問題較全面，能夠準確分析金融市場的發展趨勢，有望在投資方面有所獲利。

★一九六〇年：庚子年（虛齡六十六歲）

天干「乙庚相合」，人際關係較去年進步，可憑藉人脈而帶動生意額上升，藉此機會拓展業務，令事業版圖擴大。新一年事業運順暢，工作表現出色，受到眾人的欣賞和賞識，可以在職場上大展拳腳。與伴侶相處融洽，雖然已結為夫妻多年，但仍然恩愛如初。

★一九七二年：壬子年（虛齡五十四歲）

家宅運較為一般，受到「天厄」凶星的影響下，代表出門容易遇到意外、手腳受傷，故不宜在今年進行高危活動，例如跳傘、潛水、滑雪等，建議出門前要預先購買旅遊保險，以應付突如其來的變化。財運平平無奇，不要抱有太大期望。

★一九八四年：甲子年（虛齡四十二歲）

今年得到「紫微」、「龍德」兩顆強而有力的貴人星拱照下，事業發展理想，能獲得貴人的提攜及賞識，務必要把握好時機，為事業打好良好根基。財運亨通，不論是正財還是偏財也會有明顯的進步，喜歡投資或賭博的朋友亦可以選擇，高風險、高回報的理財產品，只要不太貪心自然能有所收穫。

★一九九六年：丙子年（虛齡三十歲）

太陽穴飽滿有肉、寬厚者，運勢良好，天生財運不俗，且喜歡積聚財富，能在今明兩年賺取人生第一桶金。相反太陽穴出現凹陷、較窄及出現青筋的朋友，新一年財運欠佳，不論是正財運還是偏財運均出現明顯退步，天生對金錢敏感度不足，而且容易破財。

★二〇〇八年：戊子年（虛齡十八歲）

學習進度未如理想，一心只想如何玩樂，令成績出現明顯退步，幸好天生聰穎，只要花足夠時間、心機便能追上學習進度。人際關係較差的一年，與朋友相處時經常力不從心，「話不投機半句多」，人生很漫長，談不來的朋友就不要再聯絡。

★二〇二〇年：庚子年（虛齡六歲）

充滿好奇心，加上精力旺盛，不妨主動帶子女參與戶外活動，能培養運動興趣及能力、增強免疫能力預防疾病，令小朋友成長更健康。

每月運程

農曆正月（新曆2月3日至3月4日）

事業運旺盛，事事順利。工作能力得到別人認同。受薪一族，靠自身的專業能力奠定事業基礎，可得到上司及老闆的賞識，發揮所長。自僱及從商者，自身的業務能力出色，在行內知名度有所提高，令營業額上升。

財運較好的月份，正財收入穩定，偏財運亨通，新年聚會時可與親朋戚友一起玩樂，閒時投注喜歡的馬匹或球隊，有助增加工作以外的收入。

已婚者，可與伴侶外出遊玩，增進感情。單身的女士，透過工作場合結識條件不俗的對象，主動出擊為未來幸福而努力。

平日可遠離城市繁囂到郊外呼吸新鮮空氣，有助放鬆心情。

農曆二月（新曆3月5日至4月3日）

雖然本月為相刑之月，幸好事業發展順逐，一直計劃已久的工作方案，可藉着本月運勢而提上日程，將會得到別人的認可及幫忙，讓你輕鬆完成工作目標。

財運方面，收入不穩者有望增加正財收入，固定薪酬者，會有輕微的加薪幅度，雖然未能符合預期。

有的時候單身的原因可能並不是因為自己沒有遇到合適的人，或者說沒有機會認識更多的異性，而是自己的要求太高，緊記你在選擇別人，別人也在選擇你。已有伴侶者，容易與伴侶發生激烈爭執，可減少見面次數及做好情緒管理。

眼睛為靈魂之窗，要給予眼睛充分休息。

農曆三月（新曆4月4日至5月4日）

相合貴人月，事業發展順逐，一直計劃已久的工作方案，可藉着本月運勢而提上日程，將會得到別人的認可及幫忙，讓你輕鬆完成工作目標。

財運亨通的月份，若遇到合適的投資機會不妨大膽一試，與肖龍的朋友一起投資，有助加強財運。平日亦可購買六合彩彩票或3T，可望獲得意外之財。

單身者，社交聚會增多，可積極參與，即使沒有辦法遇到適合自己的對象，也可以擴闊自己的圈子認識多一點新朋友。已有伴侶的朋友，本月感情相對穩定，雙方可以結伴出遊以增進感情。

健康運平常，要注意飲食及休息，培養良好的生活習慣。

農曆四月（新曆5月5日至6月4日）

在「紫微」及「龍德」兩顆強而有力的吉星高照下，運勢如破竹，工作運順暢。打工一族，本月工作進展順利，能夠取得良好的成績。自僱及從商者，經營的業務會得到舊客戶支持，整體營業額上升。

財運亨通之月，投資方面亦可稍作進取。若想加強財運不妨與肖牛者及肖龍者一起合作投資，可借助他人之力增強財運。

已有伴侶的朋友，本月感情更見穩定，可多與對方結伴出遊，增加雙方感情。單身的朋友亦可以把握本月多參加社交活動，有望遇到合適的另一半。

平日宜培養定時運動的習慣，能保持身心健康及舒緩壓力。

農曆五月（新曆6月5日至7月6日）

太歲相沖之月，心情大起大落。經常胡思亂想，把簡單的事情複雜化，與其擔心將來，不如做好現在。即使暫時無法解決問題，但方法總比問題多，如有疑問不妨向身邊朋友請教。

財來財去的月份，容易出現「三更貧、五更富」的情況。本月不宜投機，只適合投資穩健的理財產品，否則會有「賺頭蝕尾」之象。切忌參與賭博，以免出現金錢損失。

已婚者，內心總覺得伴侶不了解自己，建議以「聚少離多」的方式來相處，以免發生正面衝突。單身者，時機未到。

平日宜飲食清淡，避免進食油膩及生冷的食物，若想增加自身福報可在初一、十五茹素。

農曆六月（新曆7月7日至8月6日）

本月為相害月，人際關係出現倒退。打工一族，在工作場合要時刻控制個人情緒。因做錯事而受到上司或老闆的責備，只好安慰自己下次做得更好，建議盡快收拾心情，為未來而努力。

家宅運欠佳，經常會有莫名的開支，令你大失預算。平日便要培養理財習慣，不要每月一發工資後便盡情消費，要為自己準備應急錢，每當有急事時仍可隨時用得到。

已有伴侶者，因自信心不足，對感情患得患失，常常認為對方不愛自己，要好好調節心態而免影響雙方感情。單身的朋友，繼續等待合適的伴侶。

長期病患者，本月病情惡化，若有不適馬上求醫，不要諱疾忌醫。

農曆七月（新曆8月7日至9月6日）

相合的月份，運勢回復正常，心情舒暢。本月工作時遇到難題，在貴人相助下問題迎刃而解，縱使發生突發事件也會有人熱情相助。平日也可多聆聽別人的意見，不要一意孤行。

財運相對上月有所改善，可在本月實行籌備已久的投資方案。惟不可進行高風險的投資或投機決定，以免造成金錢上的損失。

已有伴侶者，感情甜蜜溫馨，可多抽空陪伴對方，與伴侶多作心靈上的交流，了解對方內心感受。單身的朋友，可主動報讀興趣班，有望結識新的異性朋友。

身體回復正常，雖然工作繁忙，但仍要抽空做運動，才能維持健康體魄。

農曆八月（新曆9月7日至10月7日）

「子酉相破」的月份，人際關係再一次出現倒退。打工一族，在職場上會感到諸多阻攔，經常遭到上司或老闆的刁難及苛責。自僱或從商者，只要繼續努力便能取得相應的成果。

財運平平，主要收入以正財為主，偏財運未如理想，不適宜參與高風險的投資活動及賭博，以免招致金錢上的損失。

桃花運旺盛，已有伴侶者容易出現感情變化，與伴侶多進行溝通，及控制自己的情緒，避免與伴侶發生爭吵。單身者，有望在本月開展一段新感情，惟霧水情緣居多。

患有慢性疾病的朋友，病情開始惡化，要時刻留意身體狀況，出入醫院後要勤洗手，保持衛生。

農曆九月（新曆10月8日至11月6日）

財運亨通的月份，運勢高企。自僱及從商人士，務必要把握機會，拓展新業務，在眾多吉星的幫助下，營業額節節上升，有望更上一層樓。打工一族，能力出色得到上司或老闆的賞識，為未來職業生涯打好基礎。

財運亨通，做足準備、看準時機，遇到合適的投資機會不妨大膽一試，若能夠抓緊機會便能有所進帳。

已有伴侶的朋友，關係回復正常，可多與對方結伴出遊，增加雙方感情。單身的男士，把握本月多參加社交活動，有望遇到合適的另一半。

身體健康的月份，平日可到健身房做運動，能保持身心健康及舒緩力。

農曆十月（新曆11月7日至12月6日）

財運亨通之月，特別有利自僱及從商的朋友，本月努力奮鬥可將事業推上高峰，從而增加收入，為未來數月打好基礎。打工一族，工作表現良好的月份，可得到額外的獎金。

偏財運暢旺，可嘗試多元化的投資組合，例如：股票、債券、基金等。若有他人邀請合作做生意或投資，不妨認真考慮。

已有伴侶者，多與伴侶溝通，表達內心的愛意。單身的男士，本月會認識新的異性朋友，可惜對方對你並無興趣，不用浪費時間。

家宅運尚可，雜亂的家居環境會令心情變得煩擾，不妨抽空整理家中雜物，家居環境變得乾淨整齊，自然能提升家宅運。

農曆十一月（新曆12月7日至26年1月4日）

犯太歲的月份，幸好蛇年並不是犯太歲的生肖，對於運程的影響不算太大。人際關係變差，打工一族，務必要忍讓。自僱及從商者，凡事親力親為，令顧客有賓至如歸的感覺，有助提高生意額。

正財運平平，偏財運欠佳，投資方面不宜過分進取，若錄得虧損便要考慮是否需要斬倉。

已有伴侶者，本月會出現大爭吵，不可強加自己的想法在對方身上。單身的女士，容易在工作場合結識條件不錯的異性，惟對方對你並沒有好感。

平時可贈醫施藥，多做善事為自己及家人積福積德，並維持良好的生活習慣，不要因工作忙碌而忽略身體。

農曆十二月（新曆26年1月5日至2月3日）

事業運旺盛的月份，再加上相合的力量，整體運勢向好。打工一族，不妨向上司或老闆提出你對工作上的想法，對方會欣然接納及欣賞你的才能。自僱或從商者，透過舊客戶介紹下，將會認識更多潛在的客戶，為未來工作打好根基。

正財及偏財運較好，喜歡博彩的朋友，可以「刀仔鋸大樹」形式進行投資，只要不太貪心就能有所斬獲。

已婚者，感情回復平穩，不妨與伴侶外出遊玩，增進感情。單身者，新結識的對象對你並沒有興趣，不用浪費時間。

來到年尾最後一個月，明年便是你沖太歲的年份，建議肖鼠者可在年尾進行詳細的身體檢查。

牛

肖牛開運錦囊

★ 正財運年，事業發展順遂、求財得財。

★ 與太歲關係友好，運勢較為穩定，人際關係不俗。

★ 「華蓋」星高照，象徵藝術、創作才能得以發揮。

★ 若工作期間遇到困難，在貴人扶持下可順利解決。

★ 工作期間會容易遇到處處針對你的女性小人。

肖牛者出生時間（以西曆計算）		
1937 年 2 月 4 日 13:26 分	至	1938 年 2 月 4 日 19:15 分
1949 年 2 月 4 日 11:23 分	至	1950 年 2 月 4 日 17:21 分
1961 年 2 月 4 日 09:23 分	至	1962 年 2 月 4 日 15:18 分
1973 年 2 月 4 日 07:04 分	至	1974 年 2 月 4 日 13:00 正
1985 年 2 月 4 日 05:13 分	至	1986 年 2 月 4 日 11:09 分
1997 年 2 月 4 日 03:04 分	至	1998 年 2 月 4 日 08:58 分
2009 年 2 月 4 日 00:52 分	至	2010 年 2 月 4 日 06:49 分
2021 年 2 月 3 日 23:00 正	至	2022 年 2 月 4 日 04:50 分

整體運程

乙巳年肖牛者為「巳酉丑」三合的生肖之一，代表與太歲關係友好，故此肖牛的朋友運勢會較為穩定，人際關係不俗，若在工作、感情遇上問題，不妨向肖雞、肖蛇及肖鼠的朋友請教，能找到解決的方法。

同時新一年不妨主動與肖雞者一起合作做生意或投資，在肖雞者的幫助下，凡事都能逢凶化吉，更能夠增強自身運勢。

今年為財運年，寓意事業發展順遂，求財得財，肖牛者務必要把握機會。蛇年有「華蓋」吉星進駐，「華蓋」星代表古時皇帝出巡所用的綢傘，象徵藝術、創作才能得以發揮，以及對哲理、玄學、宗教產生興趣，有步步高陞之意，代表事業發展較為理想。

蛇年雖然為三合的生肖之一，但也不能忽視凶星的影響，「白虎」入主容易遇上性格強勢、野蠻無理的女性，故此要控制好個人情緒，避免與人起正面衝突。建議工作場合保持低調，不要對他人的事情發表意見，緊記「勿多言，多言多敗；勿多事，多事多患」，只管做好自己眼前的事。

單身的男士，在「白虎」星的影響下，容易遇上性格較為強勢及自我中心的女士，對方脾氣較為暴躁，並對你諸多要求。當開展一段新關係前，務必要想清楚是否能接受對方的個性。

總而言之，新一年為三合的生肖之一，人際關係明顯轉好而且財運亨通，只要穩中求進，便能得到相應的回報。但工作期間容易有女性小人從中作梗，只能做好自己的份內事。

【財運】

整體財運不俗，為容易得財的年份。蛇年財來自有方，不論在正財或是偏財均會有所進步，若遇到合適的機會，可大膽一試積極爭取。

今年與太歲相合，人緣頗佳，容易有朋友主動找你合作做生意或投資，不妨認真考慮，期望得到不錯的回報。同時亦可主動出擊，邀請肖雞及肖鼠的朋友一起合作投資，有望取得豐厚的回報。

自僱及從商者，在貴人的幫助下，整體營業額上升，令收入增加。打工一族，工作表現良好，透過升職加薪而增加整年的收入。

此外，學習做好理財規劃，用最有效能的方式處理資產，即使將來遇到突如其來的開支，亦能從容面對。

【事業】

今年與太歲相合，工作表現出色，事業發展順遂。在「華蓋」吉星高照下，工作表現得到別人的認同及賞識，會有一種傲視群雄的氣勢，特別有利於從事創作、設計行業的朋友，更可在職場上大展拳腳，展示個人出色的領導才能。但「華蓋」星有自視過高之意，與他人相處時經常自我感覺良好，而令身邊人不滿。

幸好蛇年得到太歲相合的幫助，一旦工作期間遇到困難，在貴人扶持下可順利解決。有意轉換工作的朋友，可付諸實行，能覓得合適及待遇較好的工作。

但始終受到「白虎」凶星入主，工作期間會容易遇到處處針對你的女性小人，只要做好份內事即可。

【感情】

得益於太歲相合之力量，肖牛者新一年桃花運尚可。單身的女士，宜積極參加不同的社交聚會，例如同學、同事、工作聚會等，能擴展個人社交圈子。

單身的男士，在「白虎」星的影響下，容易遇上性格較為野蠻及強勢的女士，建議開展一段關係前，務必要想清楚是否能接受對方的個性。

已婚者，今年容易出現感情問題，受到「華蓋」星的影響下，工作應酬較多，甚少有相聚時間，內心感到孤單寂寞，夫婦間容易產生間隙，對伴侶有疑神疑鬼、互相不信任的情況發生。

建議學習相信伴侶，不要經常向伴侶詢問對方的行程，否則長遠來說只會令伴侶感到煩厭。

【健康】

健康運較為理想的一年，去年一直困擾已久的健康問題，來到新一年終於能夠對症下藥。平日可多做善事為有需要人士贈醫施藥、定期茹素減少殺生，自然能提升運勢。

不過出生在春天及夏天的朋友，今年容易患上與眼睛、心臟、血液、血管及皮膚相關的疾病，建議保持均衡飲食，避免吃含過量脂肪、油、鹽及糖份過高的食物，同時可在龍年年尾到醫院進行詳細的身體檢查，以防萬一。

出生在秋天及冬天的朋友，健康運相對良好，但受到「白虎」凶星的影響下，容易被動物咬傷，接觸陌生的動物前，要了解清楚動物的性格，以免有血光之災。

肖牛者運勢（一九三七年、一九四九年、一九六一年、一九七三年、一九八五年、一九九七年、二〇〇九年、二〇二一年）

★一九三七年：丁丑年（虛齡八十九歲）

年紀已經不輕了，一定要好好重視健康，平日可保持規律運動，不僅可以降低罹患心臟病的風險，還能讓改善情緒、減輕壓力。與後輩相處融洽，閒時與子女外出飲茶，共聚天倫之樂。財運尚可，不宜進行太高風險的投資，以免錄得虧損。

★一九四九年：己丑年（虛齡七十七歲）

身體健康的一年，但平日亦要注重衛生，觸摸過公共物品後，例如電梯扶手、升降機按鈕，必須要洗手。財運較為理想，可選擇中長線的理財產品，有望獲得不錯的回報。與伴侶相處融洽，平日可一起旅遊增進雙方感情。

★一九六一年：辛丑年（虛齡六十五歲）

金木相剋的一年，容易發生小意外，易有開刀破相之險，可在農曆六月及農曆十二月主動洗牙或捐血以應血光之災。已婚者與伴侶常因小事而爭執不斷，容易引起感情變化，可一起去長線旅行，建議平日亦要與伴侶多溝通，彼此分享內心想法，凡事不要鑽牛角尖。

★一九七三年：癸丑年（虛齡五十三歲）

「華蓋」吉星高照，工作表現得到別人的認同及賞識，會有一種傲視群雄的氣勢，特別有利於從事創作、設計行業的朋友，更可在職場上大展拳腳，展示個人出色的領導才能。若有意轉工或更換工作崗位，今年為合適的一年。

★一九八五年：乙丑年（虛齡四十一歲）

來到眼運最後一年，雙目有神、黑白分明的朋友，務必要好好把握今年，把事業推上高峰，若遇到任何機會可大膽嘗試。相反雙目無神、不睡似睡者，今年運勢仍然低迷，不宜進行任何高風險的投資，以免遭受重大損失。

★一九九七年：丁丑年（虛齡二十九歲）

單身的男士，容易結識性格強勢、野蠻的女生，若喜歡有主見、倔強的異性，今年是合適的機會。單身的女士，脫單機會不大，只能主動結識異性。工作表現不俗，心態上成熟了不少，知道工作的重要性，不像以往吊兒郎當。

★二〇〇九年：己丑年（虛齡十七歲）

財運不俗，父母主動增加你的零用錢，令你的可支配收入增加，是時候學習一下如何理財，從小學習理財，將來便能快人一步累積財富。感情運未如理想，不妨把心思放在學業上。

★二〇二一年：辛丑年（虛齡五歲）

開始進入突飛猛進的長大階段，學習期間最好有父母從旁指導，會令小朋友吸收得更快。同時亦可以為子女報讀不同的興趣班，看看子女的興趣所在。

每月運程

農曆正月（新曆2月3日至3月4日）

來到蛇年第一個月，終於脱離去年犯太歲的影響，本月為多勞多得的月份，工作上未見有太大的起色，幸好今年為正財運強勁的年份，只要把握好機會便能在今年取得重大突破。

財運方面以正財運較好，只需努力工作便可得到相應的財富，投注方面不宜太進取，以免出現虧損。

已婚者，感情甜蜜，可與伴侶來一個短途旅程，共度美好的週末。單身的男士，宜主動參與社交活動，增加認識新朋友的機會，透過朋友介紹，有望開展一段新戀情。

平日亦要多抽空休息，不宜出席過多的應酬場合，假日可陪家人到戶外運動，定期做運動可以加強心肺功能，維持健康體魄。

農曆二月（新曆3月5日至4月3日）

能者多得的月份，事業發展平穩。工作上必須努力不懈，才能得到相應的回報。自僱及從商者，一直默默耕耘地工作，工作的成果始終會被人看見。打工一族，同事之間競爭激烈，只好加倍努力。

財運不過不失月份，主要以正財為主。幸好可借助貴人的力量來增強偏財運。想改善財運不妨與肖雞及肖鼠的朋友，一起購買六合彩彩票及3T，借助他人的運氣來增加中獎機會。

已婚者，可與伴侶外出遊玩，增進感情。單身者透過朋友介紹，可結識條件不俗的對象，主動出擊為未來幸福而努力。

健康運平常，平日多做善事幫助他人，能增加自身福報。

農曆三月（新曆4月4日至5月4日）

相破的月份，與上月一樣，人際關係欠佳，經常有小人在你背後搞小動作，無需過分介懷。對方的工作能力必然是不如你，才會在你背後諸多動作，比你優秀的人只會專注自身。

財運平平，開支會較大，減少購買不必要的物品。駕駛者不要違例泊車、超速，容易被罰款，記緊遵守交通規則。

已婚者與伴侶的磨擦增加，不過兩人很快便能和好如初。單身的朋友，心儀已久的對象對你並沒有興趣，不要灰心總會遇到合適的人。

健康運一般，避免暴飲暴食，造成腸胃負擔，建議要以清淡飲食為主，減少出席不必要的聚會，定時做運動維持健康體魄。

農曆四月（新曆5月5日至6月4日）

相合之月，凡事都能逢凶化吉、遇難呈祥。惟工作場合會有較多的是非謠言困擾，令你煩惱不已，不用理會別人的想法，做好自己本份即可。即使工作上遇到難題，只需虛心向上司請教。

財運方面，收入不穩者有望增加正財收入，固定薪酬者，會有輕微的升遷運，雖在名義上升職，但收入並沒有增加。

已有伴侶者，可在本月多點體貼關懷對方，為對方排憂解難作對方的後盾，感情自然變得如膠似漆。單身的朋友，可以多參加社交聚會，有望結識志同道合的異性。

天氣潮濕可定期開抽濕機，以免加劇皮膚敏感、氣管敏感、哮喘等疾病。

農曆五月（新曆6月5日至7月6日）

桃花運及財運旺盛的月份，財源滾滾來。自僱及從商者宜好好利用本月，為自己計劃未來的動向，以免錯失良機。打工一族，有望升職加薪，可在上司或老闆面前表現自己。

財運亨通的月份，喜歡賽馬的朋友，不妨在投注方面多花點時間，用「以小博大」的方式看看能否贏大錢。

已婚者，彼此之間容易出現第三者，建議可清晰界定與伴侶以外的異性相處時的底線，以免稍一不慎容易引起三角關係。單身者，桃花雖旺，但身邊的競爭者卻不少，自身條件足夠優秀才能尋覓理想的伴侶。

工作太過繁忙令你有點吃不消，平日可適量放鬆，凡事不用緊張。

農曆六月（新曆7月7日至8月6日）

雖然為相沖之月，幸好本月財運亨通，工作發展理想。打工一族，不妨向上司或老闆提出你對工作上的想法，對方會欣然接納及欣賞你的才能。自僱或從商者，透過舊客戶介紹下，將會認識更多潛在的客戶，為未來工作打好根基。

財運不錯的月份，不妨購買六合彩或投注3T，若能與肖雞或肖鼠的朋友一起合作投注，可增加中獎的機會，得到意外之財。

感情容易出現變化的月份，已婚者可考慮在本月與伴侶以小聚離多的方式相處，即使內心對伴侶不滿，亦要忍一時之氣。單身者繼續等待。

健康及家宅運平平，可主動捐血或洗牙，有助提升家宅運。

農曆七月（新曆8月7日至9月6日）

事業發展順暢，機會處處，只要努力便能得到相應的回報。事業會出現很多新的發展機遇，務必要把握機遇，開展新的業務範疇。

正財為主的月份，自僱或從商者不妨主動聯絡舊客戶，有望增加營業額而增加正財收入。偏財方面，不宜抱有太大期望，避免參與賭博。

已有伴侶者，多抽空陪伴對方，不要因工作而忽略伴侶，以免讓他人有機可乘。單身的女士，透過工作場合可結識條件優秀的異性，相處過後才知道是否適合自己。

健康運回復平常，身體並無大礙，惟要保持作息定時，及定期進行帶氧運動，促進多巴胺分泌，令心情更愉快，減少疾病困擾。

農曆八月（新曆9月7日至10月7日）

相合的月份，本月財運及事業運順暢，做事會有事半功倍之效。成功擺脫霉運，而且可以沖破各種阻攔，遇到更好的機會，從而在事業方面有長遠的發展。

正財及偏財運順暢，財運亨通之月。不妨把握時機參與短線投資或博彩，喜歡賽馬的朋友，可以投住心水馬匹及購買三T，可得到意外之財。

已有伴侶者，感情甜蜜的月份，多與伴侶溝通，表達內心的愛意。單身者開展一段感情前，必須了解清楚對方背景及價值觀是否合適，否則只會傷心。

健康方面並無大礙，平日可因應身體需要來服用合適的營養補充品，並培養定時做運動的習慣。

農曆九月（新曆10月8日至11月6日）

貴人運強勁的月份，惟受到「丑戌相刑」的影響下，整個人的情緒及健康要特別注意。情緒方面容易大上大落，要適時放鬆身心，可給予自己一個假期，假期過後再次回歸工作。

財運反覆不定，容易出現破財。偏財運欠佳，不宜作出任何投資決定。

已婚者，經常與伴侶發生衝突，建議凡事「大事化小、小事化無」不要太過執着雙方的對錯，只要是彼此相愛凡事都能解決。單身者，每天留在家中是不會有對象從天而降，要主動外出結識新朋友才能開展一段新關係。

家宅運欠佳，避免去陰氣重的地方，例如醫院、殯儀館、墳場等地方。

農曆十月（新曆11月7日至12月6日）

相合之月，運勢高開。整體人緣不錯可得到貴人扶持。自僱及從商者，在客戶的支持下，營業額上升，收入大幅增加。打工一族，本月的工作量增加，幸好努力得到相應的回報，在貴人的幫助下，有望升職加薪。

本月財運穩定，主要以正財為主。偏財方面可作小量投資惟不可太過貪心，以免最後錄得虧損。

感情方面，若上月經歷爭吵、離合，本月宜好好收拾心情，與伴侶靜下來來討論彼此的想法。單身的男性，容易結識性格比較強勢及有主見的女生，可考慮是否合適自己。

過多的交際應酬，令身體有些吃不消，要注意休息及保持良好的生活習慣。

農曆十一月（新曆12月7日至26年1月4日）

相合的月份，凡事順利，只要付出便能有所收穫。工作期間遇到貴人相助，事業運步步高升，可發揮自己的社交能力，主動結識對事業有幫助的朋友，為未來打好基礎。

正財運旺盛的月份，特別有利從商及自僱人士，可藉此機會增加收入，但對薪資固定的上班族來說，有機會只是工作量增加而非收入上升。

已有伴侶者，不妨在假日與伴侶舊地重遊，重溫昔日甜蜜的時光。單身者在等待心上人期間，不妨多打扮自己，「人若精彩，天自安排」。

冬天天氣較為乾燥，有皮膚病困擾的朋友，可添置放濕機，保持室內濕度正常，平日亦要注重保暖。

農曆十二月（新曆26年1月5日至2月3日）

犯太歲之月，心情及人際關係會有所退步。注意是非、口舌問題日益嚴重，故處事不宜太過高調，要以謙虛的態度待人，不要自以為是，工作期間「少説話多做事」。

財運欠佳，容易破財的月份，接近年尾開支會較大，駕駛者不要違例泊車、超速，容易被罰款，記緊遵守交通規則。

伴侶出現過多爭執，容易引致感情生變，不要常常因日常瑣事而與伴侶爭吵。單身者，新結識的異性對你沒有興趣，不用多想。

本月腸胃較為敏感，飲食時要小心注意，避免進食太過油膩的食物及過期食品，剩餘的飯菜不要保留，免得細菌滋生，影響健康。

虎

肖虎開運錦囊

★ 建議立春後可主動到相熟廟宇攝太歲。

★ 「天德」高照，能逢凶化吉、化險為夷。

★ 「捲舌」凶星主口舌之爭、官非訟訴。

★ 農曆正月及七月可捐血或洗牙，可化解血光之災。

★ 家宅運欠佳的年份，切忌探病問喪。

肖虎者出生時間（以西曆計算）

1938 年 2 月 4 日 19:15 分	至	1939 年 2 月 5 日 01:11 分
1950 年 2 月 4 日 17:21 分	至	1951 年 2 月 4 日 23:14 分
1962 年 2 月 4 日 04:15 分	至	1963 年 2 月 4 日 21:08 分
1974 年 2 月 4 日 13:00 正	至	1975 年 2 月 4 日 18:59 分
1986 年 2 月 4 日 11:09 分	至	1987 年 2 月 4 日 16:53 分
1998 年 2 月 4 日 08:58 分	至	1999 年 2 月 4 日 14:58 分
2010 年 2 月 4 日 06:49 分	至	2011 年 2 月 4 日 12:34 分
2022 年 2 月 4 日 04:43 分	至	2023 年 2 月 4 日 10:33 分

整體運程

乙巳年為肖虎者「刑太歲」及「害太歲」之年，「寅巳相刑」會影響人際關係、情緒、健康運及感情運，因此新一年要特別小心處理人際關係，以免影響運勢。

幸好今年貴人運強盛，而且有兩顆力量強勁的吉星拱照，包括：「天德」及「福德」，會對事業運及財運有所幫助。「天德」吉星代表上天之德，主可得貴人之助，蛇年能逢凶化吉、化險為夷，對事業發展會有明顯幫助，而且能結識德行較好的朋友。

「福德」則是代表福氣，只要主動出擊、積極進取，蛇年事業將會有不錯的表現，宜多加把握得來不易的好運，雖然為犯太歲的生肖，但遇到困難時仍能逢凶化吉，得到貴人的幫助。

惟蛇年始終是犯太歲的生肖之一，以及在眾多凶星影響下，人際關係出現明顯倒退，以及家宅運欠佳，要時刻注意家中長輩的健康情況。

凶星方面有「捲舌」、「披麻」、「羊刃」及「劫煞」入主，「捲舌」凶星主口舌之爭、官非訟訴，要避免與別人起正面衝突。

「披麻」入主會衝擊家宅運及健康運，長期病患者，病情會出現惡化，若有任何不適，盡早求醫以免耽誤病情。「劫煞」會對家宅不利，不妨為家居進行小型維修或更換家具，此舉有助提升家宅運。

此外，「羊刃」凶星入主，容易發生災禍和意外，因此建議可在正月及農曆七月主動捐血或洗牙，有助於化解血光之災。

總言之，今年為犯太歲的生肖之一，立春後可到相熟廟宇攝太歲，祈求神佛保佑。

【財運】

貴人相助的一年，再加上得到兩顆強而有力的吉星高照下，不論在正財運或是偏財運均會有所進步。在「天德」及「福德」兩顆貴人吉星進駐下，代表可得貴人相助，自僱及從商者在客戶的鼎力支持下，令生意額蒸蒸日上，整體收入大增。打工一族，亦可得到上司及老闆的賞識，令正財收入較以往有所增長。

但是在「刑太歲」及「破太歲」的影響下，容易有財務糾紛。因此，與他人合作做生意或投資前，一定要清楚地寫下雙方的利益，以免發生爭執。

同時今年健康運及家宅運欠佳，會產生許多突如其來的開支，建議提前購買足夠保額的醫療及家居保險。

【事業】

在「天德」及「福星」吉星的扶持下，事業發展順遂。當中對自僱及從商者特別有利，一直以來出色的工作表現，終於得到他人的欣賞及賞識，可在職場上大展拳腳，發揮個人所長，不妨把握機會發展新的業務範圍，令事業版圖擴大。

打工一族，可主動在上司或老闆面前表現自己，有望獲得升職加薪的機會。若有意轉工或尋求變化的朋友，能在蛇年找到更好薪金待遇的工作，可付諸實行。

但始終是「刑太歲」及「害太歲」的生肖，再加上「捲舌」凶星入主，代表工作時會遭到同行或同事的妒忌，導致是非、謠言較多，不用放上心，只管做好自己的事便可以。

【感情】

單身的朋友，由於今年並沒有任何桃花星高照，再加上「刑太歲」及「害太歲」的影響下，桃花運較差。相對其他生肖而言，認識異性朋友的機會較低，若要成功脱離單身，則要主動出擊。不妨主動邀請身邊的女性長輩，為你介紹年齡相若的異性朋友，平日主動參與社交活動或報讀興趣班，增加結識異性的機會。

已婚者，與伴侶關係時好時壞，不要經常為了小事而跟伴侶爭吵，對方只會覺得你無理取鬧，長久下來必定會影響雙方感情，處理感情的時候要學會忍讓。

此外，由於受到「劫煞」及「披麻」凶星的影響下，伴侶的身體容易出現問題，要時刻留意對方的身體狀況。

【健康】

受到「刑太歲」及「害太歲」的影響下，今年的健康運及家宅運欠佳，可在立春後到廟宇「攝太歲」，並在正月及農曆七月主動捐血或洗牙，以減輕犯太歲的影響。

再加上「劫煞」、「羊刃」及「披麻」凶星入主，代表家宅運欠佳，可為家居購買家居保險，並考慮為家居進行小型維修或更換家具，有助提升家宅運。同時需要特別留意自己及家中長輩的健康情況，若家中有長期病患者，務必要時刻留意對方的身體狀況，若有不適馬上求醫。此外，家宅運欠佳的年份，切忌探病問喪，不宜出入陰氣較重的地方，例如醫院、墳場等地，以免沾染負能量影響個人氣場。

肖虎者運勢（一九三八年、一九五〇年、一九六二年、一九七四年、一九八六年、一九九八年、二〇一〇年、二〇二二年）

★一九三八年：戊寅年（虛齡八十八歲）

受到犯太歲的影響下，家宅運欠佳，切忌探病問喪，不宜出入陰氣較重的地方，例如醫院、殯儀館、墳場等地，以免沾染負能量影響個人氣場，導致情緒低落、運勢下降。財運尚可的一年，若遇到合適的投資機會，亦可以小注怡情。

★一九五〇年：庚寅年（虛齡七十六歲）

與流年天干「乙庚合」，人際關係較為理想的一年，不妨主動相約昔日的好友一起共聚，會令心情變得更為開朗。健康運平平，患有長期病的長者，要密切留意病情，如有不適馬上求醫。

★一九六二年：壬寅年（虛齡六十四歲）

財運不過不失，投資方面不宜太過進取，以免得不償失。人際關係欠佳，與人相處期間經常出現牛頭不搭馬嘴的情況，或者是時候學習讓自己獨處，三五知己圍繞不一定是好事，享受自我的獨處時間亦是一種樂事。

★一九七四年：甲寅年（虛齡五十二歲）

辛苦得財的年份，幸好只要付出便能有相應的收穫，在「福德」吉星高照下則代表福氣，遇到任何難關都能逢凶化吉，得到貴人的幫助，一切困難也能迎刃而解。健康運尚可，惟始終是犯太歲的年份，建議到醫院進行詳細的身體檢查。

★一九八六年：丙寅年（虛齡四十歲）

工作表現出色，不妨在蛇年大展拳腳，為未來打好根基。感情運不過不失，已婚者與伴侶爭執較多，令你不勝其煩惱，可用「少聚離多」的方式來與伴侶相處。單身者，宜主動出擊。受到「羊刃」凶星入主，容易發生災禍和意外，建議可在農曆正月及農曆七月捐血及洗牙，有助化解血光之災。

★一九九八年：戊寅年（虛齡二十八歲）

吉星高照的一年，在「天德」吉星的幫助下，凡事能逢凶化吉。工作表現出色，打工一族，有望獲得貴人助力而有所作為。已有伴侶者，感情發展穩定，可與伴侶一起外遊增進感情。單身者，可主動參與社交聚會，有望結識心儀對象。

★二〇一〇年：庚寅年（虛齡十六歲）

受到「劫煞」凶星的影響下，健康運欠佳。讀書成績不理想，功課壓力太大，令情緒出現重大困擾，宜學習如何舒緩學習壓力，若真的沒有讀書的天份，不妨從小學習一技之長。

★二〇二二年：壬寅年（虛齡四歲）

虛齡四歲，已學會獨立地自理、控制自己和回應別人的感受，因此父母可以學習放手，讓小朋友學習新事物。

每月運程

農曆正月（新曆2月3日至3月4日）

犯太歲年遇上犯太歲月，工作上會出現難題令你步步為營。若有轉職打算，要注意在轉變新崗位後，才發現工作上的細節和瑣事令自己不勝其煩，盡量以不變應萬變。

財運平平，適量的投資可增加額外收入，惟不可太過進取及貪心，不要參與賭博及投機，以免到頭來得一場空。

已婚者經常因小事與伴侶爭執，有機會出現感情變化，不妨以「小別勝新婚」的形式相處，減少見面次數避免正面衝突。單身者，緣份未到繼續等待。

家宅運欠佳，容易發生意外，駕駛人士務必要遵守交通規則，千萬不要超速駕駛，行人在過馬路時要遵守交通燈的指示。

農曆二月（新曆3月5日至4月3日）

桃花財運月，貴人運旺盛。工作期間遇到貴人相助，事業運步步高升，可發揮自己的社交能力，主動結識對事業有幫助的朋友，為未來打好基礎。

八方來財，求財得財。機會一瞬即逝，若遇到合適的投資機會，可大膽嘗試。喜歡賽馬運動的朋友，建議可以嘗試以「刀仔鋸大樹」的形式進行，亦可購買六合彩及3T，獲得意外之財的機會。

已婚者，遇到外來誘惑特別多，若把持不定，惹上桃花劫，或遭第三者介入，陷於感情糾紛中，就會帶來困擾與傷害。單身者，主動對心儀對象表白，有望順利開展一段新戀情。

健康運大致良好，只需注意休息即可。

農曆三月（新曆4月4日至5月4日）

工作運強勁的月份，可延續上月的好運，一直計劃已久的方案，不妨在本月開展。自僱及從商者，在本月會遇到更多機會，從而在事業上有不錯的發展，可增加整體營業額。打工一族，宜全心全意投入到工作當中。

正財運較好的月份，特別有利收入不穩定的人士，只需要努力工作便能得到相應的回報。偏財運尚可，若遇到合適的投資機會不妨小試牛刀。

感情生活平穩，有伴侶者可享受甜蜜的二人世界。想脫離單身者，本月社交聚會增多，不妨積極參與，增加接觸異性的機會。

受到「羊刃」凶星的影響下，須防血光之災，出門要小心。

農曆四月（新曆5月5日至6月4日）

相刑之月，人際關係出現倒退，運勢起伏不定。工作期間會遇到小人的阻撓及針對，導致處處碰壁，出現困難重重，只能硬着頭皮撐下去。

破財之月，所有與金錢有關的一切必須保持警惕，切勿進行任何投資決定。若有朋友邀請你一起合作投資，想清楚才作決定，有機會血本無歸。

已有伴侶者，不要經常為了小事而跟伴侶爭吵，對方只會覺得你無理取鬧，長久下來必定會影響雙方感情，在處理感情的時候必須忍讓。單身者繼續等待。

患有慢性疾病的朋友，病情開始惡化，要時刻留意身體狀況。可到廟宇祈福，主動做善事增加福報。

農曆五月（新曆6月5日至7月6日）

相合貴人月，在「天德」吉星高照下，本月事業發展順利。打工一族可獲上司或老闆賞識，有望升職加薪，可多展現自我才能。自僱或從商者，在客戶支持下有望提升整體營業額，而增加本月收入。

由於得到強而有力的貴人相助，得財的機會較多。喜歡投機的朋友，可小注怡情，以「刀仔鋸大樹」的形式來進行，只要不太貪心，便有所斬獲。

已婚者，雙方回復正常，一如以往甜蜜，不妨主動為伴侶準備一個浪漫的約會。單身者，可結識心儀對象，宜主動出擊，相約對方外出。

平日可進食適量的蔬果，盡量保持飲食清淡，不要進食過期食物。

農曆六月（新曆7月7日至8月6日）

貴人相助的月份，本月事業發展順利。打工一族可獲上司或老闆賞識，有望升職加薪，可多展現自我才能。自僱或從商者，在客戶支持下有望提升整體營業額，而增加本月收入。

正財運較好的月份，特別有利收入不穩定的人士，只需要努力工作便能得到相應的回報。偏財運尚可，若遇到合適的投資機會不妨小試牛刀。

已有伴侶者，感情更見穩定，可多與對方結伴出遊，增加雙方感情。單身者透過長輩介紹，可結識條件不錯的異性，不妨主動相約對方外出。

健康運不過不失，不要只顧工作而忽略身體，減少進食過多的外賣，學習烹飪也是一種樂趣。

農曆七月（新曆8月7日至9月6日）

相沖的月份，運勢反覆不定。工作期間遭到同行或同事的針對，令工作進展不順利。學習從他人的角度出發，不要只顧自己而忽略他人感受，否則會因人際關係欠佳而影響工作成果。

財運欠奉，出現破財，不要投資任何高風險的理財產品。家中經常出現意外開支，宜量入為出做好理財規劃，以免入不敷支。

已有伴侶者，要小心本月會出現三角關係，建議盡量抽空陪伴對方，以免讓他人乘虛而入。單身者，繼續等候合適時機。

健康運較差的月份，容易發生小意外，故要特別留意交通情況，過馬路及駕駛時要打起十二分精神，宜捐血或洗牙以作化解血光之災。

農曆八月（新曆9月7日至10月7日）

多勞多得的月份，事業發展平穩。工作上必須努力不懈，才能得到相應的回報。自僱及從商者，一直默默耕耘地工作，工作的成果始終會被人看見。打工一族，同事之間競爭激烈，只好加倍努力。

財運一般，若有相識已久的舊同事、舊同學邀請一起合作、投資，合作前要看清楚當中的條款及內容，切勿衝動投資。

已婚者，與伴侶因溝通不足而影響雙方關係，即使工作繁忙，也要預留足夠的時間給對方。單身的女士，要帶眼識人，提防感情騙子，以免被騙財騙色。

心理壓力較大的月份，建議凡事不要放在心中，不妨與可信任的朋友分享內心想法。

農曆九月（新曆10月8日至11月6日）

吉星高照再加上相合的力量，一直困擾已久的工作難題可順利解決。自僱及從商者，雖然業內競爭激烈，仍能迎難而上，最終得到成功。打工一族，除了要應付繁重的工作量，亦要抽空出席工作聚會，令你不勝其煩。

財運不俗會遇到高風險、高利潤的投資項目，若能承受相關風險，不妨大膽一試。

已婚者，與伴侶相處甜蜜，平日宜多分享內心感受，兩個人在一起不是只有吃喝玩樂，能一起共同進步才是伴侶。單身者宜主動參與社交聚會，增加結識異性的機會。

身體健康的月份，平日可到健身房做運動，能保持身心健康及舒緩工作壓力。

農曆十月（新曆11月7日至12月6日）

相合的力量令人際關係變好，心情較為輕鬆愉快。凡事親力親為才可有所得着。事業進展順利，有望回復穩定的狀況，工作繁忙令你忙得不可開交，不要怕辛苦，只要努力便能得到回報。

財運平平，一切與金錢有關的事情，須思慮周全後才作決定，避免參與賭博投機，以免破財。

已有伴侶者，不妨在假日與另一半舊地重遊，重拾昔日甜蜜的回憶，增進彼此之間的感情。單身者可主動報讀感興趣的課程，學習之餘也可以增加結識異性的途徑，世界很大不要局限自己在圍城當中。

過多的交際應酬，令身體有些吃不消，要注意休息及保持良好的生活習慣。

農曆十一月（新曆12月7日至26年1月4日）

八方來財，進財之月。事業、財運發展順利，進入收成期，長期的工作表現都被別人看在眼內，可得到貴人賞識，不妨在上司及老闆面前展現自我，爭取升職加薪的機會。

財運滾滾來的月份，容易有偏財運，遇上抽獎活動，不妨積極參與，平日亦可購買六合彩、3T。喜歡賭博的朋友，可投注心水馬匹及喜愛的球隊。

已有伴侶者感情平穩，平日可多讚美對方，有助增進雙方感情，緊記世上所有的關係都是需要用心及時間經營，不能敷衍了事。單身的男士，與心儀對象約會順利，有望更進一步。受到「羊刃」凶星的影響下，健康運一般。

農曆十二月（新曆26年1月5日至2月3日）

來到犯太歲年最後一個月，運勢不俗。工作上遇到的難題，在貴人相助下迎刃而解，縱使發生任何突發事件也會有人熱情相助。平日也可多聆聽別人的意見，不要一意孤行。

財運亨通，做足準備、看準時機，遇到合適的投資機會，不妨大膽一試，若能夠抓緊機會便能有所進帳。

已有伴侶者，可多抽空陪伴愛人，彼此多作心靈上的交流，了解對方內心感受。單身者宜主動擴大人際交往圈，趁着年尾不妨為自己轉新形象，有望增加談戀愛的機會。

「劫煞」凶星入主，長輩健康欠佳，宜主動帶長輩到醫院作詳細的身體檢查，平日不要只顧工作，可多抽空陪伴家人。

兔

肖兔開運錦囊

★「祿勳」吉星代表朝廷俸祿，象徵事業運順暢。

★工作表現出色，可在職場上大展拳腳。

★「天狗」主容易有金錢損失。

★主動為家居進行小型維修或更換家具，能提升家宅運。

★「災煞」入主容易發生意外，可預先購買旅遊保險。

肖兔者出生時間（以西曆計算）		
1939 年 2 月 5 日 01:11 分	至	1940 年 2 月 5 日 07:08 分
1951 年 2 月 4 日 23:14 分	至	1952 年 2 月 5 日 04:54 分
1963 年 2 月 4 日 21:08 分	至	1964 年 2 月 5 日 03:05 分
1975 年 2 月 4 日 18:59 分	至	1976 年 2 月 5 日 00:40 分
1987 年 2 月 4 日 16:53 分	至	1988 年 2 月 4 日 22:44 分
1999 年 2 月 4 日 14:58 分	至	2000 年 2 月 4 日 20:42 分
2011 年 2 月 4 日 12:34 分	至	2012 年 2 月 4 日 18:24 分
2023 年 2 月 4 日 10:33 分	至	2024 年 2 月 4 日 16:24 分

整體運程

踏入蛇年，肖兔者終於脫離連續兩年犯太歲的影響，實在可喜可賀。今年為貴人運旺盛的一年，再加上得到「祿勛」吉星高照，令整體的財運、事業運及人際關係較去年有明顯的改善。

「祿勛」吉星代表朝廷俸祿和正財運，象徵新一年事業運順暢。自僱及從商者，工作表現出色，受到眾人的欣賞和賞識，可在職場上大展拳腳。打工一族，可好好把握得來不易的機會，在上司或老闆面前積極表現自己，有望獲得升職加薪的機會。若有意轉工跳槽或尋求變化的朋友，能找到更好薪金待遇的工作，不妨付諸實行。

但蛇年受到「天狗」、「災煞」及「吊客」凶星的影響下，對家宅運及健康運特別不利，為容易發生意外的一年。

「天狗」代表容易有金錢損失，故與他人合作做生意或投資前，一定要寫清楚雙方利益，以免有所爭執，同時亦主意外之災，故出門旅行期間，切忌參與高危險性的活動，例如：潛水、降落傘、滑雪等等。

受到「吊客」及「災煞」入主代表親人生病、損傷等災禍，需要特別留意自己及家中長輩的健康情況，若有不適馬上求醫，切記拖延病情，以免耽誤治療。與此同時，不妨主動為家居進行小型維修或更換家具，此舉能提升家宅運。

總括而言，來到乙巳年終於擺脫過往兩年犯太歲的影響，可以重新出發，但始終健康運及家宅運欠佳，不妨在龍年年尾到醫院進行詳細的身體檢查，以防萬一。

【財運】

蛇年為貴人運旺盛的一年，財運較去年進步。得到「祿勛」吉星進駐，此星主朝廷俸祿，正財運亨通，對打工一族甚為有利，新一年有望升職加薪，加薪幅度符合預期。自僱及從商者，得益於吉星的力量，蛇年生意額節節上升，令整體收入增加。

今年偏財運不俗，若遇到合適的投資機會，不妨一試，能得到意外之財。

惟受到「吊客」及「災煞」凶星的影響下，導致家宅運平平，會出現很多意外支出，可購買充足保額的醫療保險，以防萬一。

除此以外，「天狗」代表容易有金錢損失，因此與他人合作做生意或投資前，一定要寫清楚雙方利益，以免有所爭執。

【事業】

今年可得到貴人相助，為事業發展順遂的一年，蛇年得到「祿勛」吉星進駐，主朝廷俸祿，對打工一族特別有利，可好好把握得來不易的機會，在上司或老闆面前積極表現自己，有望獲得升職加薪的機會，為未來的事業發展打好良好根基。

若有意轉工或尋求變化的朋友，不妨在蛇年付諸實行，走出舒適圈，開闊視野、拓展人脈，相信自己能找到更好薪金及待遇的工作。

自僱及從商者，早兩年受到犯太歲的影響下，令事業停滯不前，幸好今年脫胎換骨，工作上可實行計劃已久的方案，並能得到貴人的幫忙，在工作領域得到地位提升，取得良好的成果。

【感情】

蛇年並沒有任何與桃花有關的吉星進駐，幸好肖兔者天生桃花運旺盛。單身的男士，可積極參與社交聚會，便能結識外表不俗的女士，主動追求對方，有望締結一段良緣。

單身的女士，可邀請女士長輩為你介紹背景相似、年齡相近的男士，不用太過抗拒結識新的異性，即使無法談戀愛，亦能成為朋友。

已婚者，與伴侶相處平淡，一起的時間久了自然會變成老夫老妻，平日可主動為伴侶製造浪漫的約會，為對方送上驚喜，感情與工作同樣是需要時間及精神經營。

此外，由於受到「吊客」、「天狗」及「災煞」凶星的影響下，伴侶的身體容易出現狀況，要時刻留意對方健康。

【健康】

健康運及家宅運欠佳的一年，要時刻注意身體狀況。蛇年受到「吊客」及「天狗」凶星的影響下，經常會心情低落、容易受到情緒困擾，因此切忌探病問喪，不宜出入陰氣較重的地方，例如醫院、殯儀館、墳場等地，以免沾染負能量影響個人氣場，導致心情鬱悶、運勢下降。

再加上「災煞」凶星入主，特別不利出門，容易發生小意外，例如財物損失及手腳受傷等，故出發前可預先購買旅遊保險，減少因意外而造成的財物損失。

同時亦要多加注意家中長輩的健康情況，若有不適馬上求醫，切記拖延病情，以免耽誤治療。今年可主動為家居進行小型維修或更換家具，此舉能提升家宅運。

肖兔者運勢（一九三九年、一九五一年、一九六三年、一九七五年、一九八七年、一九九九年、二〇一一年、二〇二三年）

★一九三九年：己卯年（虛齡八十七歲）

吉星高照之年，財運較去年有明顯進步，喜歡博彩的朋友，可以「刀仔鋸大樹」的方式來進行投注，只要不太貪心便能有所收穫。健康回復正常，去年一直困擾的健康問題終於找到緩解的方法。

★一九五一年：辛卯年（虛齡七十五歲）

天干金木相剋，容易發生小意外，外出時要注意安全，若天雨路滑則避免外出，以免滑倒，同時過馬路期間，務必要遵守交通規則及看清楚路面情況。財運尚可，不宜進行高風險的理財的決定，以免錄得虧損。

★一九六三年：癸卯年（虛齡六十三歲）

運氣不俗，終於脱離犯太歲的影響。不過家宅運仍然欠佳，受到「吊客」凶星的影響下，蛇年容易出現生病、損傷、車禍、開刀等……小災禍，需要特別留意自身的健康情況，若有任何不適建議馬上求醫，切記拖延以免造成長遠的影響。

★一九七五年：乙卯年（虛齡五十一歲）

工作表現出色的一年，可把握機會令事業更上一層樓。自僱及從商者不妨考慮發展新的業務及引入新產品，期望有新的突破。打工一族，事業發展平穩。財運方面，可參考鼻頭位置，若光潔明亮，有明顯光澤感則可進行高風險高回報的投資計劃，相反鼻頭紅腫或生暗瘡者則會出現大破財，要避免賭博及任何投資，以免得不償失。

★一九八七年：丁卯年（虛齡三十九歲）

仍是行眼運的年份，眼有神者可行運到虛齡四十一歲，再加上「祿勳」吉星高照下，新一年事業運順暢，工作表現出色，受到眾人的欣賞和賞識，可以在職場上大展拳腳。相反雙目無神者則事業發展停滯，未有大的改變，只能繼續等待。

★一九九九年：己卯年（虛齡二十七歲）

今年有轉工想法的朋友可付諸實行，有望找到待遇更好、薪酬理想的新工作，年輕的時候不要怕嘗試，新的工作環境能令你煥然一新，重新找到人生目標。已有伴侶者，感情平穩未有太大突破。單身者，天生桃花旺盛，不過蛇年並非正桃花的年份，只能繼續等待真愛。

★二〇一一年：辛卯年（虛齡十五歲）

家宅運欠佳，容易發生小意外的年份，與朋友嬉戲時要注意分寸，以免發生意外。同時今年要注意情緒健康問題，平日有任何情緒困擾，不妨向父母及師長表達，凡事總能解決。

★二〇二三年：癸卯年（虛齡三歲）

健康運較為一般，父母要加緊留意。小朋友的動作反應和平衡能力尚未完全成熟，且危險意識不足，參與動態活動時一定要特別留意小朋友的安全，切忌分心。

每月運程

農曆正月（新曆2月3日至3月4日）

財運亨通、運勢旺盛。事業上能獲得眾人的認可，得到貴人扶持及幫助，務必要乘勝追擊，為事業打好根基，亦可藉此機會計劃未來一年的目標。

財運滾滾來的月份，容易有偏財運，遇上抽獎活動，不妨積極參與，平日亦可購買六合彩、3T。喜歡賭博的朋友，亦可投注心水馬匹及喜愛的球隊。

已婚者，雙方感情甜蜜，不妨主動為伴侶準備一個浪漫的約會，增進雙方感情。單身的男士，可結識有好感的異性朋友，可主動相約對方外出遊玩，看看雙方的價值觀是否相同。

即使工作再繁忙，平日要多抽空休息，避免缺乏充足的休息時間，而令身體健康變差。

農曆二月（新曆3月5日至4月3日）

「犯太歲」的月份，人際關係及事業運均出現退步。打工一族，因同事及下屬之間的相處令你飽受情緒困擾，工作進度停滯不前，只好單靠自己努力來完成手頭上的項目。自僱及從商者在簽署任何文件之前記得要看清楚條款。

財運尚可，主要以正財為主，遇到合適的投資機會可小試牛刀，只要不太貪心便能有所收穫。

已有伴侶者，本月會出現大爭吵，不可強加自己的想法在對方身上，彼此要互相包容及接納對方的優點和缺點。單身的男士，有機會展開短暫的感情。

健康運及家宅運欠佳，容易受傷、發生小意外，可主動捐血或洗牙，以化解血光之災。

農曆三月（新曆4月4日至5月4日）

相害的月份，人際關係出現倒退。在工作場合要時刻控制個人情緒，自僱及從商者，同行間會出現對你的流言蜚語，不用理會他人，繼續默默耕耘總會有人看到。

本月財運欠佳，受到凶星的影響下，容易與人因金錢問題而產生糾紛，建議在簽署任何文件前必須看清楚所有細項，如有需要可找專業人士協助。

已有伴侶者，會對伴侶產生不滿，建議雙方坐下來互相反省自身問題，積極尋求解決辦法。單身者可把全部精神都放在工作上，不要為感情事而自尋煩惱。

出門容易有意外發生，例如財物損失及手腳受傷等，故不宜進行高危活動，例如笨豬跳、跳傘、潛水等。

農曆四月（新曆5月5日至6月4日））

事業運順暢，早前在工作上遇到的難題均能迎刃而解。打工一族，工作表現出色得到上司賞識，可在職場上大展拳腳。自僱及從商者，事業會出現很多新的發展機遇，務必要把握機遇，開展新的業務範疇。

正財運尚可，偏財運欠佳，財運未有起色，投資方面不宜太過進取，要以穩健為主，同時亦要學習理財，不要先洗未來錢。

已有伴侶者，感情發展平穩，宜多與伴侶溝通。單身者，可透過工作場合，認識年齡相若的異性，不妨主動出擊相約對方外出約會，開展一段良緣。

健康運平穩，平日可定期進行帶氧運動，減少疾病困擾。

農曆五月（新曆6月5日至7月6日）

相害的月份，人際關係出現倒退。工作場合切記鋒芒太露，凡事要低調，不要主動向他人訴說自己的工作成果，以免引起他人妒忌而影響工作。工作期間遭到同行或同事的針對，令工作進展不順利。

正財運平平，偏財運欠佳，未見有起色。投資方面不宜過分進取，切忌賭博，否則到最後「竹籃打水一場空」。

已婚者與伴侶因瑣事而爭執不斷，建議凡事要忍讓，特別在感情上從來都沒有對錯。單身者對異性要求太高，難以遇上合適的對象。

容易發生小意外的月份，駕駛人士務必遵守交通規則，不宜參與高危險性的活動，例如滑水、潛水、機動遊戲等等。

農曆六月（新曆7月7日至8月6日）

相合貴人月，諸事順利、財運亨通，特別有利自僱及從商的朋友，本月努力奮鬥可將事業推上高峰，從而增加收入，為未來數月打好基礎。打工一族，工作表現良好的月份，可得到額外的獎金。

不論是正財還是偏財，均較上月有所好轉。喜歡賽馬運動的朋友，亦可挑選自己心愛的馬匹進行投注，只要不太貪心，仍可獲利。

已有伴侶者，本月關係終於有所緩和，較為穩定的月份，可向伴侶表達愛意，分享自己的日常生活。單身的朋友，可主動參加朋友舉辦的社交聚會，有望結識心儀對象。

平日可因應身體狀況，而購買相應的營養補充品。

農曆七月（新曆8月7日至9月6日）

多勞多得的月份，「一分耕耘、一分收穫」。打工一族，工作時要時刻提醒自己，保持良好的態度，少說話多做事。自僱及從商者，只要努力便可得到相應的回報，工作發展較為理想。

財運方面以正財為主，自僱或從商者可望因工作量上升而增加收入。投資方面，不宜抱有太大期望。

已有伴侶者，不妨在假日與另一半舊地重遊，重拾昔日甜蜜的回憶，增進彼此之間的感情。單身者，不妨主動出擊，相約心儀對象外出約會。

駕駛者要注意交通安全，切勿做任何違反交通規則的行為，例如酒後駕駛、超速等，並且要定期驗車，確保安全。

農曆八月（新曆9月7日至10月7日）

沖太歲之月，本月的運勢低沉，在凶星的影響下，做事困難，工作期間出現嚴重阻滯，進度受阻，而且出現是非、小人，受到上司的無理打壓。只好明哲保身，盡量保持低調，遠離是非。

求財困難，不宜對求財抱有太大期望，經常會出現莫名其妙的開支，要控制自己不可胡亂消費。

感情容易出現變化，感情未穩定者在本月可能分開。已婚者因壓力問題而情緒低落，容易把自己的情緒問題發洩在伴侶身上，導致雙方感情變差。

家宅運較差的月份，容易發生小意外，故要特別留意交通情況，過馬路及駕駛時要打起十二分精神，宜捐血或洗牙以作化解血光之災。

農曆九月（新曆10月8日至11月6日）

脫離上月沖太歲的影響，心情如釋重負。本月學習運強勁，可藉此機會主動進修裝備自己。自僱及從商的朋友可以多參與業界講座或研討會，藉此提升自身的知識及增加對行業的了解。打工一族，不妨在空餘時間，報讀與工作有關的短期課程，提升自我。

正財運不俗，做生意及自僱人士，透過營業額增加而令收入上升。打工一族，得到上司及客戶的欣賞，有望升職加薪。

已有伴侶者，主動體貼關懷對方，為對方排憂解難作對方的後盾，感情自然變得如膠似漆。單身的男士，可以多參加興趣班，有望結識外表不俗的女士。

即使工作繁忙，亦要注重休息，盡量保持早睡早起的習慣。

農曆十月（新曆11月7日至12月6日）

相合之月，運勢逐漸上升，整體人緣不錯可得到貴人扶持。自僱及從商者，在客戶的支持下，營業額上升，收入大幅增加。打工一族，本月的工作量增加，幸好努力得到相應的回報，在貴人的幫助下，有望升職加薪。

學習運暢順的月份，不妨藉此機會學習理財，養成定期儲蓄的習慣。如喜歡股票投資，亦可報讀相關的課程，增加對股票市場的認識。

感情方面，已婚者要學習互相諒解對方，閒時要多反省自我，關係方能長久。單身者在空餘時間，主動接觸新環境，增加結識異性的機會。

家宅運平平，宜多做善事，減低凶星的影響力。

農曆十一月（新曆12月7日至26年1月4日）

相刑的月份，人際關係較差，容易「因財失義」，建議與他人合作做生意或投資前，一定要寫清楚雙方利益，以免有所爭執。工作期間要注意人際關係，不宜參與過多應酬活動，完成工作後可回家休息。

正財運較好，可藉着工作關係而增加正財收入。偏財運一般，適量的投資有望獲得盈利，惟太過貪心到最後只會失去一切。

已有伴侶者，宜好好把持自己，避免對異性太過熱情，否則出現三角關係，要時刻提醒自己不能做一些越界的事情。單身者，桃花運旺盛，可主動出擊。

健康及家宅運欠佳，容易受傷、發生小意外，可主動到廟宇祈福，以求神明保佑。

農曆十二月（新曆26年1月5日至2月3日）

財運亨通之月，事業運旺盛，整體運勢較上月進步，人際關係有所緩和。打工一族，與公司同事相處融洽，早前遇到的困難亦能迎刃而解。自僱或從商者，可嘗試新的工作方向，發掘更多工作機遇。

財運不斷，求財容易的月份。若遇到合適的投資機會，不妨大膽一試，可獲得意外之財。同時增強財運，可換一個新銀包。

感情方面，來到年尾雙方常常因小事爭吵，學會包容及體諒對方，不要事事靠發脾氣來解決。單身的男士，年尾參與社交聚會時，可遇見心儀對象，可積極追求對方。

學會放鬆心情，年尾不妨主動放大假休息，令身心得以徹底放鬆。

龍

肖龍開運錦囊

★「天喜」正桃花星進駐，具有結婚、添丁之意。

★財運亨通之年，整體財運會有顯著進步。

★受到「陌越」的影響，要面對陌生環境。

★「病符」入主，容易有小病小恙。

★健康運平平，日常宜多注意身體健康。

肖龍者出生時間（以西曆計算）

1940 年 2 月 5 日 07:08 分	至	1941 年 2 月 4 日 12:50 分
1952 年 2 月 5 日 04:54 分	至	1953 年 2 月 4 日 10:46 分
1964 年 2 月 5 日 03:05 分	至	1965 年 2 月 4 日 08:46 分
1976 年 2 月 5 日 00:40 分	至	1977 年 2 月 5 日 06:34 分
1988 年 2 月 4 日 22:44 分	至	1989 年 2 月 4 日 04:28 分
2000 年 2 月 4 日 20:42 分	至	2001 年 2 月 4 日 02:30 分
2012 年 2 月 4 日 18:24 分	至	2013 年 2 月 4 日 00:14 分
2024 年 2 月 4 日 16:25 分	至	2025 年 2 月 3 日 22:09 分

整體運程

剛過去的甲辰年乃肖龍者的「本命年」，不論是事業、財運、感情、住屋以及健康等各方面，均經歷了不少變化的一年，令到肖龍者身心俱疲，來到新一年終於擺脱「犯太歲」的影響，整體運程會逐漸穩定，心情亦會較去年樂觀積極。若曾在龍年有結婚、添丁、置業、創業等喜事沖喜，在新一年有望延續喜慶運，相反在上年未有沖喜者，則要小心去年「本命年」的影響力會延續至春季，會有小人及是非等問題。幸好今年為肖龍者的財運年，不論是正財運還是偏財運也較去年有所進步，且得到正桃花星「天喜」的照耀，意味著人際關係和財運較去年有所進步，「天喜」正桃花星進駐，代表喜事重重，具有結婚、添丁之意，單身的朋友有望結識心儀對象。已婚者可把握機會，成為新手父母。

雖然擺脱犯太歲的影響，但受到「病符」及「陌越」凶星入主會影響健康運及家宅運，「病符」主容易有小病小恙，會有傷風、感冒、咳嗽等小恙。平日要好好注意休息，建議定期做運動及作息定時。「陌越」則代表要適應新環境，經歷了上年的本命年的轉變後，今年有機會要適應新的工作，建議以輕鬆的心態來對待新環境，凡事低調處理。

此外，「寡宿」入主，會影響肖龍者的感情運，已婚者對於伴侶以外的異性，必須有堅定的定力。

總括而言，新一年肖龍者的財運及人際關係較去年進步，惟健康運平平，日常宜多注意身體健康。

【財運】

財運亨通之年，整體財運會有顯著進步，不論是正財或偏財亦有所提升。

偏財運暢旺的一年，可從投資中獲利，若遇到合適的投資機會，可大膽一試積極爭取，有望得到意外之財。

新一年有「天喜」吉星進駐，代表正桃花星，自僱及從商者，可藉着人際關係變好而吸引更多新客戶，從而令營業額節節上升，增加整體收入。打工一族，工作表現出色，有望升職加薪，得到適當的薪酬調整。

但在「病符」凶星的影響下，今年健康運平平，有機會出現很多意外支出，不妨提前購買足夠保額的醫療保險及意外保險，將風險轉嫁至保險公司。

【事業】

肖龍者今年事業發展順利，較去年有所進步，得益於良好的人際關係，會對事業產生積極正面的影響。今年若有任何轉換工作崗位、發展新業務或轉工等想法，可付諸實行並找到稱心如意的工作。

自僱及從商者，得益於良好的人際關係，新一年會遇到不少新的合作機遇，在了解清楚狀況後，不妨積極考慮，有望開展新的業務範疇，從而令事業版圖擴大。

打工一族，與同事相處愉快，並能得到上司或老闆的賞識機會，有望升職加薪。

惟受到凶星「陌越」的影響，代表要面對陌生環境，幸好無需過分擔憂，只要向身邊的同事請教，便能順利解決。

【感情】

正所謂「男愛紅鸞，女愛天喜」，「天喜」正桃花星進駐，對於肖龍的女性特別有利。單身的女士，今年有望認識條件優秀的對象，不妨主動出擊追求對方，為未來幸福而努力。單身的男士，藉着正桃花年的幫助下亦可結識心儀對象，發展一段長遠的關係。

有添丁打算的夫妻，可看中醫調理身體，為懷孕做好準備，有望成為新手父母。

惟受到「寡宿」星的影響下，今年與伴侶感情欠佳。常常會認為伴侶不夠了解自己，即使伴侶時刻陪伴在側，仍會感覺對方不夠關心及支持自己，建議主動與伴侶分享內心感受，平日宜多外出約會增進雙方感情。

【健康】

新一年健康運平平，蛇年有兩顆對健康不利的凶星入主，包括「病符」及「陌越」。「病符」入主容易有小疾病，容易患上與呼吸道有關的疾病，務必要小心身體。

此外，「陌越」凶星代表陌生環境所帶來的壓力，今年因工作的關係容易產生焦慮，出現精神緊張、頭痛、失眠、胃痛等小毛病，一切都是因為太過緊張所致，所謂「病向淺中醫」，平日不妨靜下心來學習畫畫、太極、瑜珈等放鬆心情的活動，減少因壓力而引致的小疾病。

同時建議肖龍者可主動購買保額充足的醫療保險，並在龍年年尾到醫院進行詳細的身體檢查，以防萬一。

肖龍者運勢（一九四〇年、一九五二年、一九六四年、一九七六年、一九八八年、二〇〇〇年、二〇一二年、二〇二四年）

★一九四〇年：庚辰年（虛齡八十六歲）

已經退休了，但人生仍是充滿色彩，活著必需要有目的，這樣生活才有動力。可主動學習新事物，令退休生活變得多姿多彩，否則長期獨留在家中，長久以往性格便會變得怪異，令身邊人無所適從。家宅運平平，不妨主動為家中進行小型裝修或購置新家具，有助提升運勢並能有煥然一新的感覺。

★一九五二年：壬辰年（虛齡七十四歲）

財源滾滾來，偏財運暢順的一年，投資方面可考慮中高風險的理財產品，有望獲得相應的回報。受到「寡宿」星的影響下，與伴侶相處容易心生罅隙，即使有伴侶陪伴在側亦會感到空虛寂寞，同時對後輩的情感需求更為強烈，令後輩感到無奈。

★一九六四年：甲辰年（虛齡六十二歲）

去年經歷了人生重要關口年，來到新一年整體運勢不俗，財運表現出色，可賺取工作以外的收入，閒時喜歡賽馬的朋友亦可以小注怡情。工作表現平常，已到花甲之年，人生並不是只有工作，可嘗試一邊工作，一邊享受人生，不用把所有時間投入到工作當中，相約三五知己一起外遊也是不錯的選擇。

★一九七六年：丙辰年（虛齡五十歲）

整體運勢尚可，人到中年很多事情都會出現

身不由己的情況，事業發展平常，身體卻出現不少毛病，需要特別注意心臟、血液、血管問題，若出現不適切忌諱疾忌醫，馬上求醫並按時服藥。平日亦要培養良好的生活習慣，不能像年輕時熬夜、胡亂飲食。

★一九八八年：戊辰年（虛齡三十八歲）

財運亨通的一年，當中特別有利秋天及冬天出生的朋友，未來三年運勢高企，務必要好好把握，令人生再上一個台階，奠定日後的事業基礎。相反春天及夏天出生的朋友，運氣明顯轉差，事事遭遇阻滯令你措手不及，只能好好裝備自己，迎接下一次的好運。今年有望結婚、添丁，若想添丁的朋友可以盡早做好準備。

★二〇〇〇年：庚辰年（虛齡二十六歲）

去年運勢欠佳，來到新一年「天干乙庚合」人際關係明顯好轉，工作期間可得到貴人的幫忙而令事業有所進步。今年為正桃花年，單身的朋友有望結識心儀對象，開始一段戀情。已有伴侶者亦可在今年更進一步，確認雙方關係籌備結婚，若沒有結婚打算，則有機會面對分離。

★二〇一二年：壬辰年（虛齡十四歲）

學習運一般，有早戀的傾向，心智尚未成熟，太早談戀愛反而會對心靈造成傷害。上課時經常分心，對老師的教導完全聽不入耳，長此下去成績會明顯退步。

★二〇二四年：甲辰年（虛齡二歲）

受到「病符」凶星的影響下，健康運欠佳容易出現小病痛，出現咳嗽、流鼻涕、發燒等情況，如有不適馬上求醫，切忌拖延。

每月運程

農曆正月（新曆2月3日至3月4日）

多勞多得的月份，運勢良好，工作表現得到上司的認可，打工一族可藉此機會展現自我能力，有望升職加薪。自僱或從商者，建議可在本月落實未來一年的計畫，為事業打好基礎。

財運不過不失，投資上若有虧損，必須盡早止蝕離場，保留資金等候機會。

已有伴侶者，感情甜蜜溫馨，可多抽空陪伴對方，與伴侶多作心靈上的交流，了解對方內心感受。單身的朋友，將會結識年紀相若的新朋友。

脫離犯太歲的年份，本月健康運良好，平日要多抽空休息，不宜出席過多的應酬場合，假日可陪家人到戶外運動，定期做運動更可以加強心肺功能，維持健康體魄。

農曆二月（新曆3月5日至4月3日）

受到「卯辰相害」的影響，人際關係出現倒退，工作期間由於表現出色而遭到同事或同行的妒忌，導致有許多是非謠言出現，令你煩惱不已。不要理會別人的看法，只管做好自己目前的事情便可，謠言止於智者，清者自清，繼續努力成為出色的人。

財運起伏較大的月份，投資運欠佳。投資上若有虧損，必須盡早止蝕離場，保留資金等候機會。

已有伴侶者，與異性接觸時，沒有把握好分寸，經常與伴侶出現爭吵，提醒自己要收斂脾氣，不妨以少聚離多的方式相處，減少正面衝突。單身者可望開展一段易聚易散的戀情。

健康運平平，可到醫院進行詳細的身體檢查。

農曆三月（新曆4月4日至5月4日）

「辰辰自刑」的月份，容易自尋煩惱。同時工作場合會有較多的是非謠言困擾，令你煩惱不已，不用理會別人的想法，做好自己本份即可。即使工作上遇到難題，只需虛心向上司請教。

財運欠佳，破財的月份。投資上若有虧損，必須盡早止蝕離場，保留資金等候機會。

已婚者，受到「病符」星的影響下，伴侶身體容易出現小病小恙，平日要主動關心伴侶的健康狀況。

患有長期慢性疾病的朋友，本月病情會變得嚴重，緊記要按時服藥，病情一旦惡化，便要求醫切忌拖延病情，令病情一發不可收拾。平日多做善事為有需要人士贈醫施藥，能提升健康運。

農曆四月（新曆5月5日至6月4日）

本月運勢平穩，為學習運強勁的月份，既然在工作上未能取得重大進展，不如靜下心來學習新事物增值自己。平日可抽空出席業內活動，拓展人際關係及進一步增加在行內的知名度。

財運平平，適量的投資可增加額外收入，惟不可太過進取及貪心，參與賭博及投機，以免到頭來得一場空。

已婚的女士，在「天喜」吉星高照下，本月懷孕機會頗高，宜好好把握機會，有望成為新手父母。單身的朋友，可報讀興趣班，結識志同道合的異性，若遇到心儀對象，不妨主動出擊相約對方外出。

出門前預先購買旅遊保險，以應付突如其來的變化。

農曆五月（新曆6月5日至7月6日）

在「天喜」吉星高照下，為肖龍者桃花運旺盛的年份，財運及人緣也能獲得提升，整體運勢較佳。自僱及從商者宜好好利用本月，努力工作，以免錯失良機。打工一族，有望升職加薪，可在上司或老闆面前表現自己。

財運滾滾來的月份，容易有偏財運，遇上抽獎活動，不妨積極參與，平日亦可購買六合彩、3T。

已婚者桃花運旺盛，經常對伴侶以外的異性產生好感，務必要好好把持自己，否則讓伴侶發現後，後果不堪設想。單身者，表面上選擇很多但真心的人卻少之又少。

家宅運良好，若想增強運勢平日可多做善事，幫助別人，為自己積善積德。

農曆六月（新曆7月7日至8月6日）

八方來財、財運亨通、心想事成的月份，工作發展順利，容易在投資上獲利，不論是打工一族還是做生意的朋友，有望增加本月收入。

偏財運暢旺，可看準時機投資中長期的理財產品，並嘗試多元化的投資組合，例如：股票、債券、基金等。若有他人邀請合作做生意或投資，不妨認真考慮。

已婚的男士，桃花運旺盛，不要與伴侶以外的異性單獨外出，以免節外生枝引起誤會。單身的朋友更加是桃花朵朵開，可以慢慢挑選自己喜歡的對象。

本月容易患上與腸胃相關的疾病，務必要小心飲食，不要進食生冷、油膩、過期或隔夜食物，宜定期清理冰箱。

農曆七月（新曆8月7日至9月6日）

事業運順利，再配合相合的力量，特別有利自僱及從商的朋友，本月努力奮鬥可將事業推上高峰，從而增加收入，為未來數月打好基礎。打工一族，工作表現良好的月份，可得到額外的獎金。

財運較好的月份，正財收入穩定，偏財運亨通，閒時投注喜歡的馬匹或球隊，有望增加工作以外的收入。

已有伴侶的女士，本月桃花運旺盛，必須好好把持自己，避免與伴侶以外的異性單獨約會，以免影響建立已久的感情基礎。單身的龍女，新相識的異性條件不俗，可了解清楚對方背景後，再決定是否在一起。

本月會受到失眠困擾，建議可在每晚固定時間睡覺，養成良好的生活習慣。

農曆八月（新曆9月7日至10月7日）

相合桃花月，整體運勢良好。工作運順暢，可得貴人相助，打工一族，開會時提出的意見會得到上司或老闆的賞識，建議可在本月努力爭取升職加薪，為事業打好基礎。

財運方面以正財運較好，只需努力工作便可得到相應的財富，投注方面不宜太進取，以免出現虧損。

已婚男士桃花運旺盛，工作期間經常接觸異性，令伴侶的安全感不足，必須與伴侶以外的異性劃清界線，否則會影響長久而來建立的感情基礎。單身者會遇上心儀對象，主動出擊有望開展新的戀情。

健康運良好，沒有需要特別注意的問題，只需作息定時及放鬆心情便可安然渡過此月。

農曆九月（新曆10月8日至11月6日）

「辰戌相沖」之月，運勢反反覆覆。打工一族，在工作上會遇到各種突如其來的改變，難以實行計劃已久的工作方案。自僱及從商者，會遭到競爭對手的造謠，而影響生意額，只好清者自清，等待時機反擊。

財運上落較大，主要以正財收入為主，投資方面不宜過分進取，可選擇較低風險的藍籌股。

已有伴侶者，本月會出現大爭吵，若然緣份已盡，便可以考慮放手，總好過兩個人糾纏不清，導致雙方不愉快。單身者，容易展開一段霧水情緣。

家宅運一般，避免去陰氣重的地方，例如醫院、殯儀館、墳場等地方。平日可多參與喜慶場合，例如婚禮、百日宴等。

農曆十月（新曆11月7日至12月6日）

貴人相助之月，人際關係較上月進步，在貴人的幫助下事業發展良好。工作方面，靠貴人之力更上一層樓，特別有利任職海外公司的朋友，務必要把握機會，爭取升職加薪。

財運順暢的月份，可購買中長期的理財產品，為日後的財富打好基礎。喜歡賽馬的朋友可以投注心水馬匹及購買六合彩彩票，增加中獎機會。

上月是合是分已有答案，已有伴侶者，關係回復正常，主動體貼關懷對方，為對方排憂解難作對方的後盾，感情自然變得如膠似漆。單身者可以多參加社交聚會，有望結識條件不俗的異性。

健康運良好，平日只需多注意休息。

農曆十一月（新曆12月7日至26年1月4日）

相合月事業進展順利，工作上會得到客戶支持。本月工作進展順利，能夠取得良好的成績。自僱及從商者，經營的業務會得到舊客戶支持，整體營業額上升。打工一族，在公司要注意自我的言行舉止，避免太高調而引起別人的妒忌心。

財運亨通的月份，再配合相合的力量，運勢旺盛。事業上能獲得眾人的認可，得到貴人的扶持及幫助，務必要乘勝追擊，為事業打好根基。

已婚的朋友，感情甜蜜。單身的朋友，透過長輩介紹可結識價值觀相若的異性，不妨與對方深入了解看看能否發展感情。

平日宜多喝湯水保健及定期看中醫調理身體。

農曆十二月（新曆26年1月5日至2月3日）

相破的月份，人際關係出現倒退。運勢欠佳，容易犯官非、訴訟，因此在簽署文件、合約時必須格外小心，而且不要做任何觸犯法律的事。

財運欠佳，容易破財的月份，整月開支會較大，駕駛者不要違例泊車、超速，容易被罰款，記緊遵守交通規則。

已有伴侶者，本月容易出現競爭者，故要好好處理與伴侶之間的感情，即使工作繁忙，亦要多抽空陪伴對方。單身者，透過朋友介紹而結識新異性，當中會出現令你心動的異性，務必要好好把握。

受到「病符」凶星的影響下，年尾容易患上小病小恙。長期病患者，病情會急速惡化，若有任何不適，盡早求醫以免耽誤病情。

第五章　乙巳蛇年

概論

肖蛇者性格

肖蛇者天生聰穎、思慮周全、精力旺盛，表面對人較為冷漠，給人不易親近的感覺，為人獨立自主，凡事有自己一套想法，與人相處時能清晰表達自我意見，處理人際關係時得心應手、揮灑自如，能爭取自身利益的同時令對方深感佩服。得益於較強的交際應酬能力，事業發展較為出色，做任何決定前會深思熟慮後才作出決定，任何事情均會想好萬全的對策、遇到事情臨危不亂，能冷靜處理。但佔有慾較強，會令身邊人無所適從，同時蛇亦代表變化多端，隨着時間的推移亦會不停改變想法。當中凡事太過精明、計算得太過清楚，反而導致一生都缺乏真心朋友，建議「凡事留一線，日後好相見」。人生在世很多事情都是命中注定，不要太過計較利益，否則只會令人際關係變差。

蛇年嬰兒適合的中文、英文名

【適合的中文名字】

蛇年的地支為「巳」，可選擇與其相合地支的字或部首，蛇的地支「巳」與「酉」雞及「丑」牛為三合，故可選擇以下名字。

酉雞之字例：茜、尊、猷、鳳……等

丑牛之字例：牟、皓、浩、笙……等

蛇為肉食動物，若名字中有「虫」、「月」、「心」之字根，則代表糧食豐足，一生不用愁衣食，有助提升整體運勢。

虫之字例：蝶、螢、蝴、融……等

月之字例：鵬、勝、騰、望……等

心之字例：悦、愉、思、慈……等

蛇一般住在洞穴、山林，若名字中有「穴」、「山」、「木」之字根，可讓蛇在舒適安穩的環境當中。

穴之字例：安、宗、容、定……等

山之字例：峰、崇、嵐、崎……等

木之字例：棋、橋、楚、柏……等

【適合的英文名字】

建議可以使用以下英文字母開頭的名字：E、F、T、H。

E字開頭字母的男性名字：Eason、Ethan、Eddy、Elton……等

E字開頭字母的女性名字：Emily、Emma、Eugene、Edith……等

F字開頭字母的男性名字：Frankie、Felix、Frederick、Flint……等

F字開頭字母的女性名字：Fiona、Flora、Faye、Fanny……等

T字開頭字母的男性名字：Tommy、Tony、Thomas、Terrence……等

T字開頭字母的女性名字：Tina、Tracy、Toby、Tiffany……等

H字開頭字母的男性名字：Harry、Howard、Hanson、Hayden……等

H字開頭字母的女性名字：Helen、Hayley、Hollie、Hanna……等

【不適合的中文名字】

蛇的地支「巳」與豬的地支「亥」相沖，與「寅」虎及「申」猴相刑，同時與「申」猴相破及與「寅」虎相害，故不宜使用相關字根的字為佳。

亥豬之字例：雍、家、豪、濠……等

申猴之字例：坤、神、暢、申……等

寅虎之字例：彪、琥、寅、演……等

蛇為肉食性動物，故不喜歡素食，若名字中有「禾」、「米」、「豆」之字根，代表得物

無所用，象徵無法得到貴人賞識，終日鬱鬱不得志，故不宜使用相關字根的字為佳。

禾之字例：秀、科、秦、穎 …… 等

米之字例：米、粱、糖、籽 …… 等

豆之字例：豆、豐、豔、登 …… 等

蛇與人類有敵對關係，若名字中「人」之字根，主受到一生受到小人陷害、是非麻煩事較多，故不宜使用相關字根的字為佳。

人之字例：仁、信、儷、健 …… 等

【不適合的英文名字】

避免使用以下英文字母開頭的名字：A、M、N、V、X。

A 字開頭字母的男性名字：Albert、Andrew、Andy、Anthony …… 等

A 字開頭字母的女性名字：Angel、Angus、Ada、Amy …… 等

M 字開頭字母的男性名字：Matthew、Michael、Martin、Mark …… 等

M 字開頭字母的女性名字：Mandy、Michelle、Melissa、Macy …… 等

N 字開頭字母的男性名字：Nick、Nelson、Nicholas、Nathan …… 等

N 字開頭字母的女性名字：Nicole、Nina、Nancy、Natalie …… 等

V 字開頭字母的男性名字：Vincent、Vic、Victor、Vito …… 等

V 字開頭字母的女性名字：Vicky、Vivian、Vanessa、Victoria …… 等

X 字開頭字母的男性名字：Xandur、Xavier、Xander、Xiaohu …… 等

X 字開頭字母的女性名字：Ximena、Xenia、Xaliah、Xiarah …… 等

蛇年出生人士不同月份運勢

農曆正月

「寅巳相刑」早年運勢較為一般，一生容易受到是非、小人困擾，務必要奉公守法，不要做任何違反法律的事情，一生走動較多，不宜留在原有出生地發展。

農曆二月

人際關係不俗，不妨從事需要對人的行業，例如：銷售、公關、幕前等等。天生身體體質較弱，宜從小開始看中醫調理身體。

農曆三月

個性保守，經常胡思亂想，與他人相處時總是感到格格不入，早年求財較為困難，平日宜佩戴金銀首飾及學習游泳，能增強自身運勢。

農曆四月

與父母緣份較淺，宜過契給他人或神明。早年運氣較為反覆，再加上驛馬星較重，若能多走動或到外地求謀會較為理想。

農曆五月

天生桃花較重，人際關係較為理想，可以得到貴人相助，命格中火太重，平日宜多游泳及泡澡會對運勢較為有利。

農曆六月

火炎土燥之命，人際關係一般，宜主動學習與人相處的技巧，平日宜多穿黑色、藍色衣服，能增強自身運勢。

農曆七月

年月「巳申相合」，天生貴人運較旺，可得到長輩、貴人的幫忙，一生機遇較多，若能到出生地以外的地區發展，會對運勢更有幫助。

農曆八月

年月相合，天生與長輩緣份較好，人際關係較好，一生不缺桃花，宜從事對外的工作，能得到先天性優勢，平日可在家中種植物，可增強自身運勢。

農曆九月

天生火土較重，早年運勢不俗，而且有「月德」貴人相助，凡事都能逢凶化吉，平日可以多穿黑色、藍色及灰色衣服，能加強運勢。

農曆十月

年月相沖，與父母緣份較為薄弱，凡事只能靠自己。一生驛馬星較重，適宜到處走動，可考慮到異地發展或外地讀書。

農曆十一月

天生聰穎、分析能力較強，而且先天運勢不俗，可以得到貴人幫忙，適宜到大機構工作，惟感情生活較為豐富，不宜早婚。

農曆十二月

年月三合，與父母關係良好、緣份較重，早年運勢不俗，可以得到長輩貴人幫助，趁年輕打好基礎，令事業發展更順利。

肖蛇者不同八字日主五行運勢

每人的八字命格日柱均不同，由十天干（甲、乙、丙、丁、戊、己、庚、辛、壬、癸）及十二地支（子、丑、寅、卯、辰、巳、午、未、申、酉、戌、亥）組成，合共有六十甲子，如有需要可查詢自身的八字日柱。

【甲木】日主出生的運勢

甲木出生在蛇年，年支帶食神星，可得到祖輩福蔭，天生運氣不俗，而且性格較為溫和，若出生在春天或夏天的朋友，為木火通明之象，為人積極向上，心地善良。

【乙木】日主出生的運勢

年柱傷官，難以得到長輩庇佑，凡事只能靠自己，六親緣薄弱，做事不喜歡遵守規則，不適宜在政府或大機構工作，若命格配合得好，則可考慮自行創業，靠自身才華闖出一片天。

【丙火】日主出生的運勢

天生財運較好，一生不愁衣食，能得到祖上福蔭，身體較為強壯。若是在夏天出生的朋友，平日可多游泳及穿着黑色、藍色及灰色衣服，能增強自身運勢。

【丁火】日主出生的運勢

與長輩緣份較淺，先天福份一般，凡事只能靠自己。與兄弟姊妹緣份平平，不宜與他人合作投資或做生意，以免因財失義。若想增強財運，平日可多佩戴金銀首飾。

【戊土】日主出生的運勢

得祿之地，豐衣足食，與母親關係緣份一般，天生見解獨到、悟性較高及精明能幹。宜學習游泳及多泡澡，有助增強自身財運，避免穿着紅色、黃色、紫色、橙色及啡色衣服。

【己土】日主出生的運勢

天生能得長輩相助，與父母緣份較深。若出生在農曆三月、農曆六月、農曆九月及農曆十二月的朋友，為火炎土燥之局，性格會較為急躁，容易患上與腎臟、膀胱、泌尿系統及生殖系統有關的疾病。

【庚金】日主出生的運勢

一生易有開刀破相之事，性格勇敢自強。女命早年容易談戀愛，但不宜早婚。與人相處時要注意自身態度，否則易招惹小人、是非問題。

【辛金】日主出生的運勢

早年運勢不俗，容易得到父母相助。事業發展較為理想，為人循規蹈矩，容易得到上司或老闆的重視。女命姻緣早見，容易發展異地姻緣。

【壬水】日主出生的運勢

天生偏財運不俗，出生於良好家庭，為人慷慨大方、具有商業頭腦，可考慮從商或任職金融機構。男命桃花運旺盛，容易討得女性歡心。女命愛好打扮，喜歡交際應酬。

【癸水】日主出生的運勢

天生財運不俗，可以「動中生財」的方式來增強自身財運。為人腳踏實地、勤奮上進，重視金錢。男命姻緣早見，可覓得賢慧的妻子，得到妻子的幫助，令事業更上一層樓。

第六章　乙巳蛇年

過年習俗小知識

謝灶・年廿四

相傳年廿四是諸神返回天庭的一天，其中灶君掌管人間衣食，所以人們都在此日謝灶，以作討好灶君。謝灶的貢品包括：生果、燒肉、齋菜及湯丸及麥芽糖。希望藉此能封住灶君的嘴，以免祂向玉帝亂告狀，同時亦希望灶君在玉帝面前講好話，祈求來年豐衣足食。

大掃除・年廿八

家家戶戶都會在年廿八（可參考書中「吉時吉日」部分，以得知年尾適宜大掃除的日子）進行大掃除，正所謂「年廿八，洗邋遢」只要在過年前做好家居清潔，便可去除過去的霉運，能夠消災去病，取其去舊迎新之意。

貼揮春・年廿九

大掃除過後，不少家庭會在家中貼上揮春，增加新年的喜慶氣氛，惟貼揮春前亦有一些宜忌要注意。

注意事項：

1. 貼揮春只需要在正月張貼，不要把揮春貼足一整年，過了正月十五便取下來。
2. 貼揮春不要貼四張，因四字的諧音不吉利。
3. 要留意揮春的字眼，不宜用流年的生肖及與流年生肖相沖的字眼及圖案。今年為蛇年，不宜用有「蛇」及「豬」字或相同諧音的揮春，例如「筆走龍蛇」、「龍蛇飛舞」及「豬籠入水」等，以及不宜用印上「蛇」或「豬」圖案的揮春。

年花的象徵意義

每到新年都有很多人會買年花回家擺放，喻意為未來一年帶來好運，以下為常見的年花象徵的意義：

桃花 人緣、桃花運
金桔 吉利
水仙花 財富
銀柳 有銀有樓、大富大貴
牡丹 富貴
五代同堂 添丁

團年飯・年三十

年三十是一年最後的一天，這天有感恩和團圓的意義，下午便開始送年儀式。先要供奉諸神，之後拜祖先，感謝神明及祖先整整一年來的照顧，祈求來年繼續平安順利。（由於乙巳年並沒有年三十，可以在年廿九進行。）

守歲

傳統的守歲的做法為年輕人年三十晚通宵不睡，直至第二日天亮。現在一般來説，守歲時間過了凌晨十二點就可以睡了。守歲的意思是為了祈求父母長輩延年益壽，感恩過去一年得到神明保佑，亦是對新一年的祝福。（由於乙巳年並沒有年三十，可以在年廿九進行。）

農曆大年初一•新年禁忌

春節的習俗，初一子時（即晚上十一點）便是新一年的開始。守歲的晚輩會向長輩拜年，互相恭賀。惟年初一有諸多禁忌要注意。

1. 初一忌掃地和倒垃圾，有送走財氣之意。
2. 忌發脾氣，會有不吉利之象。
3. 不要打爛碗碟，若真的不小心打爛，便要馬上説「落地開花，富貴榮華」、「歲歲平安」等，及用紅紙包好，待年初五再扔掉。
4. 初一及初二為水神生日，因此正月初一不宜理髮、洗髮、洗澡及洗衣服，會把財運洗走。
5. 初一忌吃藥及進食任何營養補充品，以免新一年「疾病纏身」。
6. 忌催人起床，否則對方在新一年做任何事都會被人催促。
7. 初一忌睡午覺，否則整個人會變得懶散。
8. 忌對睡覺中的人拜年，若對方還在睡夢中，不要向對方拜年，否則會讓對方一整年都在臥病在床。
9. 已出嫁的女兒，不要在大年初一回娘家，會有把娘家吃窮之意。
10. 不要向人借錢和追債，大年初一為送上祝福的日子，若向人借錢或追債，會導致新一年財運欠佳。
11. 不要被別人掏自己的口袋或手袋，否則新整年的錢財都會輕易被人掏走。
12. 大年初一不能打罵別人及哭泣。避免説出「破」、「病」、「輸」及「敗」等不吉利字眼。

回娘家・年初二

大年初二是已出嫁女兒回娘家的日子，丈夫及其子女同行，俗稱「迎婿日」。女兒回娘家拜年的時候，不要送單數的回門禮，單數會對娘家不利，回娘家時的禮物必須成雙成對，並要在晚飯前可返回夫家，否則對娘家不吉利。

赤口・大年初三

大年初三又稱「赤狗日」，當日容易與人發生口角爭執，為防招惹口舌是非，很多人會選擇這天會留在家中，不出外拜年，或出門到廟宇祈福。

接財神・大年初四

年廿四諸神返天庭，年初四則是諸神重臨人間之時。大年初四是民間習俗的「接神日」，可迎接眾神明、灶君與家神回來，故當日不宜外出。接神通常在下午開始，供品方面包括三牲、水果、酒菜，以及在最後焚香拜祭。

大年初五

過年的禁忌，例如倒垃圾及掃地等都可以解除。初一至初四不倒垃圾，有助聚財，但到了初五便要倒垃圾，稱為「送窮」。大年初五為「五路財神」的生日，不妨出門到廟宇「接財神」。

大年初六

一切回復正常，正式工作。

大年初七

初七為「人日」即是人的生日，這天是全人類的生辰。不妨可在今天進食七菜羹（象徵吉兆）、麵線（象徵長壽）等傳統「人日」食物，祈求新一年事事順利、身體健康。

第七章　乙巳蛇年

吉時吉日

大掃除吉日

	吉日	星期	吉時	沖生肖
首選	農曆十二月廿八 西曆二〇二五年一月二十七日	一	辰時（上午七時至九時） 巳時（上午九時至十一時）	虎
次選	農曆十二月廿九 西曆二〇二五年一月二十八日	二	午時（上午十一時至下午一時） 未時（下午一時至下午三時）	兔

選取吉日辦事前，請先參閱【時辰對照表】

時辰對照表

時辰	時間
子時	23:00 至 01:00
丑時	01:00 至 03:00
寅時	03:00 至 05:00
卯時	05:00 至 07:00
辰時	07:00 至 09:00
巳時	09:00 至 11:00
午時	11:00 至 13:00
未時	13:00 至 15:00
申時	15:00 至 17:00
酉時	17:00 至 19:00
戌時	19:00 至 21:00
亥時	21:00 至 23:00

還神吉日

	吉日	星期	吉時	沖生肖
首選	農曆十一月十八 西曆二〇二四年十二月十八日	三	辰時（早上七時至九時） 巳時（上午九時至十一時）	狗
	農曆十一月十五 西曆二〇二四年十二月十五日	日	巳時（上午九時至十一時）	羊
次選	農曆十一月十九 西曆二〇二四年十二月十九日	四	午時（上午十一時至下午一時）	豬

上頭柱香及拜神吉日

	吉日	星期	吉時	沖生肖
首選	農曆正月初一 西曆二〇二五年一月二十九日	三	寅時（凌晨三時至五時） 辰時（上午七時至九時） 巳時（早上九時至早上十一時）	龍

開年拜神吉日

	吉日	星期	吉時	沖生肖
首選	農曆正月初四 西曆二〇二五年二月一日	六	巳時（上午九時至十一時）	羊

攝太歲吉日

	吉日	星期	吉時	沖生肖
首選	農曆正月初七 西曆二〇二五年二月四日	二	巳時（上午九時至十一時）	狗
	農曆正月初十 西曆二〇二五年二月七日	五	巳時（上午九時至十一時）	牛
次選	農曆正月十一 西曆二〇二五年二月八日	六	巳時（上午九時至十一時） 未時（下午一時至三時）	虎

開市吉日

	吉日	星期	吉時	沖生肖
首選	農曆正月初九 西曆二〇二五年二月六日	四	午時（上午十一時至下午一時）	鼠
	農曆正月初四 西曆二〇二五年二月一日	六	巳時（上午九時至十一時）	羊
次選	農曆正月初六 西曆二〇二五年二月三日	一	午時（上午十一時至下午一時）	雞

嫁娶吉日

農曆	西曆	星期	沖
正月初九	25年2月6日	四	鼠
正月十五	25年2月12日	三	馬
正月十九	25年2月16日	日	狗
正月廿一	25年2月18日	二	鼠
正月三十	25年2月27日	四	雞

農曆	西曆	星期	沖
二月初三	25年3月2日	日	鼠
二月初四	25年3月3日	一	牛
二月初七	25年3月6日	四	龍
二月初十	25年3月9日	日	羊
二月十六	25年3月15日	六	牛
二月廿二	25年3月21日	五	羊

農曆	西曆	星期	沖
三月十三	25年4月10日	四	兔
三月十六	25年4月13日	日	馬
三月廿一	25年4月18日	五	豬

農曆	西曆	星期	沖
四月初七	25年5月4日	日	兔
四月初八	25年5月5日	一	龍
四月十五	25年5月12日	一	豬
四月十九	25年5月16日	五	兔
四月廿四	25年5月21日	三	猴
四月廿五	25年5月22日	四	雞
四月廿八	25年5月25日	日	鼠

農曆	西曆	星期	沖
五月初一	25年5月27日	二	虎
五月初二	25年5月28日	三	兔
五月初三	25年5月29日	四	龍
五月初五	25年5月31日	六	馬
五月初六	25年6月1日	日	羊
五月十二	25年6月7日	六	牛
五月十三	25年6月8日	日	虎
五月十五	25年6月10日	二	龍
五月廿一	25年6月16日	一	狗
五月廿七	25年6月22日	日	龍

農曆	西曆	星期	沖
六月初二	25年6月26日	四	猴
六月初七	25年7月1日	二	牛
六月初十	25年7月4日	五	龍
六月十五	25年7月9日	三	雞
六月十九	25年7月13日	日	牛
六月二十	25年7月14日	一	虎
六月廿七	25年7月21日	一	雞

農曆	西曆	星期	沖
閏六月初一	25年7月25日	五	牛
閏六月初九	25年8月2日	六	雞
閏六月初十	25年8月3日	日	狗
閏六月十四	25年8月7日	四	虎
閏六月十八	25年8月11日	一	馬
閏六月廿三	25年8月16日	六	豬
閏六月廿四	25年8月17日	日	鼠
閏六月廿八	25年8月21日	四	龍

農曆	西曆	星期	沖
七月初一	25年8月23日	六	馬
七月初四	25年8月26日	二	雞
七月初六	25年8月28日	四	豬
七月二十	25年9月11日	四	牛
七月廿六	25年9月17日	三	羊
七月三十	25年9月21日	日	豬

農曆	西曆	星期	沖
八月初二	25年9月23日	二	牛
八月十二	25年10月3日	五	豬
八月廿五	25年10月16日	四	鼠

農曆	西曆	星期	沖
九月初五	25年10月25日	六	雞
九月初八	25年10月28日	二	鼠
九月十四	25年11月23日	一	馬
九月十七	25年11月6日	四	雞
九月十八	25年11月7日	五	狗
九月廿二	25年11月11日	二	虎
九月廿三	25年11月12日	三	兔
九月廿八	25年11月17日	一	猴
九月廿九	25年11月18日	二	雞

農曆	西曆	星期	沖
十月初二	25年11月21日	五	鼠
十月初八	25年11月27日	四	馬
十月初十	25年11月29日	六	猴
十月十二	25年11月30日	日	雞
十月十二	25年12月1日	一	狗
十月十七	25年12月6日	六	兔
十月廿一	25年12月10日	三	羊
十月廿四	25年12月13日	六	狗

農曆	西曆	星期	沖
十一月初三	25年12月22日	一	羊
十一月初六	25年12月25日	四	狗
十一月初十	25年12月29日	一	虎
十一月十五	26年1月3日	六	羊
十一月廿三	26年1月11日	日	兔
十一月廿八	26年1月16日	五	猴

農曆	西曆	星期	沖
十二月初五	26年1月23日	五	兔
十二月十三	26年1月31日	六	豬
十二月二十	26年2月七日	六	馬
十二月廿四	26年2月11日	三	狗
十二月廿六	26年2月13日	五	鼠

開張、動土、入伙吉日

農曆	西曆	星期	沖
正月初九	25年2月6日	四	鼠
正月初十	25年2月7日	五	牛
正月十四	25年2月11日	二	蛇
正月十九	25年2月16日	日	狗
正月廿一	25年2月21日	二	鼠
正月廿五	25年2月22日	六	龍
正月三十	25年2月27日	四	雞

農曆	西曆	星期	沖
二月初四	25年3月3日	一	牛
二月初七	25年3月6日	四	龍
二月二十	25年3月19日	三	蛇
二月廿二	25年3月21日	五	羊

農曆	西曆	星期	沖
三月初三	25年3月31日	一	蛇
三月十八	25年4月15日	二	猴
三月廿一	25年4月18日	五	豬
三月三十	25年4月27日	日	猴

農曆	西曆	星期	沖
四月初十	25年5月7日	三	馬
四月十九	25年5月16日	五	兔
四月廿五	25年5月22日	四	雞
四月廿八	25年5月25日	日	鼠

農曆	西曆	星期	沖
五月初一	25年5月27日	二	虎
五月初二	25年5月28日	三	兔
五月初五	25年5月31日	六	馬
五月十二	25年6月7日	六	牛
五月十三	25年6月8日	日	虎
五月廿一	25年6月16日	一	狗
五月廿四	25年6月19日	四	牛
五月廿五	25年6月20日	五	虎

農曆	西曆	星期	沖
六月初七	25年7月1日	二	牛
六月初八	25年7月2日	三	虎
六月十四	25年7月8日	二	猴
六月十五	25年7月9日	三	雞
六月二十	25年7月14日	一	虎
六月廿七	25年7月21日	一	雞

農曆	西曆	星期	沖
閏六月初五	25年7月29日	二	蛇
閏六月初九	25年8月2日	六	雞
閏六月初十	25年8月3日	日	狗
閏六月十四	25年8月7日	四	虎
閏六月十八	25年8月11日	一	馬
閏六月廿三	25年8月16日	六	豬
閏六月廿四	25年8月17日	日	鼠
閏六月廿八	25年8月21日	四	龍

農曆	西曆	星期	沖
七月初一	25年8月23日	六	馬
七月初六	25年8月28日	四	豬
七月十七	25年9月8日	一	狗
七月十八	25年9月9日	二	豬
七月廿四	25年9月15日	一	蛇
七月三十	25年9月21日	日	豬

農曆	西曆	星期	沖
八月初六	25年9月27日	六	蛇
八月十二	25年10月3日	五	豬
八月廿五	25年10月16日	四	鼠
八月廿七	25年10月18日	六	虎

農曆	西曆	星期	沖
九月初八	25年10月28日	二	鼠
九月廿二	25年11月11日	二	虎
九月廿三	25年11月12日	三	兔
九月廿八	25年11月17日	一	猴
九月廿九	25年11月18日	二	雞

農曆	西曆	星期	沖
十月初二	25年11月21日	五	鼠
十月初八	25年11月27日	四	馬
十月初十	25年11月29日	六	猴
十月十一	25年11月30日	日	雞
十月十二	25年12月1日	一	狗
十月十七	25年12月6日	六	兔
十月廿一	25年12月10日	三	羊

農曆	西曆	星期	沖
十一月初三	25年12月22日	一	羊
十一月十五	26年1月3日	六	羊
十一月十九	26年1月7日	三	豬
十一月廿二	26年1月10日	六	虎
十一月廿三	26年1月11日	日	兔
十一月廿八	26年1月16日	五	猴

農曆	西曆	星期	沖
十二月初五	26年1月23日	五	兔
十二月十三	26年1月31日	六	豬
十二月十九	26年2月6日	五	蛇
十二月二十	26年2月7日	六	馬
十二月廿四	26年2月11日	三	狗
十二月廿六	26年2月13日	五	鼠

第八章　乙巳蛇年

增強運勢方法大揭秘及每月開運錦囊（增強賭運）

增加財運有妙法

每天起床時可第一時間觀察鼻頭及手掌顏色，鼻子象徵「財帛宮」，鼻頭光澤明亮，則代表當日財運不俗，再加上掌色偏白或粉紅色代表財運較好，有幸運得財之意，對財運有正面幫助，可在當日投資、與他人合作、進行決策等等。

相反若鼻頭出現紅腫、黑頭、顏色灰暗或露出鼻毛，則代表當日財運不佳，容易出現破財，投資方面不宜太過進取。再加上手掌顏色較紅，即代表辛苦得財，不宜進行任何投資、合作、商業決策等。

其中每年的立春（新曆2月3日）、立夏（新曆5月5日）、立秋（新曆8月7日）及立冬（新曆11月7日）的氣色最為重要，可作為參照未來數月運勢的指標。

十二項增強運勢方法：

1. 孝敬父母。
2. 多做善事（修橋鋪路、賑濟救災、幫助有需要人士、做義工）。
3. 上午九點至下午三點曬太陽（適合秋、冬天出生人士）
4. 行山接觸大自然（合秋、冬天出生人士）。
5. 接觸高能量的人，保持正面樂觀態度。
6. 收拾家務，扔掉沒用的東西。
7. 挑選合適的理髮吉日，可參考書中《通勝》的部份。
8. 祭拜先人，春秋二祭（清明及重陽祭祖。）
9. 多抱抱嬰兒。
10. 去湖邊餵魚（合春、夏天出生人士）。
11. 把不穿的衣服捐出去。
12. 定期做運動。

生活改運方法

命運與生活息息相關，很多時專業的玄學家會根據客人的八字，為客人進行詳細分析，從而提出從生活中可以做到的改運方法，筆者稱為「生活改運法」。由於未能為各讀者親身批算八字，故以季節作為區分命中所喜之五行，（一般分析八字必須透過專業的命理師，因八字有千萬種組合，可從扶抑、通關、調候等方面著手）。

命格【缺金】之人

假設出生在春季的朋友，即出生在正月、農曆二月及農曆三月（月支為寅、卯、辰者），其人命格木重缺金。

幸運顏色：白色、金色及銀色

幸運數字：4、9

幸運方位：正西

日常改運法：多去金店、琴行、健身室、卡拉OK、演唱會

適合佩戴的飾物：黃金、白金、純銀等

適合移民的地區：英國、美國

命格【缺水】之人

假設出生在夏季的朋友，即農曆四月、農曆五及農曆六月（月支為巳、午、未者），其人命格火重缺水。

幸運顏色：黑色、藍色、灰色

幸運數字：1、6

幸運方位：正北

日常改運法：多去游泳池、海灘、水族館、咖啡店、家中或公司養魚（建議邀請專業風水師到家中勘察環境，才決定在那一個方位設置魚缸）

適合佩戴的飾物：黑碧璽、黑髮晶、藍寶石

適合移民的地區：北京、俄羅斯

命格【缺木】之人

假設出生在秋季的朋友，即農曆七月、農曆八月及農曆九月（月支為申、酉、戌者），其人命格金重缺木。

幸運顏色：綠色、青色

幸運數字：3、8

幸運方位：正東

日常改運法：多去花店、花墟、書店、傢俬店、家中或辦公室可種植植物（建議邀請專業風水師到家中勘察環境，才決定在那一個方位擺放風水植物）

適合佩戴的飾物：綠幽靈、綠寶石、翡翠、綠髮晶、綠碧璽

適合移民的地區：上海、台灣、日本

命格【缺火】之人

假設出生在冬季的朋友，即農曆十月、農曆十一月及農曆十二月（月支為亥、子、丑者），其人命格水重缺火。

幸運顏色：紅色、紫色、橙色、粉紅色

幸運數字：2、7

幸運方位：正南

日常改運法：多去電器舖、燈飾店、馬場、燒烤場、烤肉店

適合佩戴的飾物：紅寶石、紅瑪瑙、紫水晶

適合移民的地區：澳洲、新加坡、馬來西亞、泰國

每月開運錦囊

喜歡博彩的讀者，除了透過日常生活習慣改運外，亦可以用通勝查看每日運程或參考以下每月開運錦囊，以加強自己的運勢，增加中獎機會，適用於賽馬、球賽、麻將、六合彩，甚至洽談生意等。

以下的資料亦可從通勝找到：

幸運顏色：在當日穿上幸運顏色的衣物，或選穿了幸運顏色衣服的騎師或球隊。

幸運數字：六合彩或賽馬號碼。

幸運生肖：看看自己是否的幸運生肖，或與幸運生肖的朋友合注，或選擇幸運生肖的騎師或練馬師。（見262頁及通勝）

沖生肖：如自己在當日沖生肖，便不宜下注。

財位：留意當日的家中財位，可在這位置下注，或打麻將時選坐該位置。

農曆正月（新曆2月3日至3月4日）	
本月幸運顏色	黃色、啡色
本月幸運數字	5、10
本月財位方向	西南
本月最佳財運頭三名生肖	第一名生肖為馬 第二名生肖為狗 第三名生肖為豬
開運風水	西南位置可擺放八個金元寶，有助催財。
注意事項	本月五黃災星及二黑病符星分別飛入東北及中宮位置，因此東北及中宮位置切忌擺放紅色、黃色、紫色、啡色、橙色物品，以免引致疾病及災禍。

農曆二月（新曆3月5日至4月3日）

本月幸運顏色	綠色、青色、啡色
本月幸運數字	3、8、5
本月財位方向	正東
本月最佳財運頭三名生肖	第一名生肖為狗 第二名生肖為羊 第三名生肖為豬
開運風水	東南位置可擺放九粒紫水晶，有助催財。
注意事項	本月五黃災星及二黑病符星分別飛入正南及西北位置，因此正南及西北位置切忌擺放紅色、黃色、紫色、啡色、橙色物品，以免引致疾病及災禍。

農曆三月（新曆4月4日至5月4日）

本月幸運顏色	白色、金色
本月幸運數字	4、5、9
本月財位方向	中宮
本月最佳財運頭三名生肖	第一名生肖為雞 第二名生肖為鼠 第三名生肖為猴
開運風水	中宮位置可擺放九枝去刺玫瑰花，有助催喜事，例如升職、加薪。
注意事項	本月五黃災星及二黑病符星分別飛入正北及正西位置，因此正北及正西位置切忌擺放紅色、黃色、紫色、啡色、橙色物品，以免引致疾病及災禍。

農曆四月（新曆5月5日至6月4日）

本月幸運顏色	金色、銀色
本月幸運數字	4、7、9
本月財位方向	中宮
本月最佳財運頭三名生肖	第一名生肖為雞 第二名生肖為牛 第三名生肖為猴
開運風水	中宮位置可擺放八個金元寶，有助催財。
注意事項	本月五黃災星及二黑病符星分別飛入西南及東北位，因此西南及東北位置切忌擺放紅色、黃色、紫色、啡色、橙色物品，以免引致疾病及災禍。

農曆五月（新曆6月5日至7月6日）

本月幸運顏色	綠色、紅色
本月幸運數字	3、8、9
本月財位方向	東南
本月最佳財運頭三名生肖	第一名生肖為狗 第二名生肖為羊 第三名生肖為虎
開運風水	東南位置可擺放六個金元寶，有助催偏財。
注意事項	本月五黃災星及二黑病符星分別飛入正東及正南位置，因此正東及正南位置切忌擺放紅色、黃色、紫色、啡色、橙色物品，以免引致疾病及災禍。

農曆六月（新曆7月7日至8月6日）

本月幸運顏色	黃色、青色
本月幸運數字	5、8、10
本月財位方向	正西
本月最佳財運頭三名生肖	第一名生肖為兔 第二名生肖為馬 第三名生肖為豬
開運風水	正南位置可擺放一杯水，有助事業發展及貴人運。
注意事項	本月五黃災星及二黑病符星分別飛入東南及正北位置，因此位置切忌擺放紅色、黃色、紫色、啡色、橙色物品，以免引致疾病及災禍。

農曆七月（新曆8月7日至9月6日）

本月幸運顏色	黑色、藍色
本月幸運數字	1、6
本月財位方向	東北
本月最佳財運頭三名生肖	第一名生肖為龍 第二名生肖為鼠 第三名生肖為蛇
開運風水	正北位置可擺放六枝水種富貴竹，有助名氣運及事業發展。
注意事項	本月五黃災星及二黑病符星分別飛入中宮及西南位置，因此中宮及西南位置切忌擺放紅色、黃色、紫色、啡色、橙色物品，以免引致疾病及災禍。

農曆八月（新曆9月7日至10月7日）

本月幸運顏色	白色、藍色、灰色
本月幸運數字	1、4、9
本月財位方向	正北
本月最佳財運頭三名生肖	第一名生肖為牛 第二名生肖為龍 第三名生肖為蛇
開運風水	西南位置可擺放一杯水，有助事業發展及人際關係。
注意事項	本月五黃災星及二黑病符星分別飛入西北及正東位置，因此西北及正東位置切忌擺放紅色、黃色、紫色、啡色、橙色物品，以免引致疾病及災禍。

農曆九月（新曆10月8日至11月6日）

本月幸運顏色	啡色、紫色
本月幸運數字	2、5、9
本月財位方向	正北
本月最佳財運頭三名生肖	第一名生肖為兔 第二名生肖為馬 第三名生肖為虎
開運風水	西北位置可擺放四枝水種富貴竹及九層文昌塔，有助升職、加薪。
注意事項	本月五黃災星及二黑病符星分別飛入正西及東南位置，因此正西及東南位置切忌擺放紅色、黃色、紫色、啡色、橙色物品，以免引致疾病及災禍。

農曆十月（新曆11月7日至12月6日）

本月幸運顏色	黃色、啡色、藍色
本月幸運數字	1、5、6
本月財位方向	西南
本月最佳財運頭三名生肖	第一名生肖為羊 第二名生肖為兔 第三名生肖為虎
開運風水	西南位置可擺放八粒石春在水中，有助催財。
注意事項	本月五黃災星及二黑病符星分別飛入東北及中宮位置，因此東北及中宮位置切忌擺放紅色、黃色、紫色、啡色、橙色物品，以免引致疾病及災禍。

農曆十一月（新曆12月7日至26年1月4日）

本月幸運顏色	紅色、紫色
本月幸運數字	2、7、9
本月財位方向	東南
本月最佳財運頭三名生肖	第一名生肖為牛 第二名生肖為龍 第三名生肖為猴
開運風水	東南位置可擺放九粒紫水晶，有助催財。
注意事項	本月五黃災星及二黑病符星分別飛入正南及西北位置，因此正南及西北位置切忌擺放紅色、黃色、紫色、啡色、橙色物品，以免引致疾病及災禍。

農曆十二月（新曆26年1月5日至2月3日）

本月幸運顏色	黃色、啡色、紅色
本月幸運數字	2、5、7
本月財位方向	中宮
本月最佳財運頭三名生肖	第一名生肖為雞 第二名生肖為鼠 第三名生肖為蛇
開運風水	中宮位置可擺放九枝去刺玫瑰花，有助催喜事，例如升職、加薪。
注意事項	本月五黃災星及二黑病符星分別飛入正北及正西位置，因此正北及正西位置切忌擺放紅色、黃色、紫色、啡色、橙色物品，以免引致疾病及災禍。

練馬師每月運程

#馬迷可以參考練馬師運勢去投注

四月	三月	二月	正月	農曆 / 練馬師
♥	♥♥♥	♡	♡	蔡約翰
♡	♡	♥♥	♥	羅富全
♡	♥	♥♥	♥♥	姚本輝
♡	♡	♥	♥	呂建威
♥♥	♥	♥	♥	方嘉柏
♥♥	♥♥	♥	♥	告東尼
♥♥	♡	♥	♥	沈集成
♥	♡	♥♥	♥♥	文家良
♥♥	♥	♡	♡	伍鵬志
♥♥♥	♥♥	♥♥	♥♥	韋達
♥	♥	♡	♡	大衛希斯
♡	♡	♥	♥	黎昭昇
♥	♥	♡	♡	賀賢
♥♥	♥♥	♥	♥	蘇偉賢
♥♥	♥♥	♥	♥	容天鵬
♥	♡	♥♥	♥♥	丁冠豪
♥	♥	♡	♡	葉楚航
♥♥	♥♥	♥♥	♥♥	鄭俊偉
♥♥	♡	♥	♥	廖康銘
♡	♡	♥	♥	徐雨石
♥	♥	♥	♥	巫偉傑

♥♥♥ ＝大吉

♥♥ ＝中吉

♥ ＝小吉

♡ ＝一般

十二月	十一月	十月	九月	八月	七月	六月	五月
♥	♥♥	♥	♥	♥	♥♥	♡	♡
♥♥	♥	♥	♥♥	♥	♥	♥	♡
♥	♥	♥	♡	♥	♥	♥	♥
♡	♥♥	♥♥	♥	♥	♥	♥	♥
♥♥♥	♥	♥♥	♥♥♥	♡	♡	♥	♥♥♥
♥♥	♥♥	♡	♥	♡	♡	♥	♥
♡	♡	♥	♥	♥	♥	♥	♥♥
♥	♥♥	♥♥	♥	♡	♥	♥	♥
♡	♡	♥	♡	♥♥	♥	♡	♡
♥♥♥	♥	♥	♥	♡	♡	♥	♥♥
♡	♥♥	♥♥	♥	♥♥	♥♥	♥	♥
♥	♥	♥♥♥	♥	♥	♥	♥	♥♥
♡	♥♥	♥♥	♡	♥	♥	♥	♥
♥♥♥	♡	♥	♥	♡	♡	♥	♥
♥♥	♥	♡	♥	♡	♡	♥♥	♡
♥♥	♥	♥	♥♥	♥	♥	♥	♥
♡	♥	♥	♡	♥	♥	♥	♥
♥♥♥	♥	♥	♥♥♥	♡	♡	♥♥	♥♥
♡	♡	♥♥	♥♥	♥	♥	♥	♥♥
♡	♥	♥♥	♥	♡	♡	♡	♥
♥♥♥	♥♥	♥	♥♥♥	♡	♡	♥	♥

騎師及練馬師生肖對照表

#「通勝」列明每天頭三位幸運的生肖，以下是騎師及練馬師的生肖可作參考。

練馬師	生肖
蔡約翰	馬
羅富全	馬
告東尼	猴
呂健威	狗
沈集成	鼠
姚本輝	雞
方嘉柏	羊
大衛希斯	虎
容天鵬	狗
韋達	豬
丁冠豪	鼠
文家良	雞
蘇偉賢	猴
伍鵬志	豬
賀賢	兔
葉楚航	羊
廖康銘	猴
徐雨石	鼠
巫偉傑	蛇
鄭俊偉	牛
黎昭昇	蛇

騎師	生肖
潘頓	狗
田泰安	馬
蔡明紹	馬
何澤堯	馬
布文	猴
巴度	蛇
梁家俊	龍
潘明輝	雞
周俊樂	龍
薛恩	兔
馬雅	龍
波健士	雞
班德禮	猴
鍾易禮	鼠
賀銘年	羊
霍宏聲	蛇
陳嘉熙	狗
楊明綸	龍
巫顯東	雞
希威森	牛
黃俊	雞
黎海榮	豬
嘉里	雞
黃皓楠	雞
麥道朗	羊
艾兆禮	羊
黃智弘	龍
董明朗	雞
湯普新	鼠

第九章　乙巳蛇年

通勝

西曆月日	農曆	星期	干支	宜	忌	幸運生肖	幸運數字	財位	幸運顏色	財運指數	是日吉時	沖
1 29	農曆年初一	日	戊戌	諸事皆宜		虎 兔 馬	8 3	正北	啡 青	♡	子平丑吉寅凶卯吉 辰凶巳平午吉未凶 申吉酉平戌凶亥平	龍
1 30	農曆年初二	一	己亥	納采訂盟 祭祀祈福 求嗣齋醮	嫁娶合帳 入宅行喪 安葬	虎 兔 羊	6 3 1	正南	藍 綠 黑	♥	子平丑平寅吉卯平 辰吉巳平午凶未吉 申凶酉吉戌吉亥凶	蛇
1 31	農曆年初三	二	庚子	祭祀祈福 求嗣沐浴 問名交易	入宅置產 嫁娶動土 栽種開光	牛 龍 猴	0 6 5	正東	黑 黃 啡	♥	子凶丑吉寅平卯平 辰平巳平午凶未凶 申吉酉吉戌凶亥平	馬
2 1	正月初四	三	辛丑	祭祀解除 會親友 餘事勿取	嫁娶入宅 出行動土 破土安葬	鼠 雞 蛇	0 5	正北	啡 黃	♡	子平丑吉寅吉卯吉 辰平巳吉午吉未凶 申吉酉凶戌凶亥吉	羊

選取吉日辦事前，請先參閱**【時辰對照表】**

時辰對照表

時辰	時間
子時	23:00 至 01:00
丑時	01:00 至 03:00
寅時	03:00 至 05:00
卯時	05:00 至 07:00
辰時	07:00 至 09:00
巳時	09:00 至 11:00
午時	11:00 至 13:00
未時	13:00 至 15:00
申時	15:00 至 17:00
酉時	17:00 至 19:00
戌時	19:00 至 21:00
亥時	21:00 至 23:00

西曆月日	農曆	星期	干支	宜	忌	幸運生肖	幸運數字	財位	幸運顏色	財運指數	是日吉時	沖
2 2	正月初五	日	壬寅	嫁娶開光 解除出火 拆卸修造	作灶安葬 祭祀開市 訂盟出行	狗 豬 馬	3 8 9	正南	白 綠 金	♡	子平丑吉寅吉卯吉 辰平巳平午平未凶 申凶酉平戌凶亥平	猴
2 3	立春	一	癸卯	出行起基 安床納財 交易立券	掛匾入宅 上樑祈福 詞訟作樑	豬 狗 羊	4 9	西北	白 金 銀	♥♥	子吉丑平寅吉卯吉 辰平巳平午平未凶 申凶酉凶戌吉亥凶	雞
2 4	正月初七	二	甲辰	嫁娶開光 求嗣會親友 安床針灸	入宅移徙 出火安香 作灶開市	鼠 雞 猴	5 9	東北	紅 紫 啡	♥♥♥	子吉丑吉寅平卯平 辰吉巳平午凶未吉 申凶酉吉戌凶亥凶	狗
2 5	正月初八	三	乙巳	作灶解除 平治道塗	栽種出行 祈福行喪 安葬安門	牛 猴 雞	2 7	西北	紅 紫	♡	子吉丑吉寅平卯平 辰平巳凶午平未平 申凶酉吉戌吉亥凶	豬
2 6	正月初九	四	丙午	解除沐浴	諸事不宜	羊 狗 虎	1 2 9	正西	紅 藍 紫	♥♥♥	子凶丑平寅平卯平 辰凶巳吉午吉未平 申凶酉吉戌吉亥凶	鼠
2 7	正月初十	五	丁未	嫁娶祭祀 祈福出行 解除出火	開市立券 理髮作灶	馬 豬 兔	1 5 0	正東	黃 啡 黑	♡	子平丑凶寅平卯凶 辰平巳吉午吉未吉 申凶酉吉戌平亥凶	牛
2 8	正月十一	六	戊申	祭祀解除 治病破屋 壞垣掃舍	餘事勿取	鼠 蛇 龍	4 5 9	正北	白 金 黃	♥♥♥	子平丑吉寅凶卯平 辰吉巳吉午平未吉 申凶酉平戌平亥凶	虎

西曆月日	農曆	星期	干支	宜	忌	幸運生肖	幸運數字	財位	幸運顏色	財運指數	是日吉時	沖
2/9	正月十二	日	己酉	祭祀祈福 求嗣開光 出行拆卸	嫁娶作灶 安床	龍 牛 蛇	4 0	西南	金 銀	♥	子吉丑凶寅平卯凶 辰吉巳吉午吉未吉 申凶酉平戌平亥凶	兔
2/10	正月十三	一	庚戌	結網入殮 除服成服 移柩安葬	諸事不宜	兔 虎 馬	4 5 0	正東	金 銀 黃	♥	子凶丑吉寅平卯平 辰凶巳平午吉未吉 申凶酉平戌凶亥	龍
2/11	正月十四	二	辛亥	移徙祭祀 開光祈福 出行解除	嫁娶安葬 破土作樑 納畜牧養	虎 兔 羊	1 4 6	西南	黑 藍 白	♥	子平丑吉寅吉卯吉 辰平巳凶午吉未吉 申凶酉凶戌吉亥凶	蛇
2/12	正月十五	三	壬子	嫁娶開光 祈福求嗣 解除動土	入宅作灶 伐木安葬 出火出行	牛 龍 猴	3 4 6	正南	灰 藍 黑	♥	子吉丑吉寅吉卯吉 辰吉巳吉午凶未吉 申凶酉平戌平亥凶	馬
2/13	正月十六	四	癸丑	祭祀合帳 裁衣作樑 安床作灶	詞訟出火 入宅	鼠 蛇 雞	3 4 8	東北	青 綠 啡	♡	子吉丑吉寅平卯平 辰吉巳吉午平未凶 申凶酉吉戌吉亥凶	羊
2/14	正月十七	五	甲寅	裁衣伐木 作樑納財 交易立券	諸事不宜	豬 馬 狗	1 3 8	東北	綠 青 黑	♡	子平丑平寅吉卯平 辰吉巳平午凶未吉 申凶酉吉戌吉亥凶	猴
2/15	正月十八	六	乙卯	嫁娶祭祀 祈福求嗣 開光出行	／	狗 羊 豬	1 3 6	正西	灰 青 藍	♥	子平丑平寅吉卯吉 辰平巳凶午平未吉 申凶酉凶戌吉亥凶	雞

西曆月日	農曆	星期	干支	宜	忌	幸運生肖	幸運數字	財位	幸運顏色	財運指數	是日吉時	沖
2 16	正月十九	日	丙辰	嫁娶納采 出行上樑 祭祀安床	入宅作灶 治病安葬 移徙	雞 猴 鼠	5 0	正西	黃 啡	♥♥	子凶丑凶寅吉卯凶 辰吉巳吉午凶未凶 申凶酉吉戌凶亥吉	狗
2 17	正月二十	一	丁巳	修飾垣牆 平治道塗 祭祀	諸事不宜	猴 雞 牛	5 7 9	正西	紅 啡	♥	子凶丑吉寅凶卯凶 辰吉巳凶午吉未吉 申凶酉凶戌吉亥凶	豬
2 18	雨水	二	戊午	納采訂盟 祭祀祈福 求嗣移徙	開光蓋屋 動土作灶 栽種	虎 羊 狗	2 7 9	東南	紅 紫	♡	子凶丑吉寅凶卯吉 辰凶巳凶午吉未凶 申凶酉吉戌凶亥凶	鼠
2 19	正月廿二	三	己未	動土入殮 嫁娶移柩 安葬破土	開市作灶 安床入宅 上樑裁衣	豬 兔 馬	2 5 0	正北	黃 紅 啡	♡	子凶丑凶寅吉卯吉 辰凶巳吉午凶未凶 申凶酉凶戌吉亥吉	牛
2 20	正月廿三	四	庚申	求醫治病 破屋壞垣 餘事勿取	開市嫁娶	龍 鼠 蛇	3 8 9	正東	綠 青 白	♥	子吉丑吉寅凶卯凶 辰吉巳吉午凶未吉 申凶酉凶戌吉亥凶	虎
2 21	正月廿四	五	辛酉	祭祀齋醮 沐浴開生墳 破土安葬	開市嫁娶 安床入宅 作灶上樑	蛇 龍 牛	3 4 8	正東	白	♥♥	子吉丑凶寅吉卯凶 辰凶巳凶午吉未吉 申凶酉吉戌凶亥凶	兔
2 22	正月廿五	六	壬戌	祭祀塞穴 安葬移柩 除服	嫁娶入宅	馬 兔 虎	1 6	正南	黑 藍	♡	子凶丑凶寅吉卯凶 辰凶巳吉午凶未凶 申凶酉吉戌凶亥吉	龍

西曆月日	農曆	星期	干支	宜	忌	幸運生肖	幸運數字	財位	幸運顏色	財運指數	是日吉時	沖
2 23	正月廿六	日	癸亥	祭祀沐浴 理髮作灶 結網栽種	嫁娶詞訟 行喪安葬 牧養作樑	羊 兔 虎	6 7	正南	藍 灰	♡	子平丑平寅吉卯吉 辰吉巳凶午吉未凶 申凶酉平戌吉亥凶	蛇
2 24	正月廿七	一	甲子	嫁娶祭祀 開光祈福 求嗣出行	入宅安葬 伐木作樑 納畜作灶	猴 龍 牛	4 7 0	東北	白 金 銀	❤	子吉丑吉寅吉卯平 辰吉巳平午凶未吉 申凶酉平戌平亥凶	馬
2 25	正月廿八	二	乙丑	祭祀祈福 求嗣納畜 入殮啟鑽	栽種開光 出行針灸 嫁娶入宅	蛇 雞 鼠	4 5 9	東北	白 黃 啡	❤	子吉丑吉寅吉卯吉 辰平巳凶午平未凶 申凶酉吉戌平亥凶	羊
2 26	正月廿九	三	丙寅	開光解除 上樑交易 立券入殮	入宅出行 移徙祭祀 嫁娶動土	狗 豬 馬	7 9	正西	綠 青 紅	❤❤❤	子吉丑平寅平卯吉 辰凶巳平午吉未平 申凶酉吉戌平亥凶	猴
2 27	正月三十	四	丁卯	祭祀祈福 求嗣開光 嫁娶出行	移徙入宅 出火作灶 掘井	豬 狗 羊	2 7	正西	紅 紫 青	❤❤❤	子平丑平寅吉卯凶 辰平巳吉午吉未吉 申凶酉凶戌平亥凶	雞
2 28	二月初一	五	戊辰	安床安機械 祭祀祈福 求嗣	嫁娶開市 動土作灶 安葬	鼠 雞 猴	3 5 8	正北	青 啡	❤	子平丑吉寅凶卯吉 辰平巳吉午平未吉 申凶酉吉戌凶亥凶	狗
3 1	二月初二	六	己巳	作灶解除 平治道塗 餘事勿取	祭祀祈福 安葬安門	牛 猴 雞	3 7 8	正西	紅	❤	子吉丑凶寅吉卯平 辰平巳平午吉未吉 申凶酉平戌平亥凶	豬

西曆月日	農曆	星期	干支	宜	忌	幸運生肖	幸運數字	財位	幸運顏色	財運指數	是日吉時	沖
3 2	二月初三	日	庚午	嫁娶祭祀 冠笄置產 修飾垣牆	經絡探病 蓋屋作灶 動土	羊 狗 虎	2 7 9	正東	紅 黃 啡	♥♥♥	子凶丑吉寅吉卯平 辰平巳平午吉未吉 申凶酉吉戌凶亥凶	鼠
3 3	二月初四	一	辛未	嫁娶祭祀 祈福修造 動土移徙	開市入宅 齋醮	馬 豬 兔	5 0	東南	黃 啡	♡	子平丑凶寅吉卯吉 辰平巳吉午吉未平 申凶酉凶戌平亥凶	牛
3 4	二月初五	二	壬申	祭祀沐浴 理髮掃舍 破屋壞垣	嫁娶安葬	鼠 蛇 龍	4 9	正南	白 金 銀	♥	子吉丑吉寅凶卯吉 辰吉巳吉午平未吉 申凶酉吉戌平亥凶	虎
3 5	驚蟄	三	癸酉	納采訂盟 祭祀祈福 安香出火	安床作灶 造船會親友	龍 牛 蛇	4 9 0	正南	金 銀	♥	子吉丑吉寅吉卯凶 辰吉巳吉午平未凶 申吉酉凶戌平亥凶	兔
3 6	二月初七	四	甲戌	祭祀開光 塑繪納采 裁衣拆卸	開光出貨財	兔 虎 馬	2 7 9	東北	紫	♥	子平丑吉寅吉卯吉 辰凶巳吉午凶未吉 申平酉凶戌平亥凶	龍
3 7	二月初八	五	乙亥	祭祀開光 塑繪納采 裁衣拆卸	嫁娶栽種 伐木安葬	虎 兔 羊	1 2 9	正南	黑 藍 灰	♥	子吉丑吉寅吉卯吉 辰平巳凶午平未吉 申平酉凶戌平亥凶	蛇
3 8	二月初九	六	丙子	裁衣合帳 冠笄嫁娶 安床入殮	作灶開市 安葬作樑	牛 龍 猴	1 6	正西	黑	♥♥	子吉丑吉寅平卯平 辰凶巳吉午凶未平 申平酉凶戌吉亥凶	馬

西曆月日	3/9	3/10	3/11	3/12	3/13	3/14	3/15
農曆	二月初十	二月十一	二月十二	二月十三	二月十四	二月十五	二月十六
星期	日	一	二	三	四	五	六
干支	丁丑	戊寅	己卯	庚辰	辛巳	壬午	癸未
宜	祭祀訂盟 納采修造 動土祈福	訂盟納采 裁衣安機械 拆卸安床	祭祀出行 嫁娶安床 入殮移柩	塞穴 諸事不宜	開光塑繪 求嗣納采 裁衣安機械	祭祀嫁娶 納婿安葬	安葬立碑 開光塑繪 入學出行
忌	作灶安葬 開市蓋屋	祭祀開光 嫁娶入宅	掘井動土 作灶栽種	安門作灶 安葬嫁娶	出行齋醮 安葬嫁娶	栽種蓋屋 作灶入宅	伐木作樑
幸運生肖	雞蛇鼠	狗馬豬	豬羊狗	鼠猴雞	牛雞猴	狗羊虎	馬兔豬
幸運數字	0 5 1	9 5 4	8 3	0 5 4	7 4 2	7 4 2	0 5 3
財位	正北	正北	西北	正東	西北	正南	正東
幸運顏色	黑啡黃	綠啡黃	青綠	啡黃白	金紅	綠青紅	黃綠青
財運指數	❤	❤❤❤	❤	❤	❤	❤	❤
是日吉時	子吉丑平寅平卯凶 辰平巳吉午吉未凶 申平酉凶戌平亥凶	子平丑吉寅凶卯吉 辰吉巳吉午吉未吉 申凶酉凶戌平亥凶	子吉丑凶寅吉卯吉 辰平巳平午吉未吉 申平酉凶戌平亥凶	子凶丑吉寅吉卯平 辰吉巳吉午吉未吉 申平酉凶戌凶亥凶	子平丑吉寅吉卯平 辰平巳吉午吉未吉 申平酉凶戌吉亥凶	子凶丑吉寅吉卯吉 辰平巳吉午平未吉 申凶酉凶戌平亥凶	子吉丑凶寅吉卯吉 辰平巳吉午吉未凶 申平酉凶戌吉亥凶
沖	羊	猴	雞	狗	豬	鼠	牛

西曆月日	農曆	星期	干支	宜	忌	幸運生肖	幸運數字	財位	幸運顏色	財運指數	是日吉時	沖
3 16	二月十七	日	甲申	嫁娶拆卸 動土移徙 入殮	入宅安門	蛇 鼠 龍	6 1	東北	藍 黑	♥♥♥	子吉丑吉寅凶卯平 辰吉巳吉午凶未吉 申吉酉凶戌平亥凶	虎
3 17	二月十八	一	乙酉	祭祀治病 破屋壞垣 餘事勿取	諸事不宜	牛 龍 蛇	9 4 1	西南	銀 金 白	♥♥♥	子吉丑吉寅吉卯凶 辰吉巳凶午平未平 申吉酉凶戌平亥凶	兔
3 18	二月十九	二	丙戌	立券交易 開市移徙 修造動土	開光作灶 齋醮安葬	虎 兔 馬	0 5	正西	黃 啡	♡	子吉丑平寅吉卯吉 辰凶巳吉午平未平 申吉酉凶戌吉亥凶	龍
3 19	二月二十	三	丁亥	立券交易 掛匾祭祀 祈福開光	嫁娶行喪 架馬作樑 理髮牧養	虎 兔 羊	0 5 1	西南	黃 藍 灰	♥	子平丑吉寅吉卯凶 辰平巳凶午吉未吉 申平酉凶戌吉亥凶	蛇
3 20	春分	四	戊子	理髮冠笄 嫁娶進人口	置產伐木 納畜安葬 破土作樑	牛 龍 猴	9 7 2	正北	紫 紅	♥	子平丑吉寅凶卯吉 辰吉巳吉午凶未平 申吉酉凶戌平亥凶	馬
3 21	二月廿二	五	己丑	嫁娶祭祀 開光祈福 求嗣出火	合帳開市 安葬入殮	鼠 雞 蛇	7 5 2	東北	啡 紅 黃	♥♥♥	子吉丑凶寅吉卯吉 辰平巳吉午平未凶 申吉酉凶戌平亥凶	羊
3 22	二月廿三	六	庚寅	安床伐木 拆卸修造 動土上樑	嫁娶祭祀 開光出行 出火移徙	馬 豬 狗	8 3	正東	青 綠	♥♥♥	子凶丑吉寅吉卯吉 辰吉巳平午平未平 申凶酉凶戌凶亥凶	猴

西曆月日	農曆	星期	干支	宜	忌	幸運生肖	幸運數字	財位	幸運顏色	財運指數	是日吉時	沖
3 23	二月廿四	日	辛卯	祭祀祈福 求嗣齋醮 嫁娶冠笄	祈福動土 移徙入宅	豬 狗 羊	3 4 8	正西	綠 青	♡	子平丑平寅吉卯吉 辰平巳吉午吉未平 申平酉凶戌吉亥凶	雞
3 24	二月廿五	一	壬辰	塞穴解除 捕捉畋獵 整手足甲	嫁娶作灶 掘井安葬	鼠 雞 猴	1 5 6	正南	黑 藍 啡	♥♥	子平丑吉寅吉卯吉 辰平巳吉午平未平 申凶酉凶戌凶亥凶	狗
3 25	二月廿六	二	癸巳	納財開市 立券交易 開光安床	動土破土 安葬行喪 赴任出行	牛 猴 雞	2 6 7	正西	紅 黑 紫	♥	子吉丑平寅平卯吉 辰吉巳吉午平未凶 申吉酉凶戌吉亥凶	豬
3 26	二月廿七	三	甲午	祭祀祈福 嫁娶置產 修飾垣牆	開倉出貨財 蓋屋作灶 開市交易	羊 狗 虎	4 7 9	東北	白 金 紅	♡	子凶丑吉寅吉卯平 辰平巳平午凶未吉 申平酉凶戌平亥凶	鼠
3 27	二月廿八	四	乙未	嫁娶祭祀 開光祈福 求嗣出行	動土伐木 安葬行喪	馬 豬 兔	4 5 0	東南	黃 白 金	♡	子吉丑凶寅吉卯吉 辰平巳凶午平未平 申吉酉凶戌吉亥凶	牛
3 28	二月廿九	五	丙申	嫁娶開光 祭祀祈福 求嗣出行	開市交易 作灶納財 上樑安床	鼠 蛇 龍	2 4 9	正西	白 紅	♥♥♥	子吉丑吉寅凶卯平 辰凶巳吉午平未吉 申吉酉凶戌吉亥凶	虎
3 29	三月初一	六	丁酉	破屋壞垣 求醫治病 餘事勿取	開光嫁娶	龍 牛 蛇	4 7	正南	紅 紫 金	♥	子平丑吉寅平卯凶 辰平巳平午吉未吉 申平酉凶戌平亥凶	兔

西曆月日	農曆	星期	干支	宜	忌	幸運生肖	幸運數字	財位	幸運顏色	財運指數	是日吉時	沖
3 30	三月初二	日	戊戌	交易立券 安床安葬 移柩破土	嫁娶開光 作灶	馬 兔 虎	3 8	正北	青 啡	♡	子平丑吉寅凶卯吉 辰凶巳平午吉未吉 申吉酉凶戌平亥凶	龍
3 31	三月初三	一	己亥	祭祀祈福 求嗣齋醮 沐浴開光	嫁娶定磉 合壽木安葬 行喪	羊 兔 虎	1 3 6	正南	黑 綠 藍	♥	子吉丑凶寅吉卯吉 辰平巳凶午吉未吉 申吉酉凶戌平亥凶	蛇
4 1	三月初四	二	庚子	納財交易 立券栽種 捕捉結網	入宅蓋屋 豎柱安葬	猴 龍 牛	5 6 0	正東	啡 黃 黑	♥	子凶丑吉寅平卯平 辰平巳平午凶未吉 申吉酉凶戌凶亥凶	馬
4 2	三月初五	三	辛丑	訂盟納采 祭祀祈福 出行修造	開市交易 合帳安葬	蛇 雞 鼠	5 0	正北	黃 啡	♡	子平丑吉寅吉卯吉 辰平巳吉午吉未凶 申吉酉凶戌平亥凶	羊
4 3	三月初六	四	壬寅	立券交易 修造動土 安機械	嫁娶祈福 出火入宅	狗 豬 馬	3 8 9	正南	白 綠 金	♡	子平丑吉寅吉卯吉 辰平巳平午平未吉 申凶酉凶戌吉亥凶	猴
4 4	清明節	五	癸卯	祭祀會親友 出行立券 交易冠笄	嫁娶動土 掘井起基 定磉破土	豬 狗 羊	4 9	西北	白 金 銀	♥♥	子吉丑平寅吉卯吉 辰平巳平午平未凶 申平酉凶戌凶亥凶	雞
4 5	三月初八	六	甲辰	出行 修飾垣牆 餘事勿取	諸事不宜	鼠 雞 猴	5 9	東北	紅 紫 啡	♥♥♥	子吉丑吉寅平卯平 辰吉巳平午凶未吉 申平酉吉戌凶亥凶	狗

西曆月日	農曆	星期	干支	宜	忌	幸運生肖	幸運數字	財位	幸運顏色	財運指數	是日吉時	沖
4 6	三月初九	日	乙巳	祭祀祈福 開光求嗣 解除伐木	嫁娶納財 安葬出行 開市立券	雞 猴 牛	7 2	西北	紫 紅	♡	子吉丑吉寅平卯平 辰平巳凶午平未平 申吉酉吉戌凶亥凶	豬
4 7	三月初十	一	丙午	納采嫁娶 開光出行 理髮開市	謝土祈福 上樑作灶 齋醮修造	虎 狗 羊	9 2 1	正西	紫 藍 紅	♥♥♥	子凶丑平寅平卯平 辰凶巳吉午吉未平 申吉酉吉戌凶亥凶	鼠
4 8	三月十一	二	丁未	平治道塗 修飾垣牆 餘事勿取	諸事不宜	兔 豬 馬	0 5 1	正東	黑 啡 黃	♡	子平丑凶寅平卯凶 辰平巳吉午吉未吉 申平酉吉戌凶亥凶	牛
4 9	三月十二	三	戊申	祭祀祈福 開光解除 動土納財	出行嫁娶 置產安床 赴任安葬	龍 蛇 鼠	9 5 4	正北	黃 金 白	♥♥♥	子平丑吉寅凶卯平 辰吉巳吉午平未吉 申吉酉平戌凶亥凶	虎
4 10	三月十三	四	己酉	祭祀祈福 求嗣開光 解除出火	動土破土 納財掘井 掛匾開市	蛇 牛 龍	0 4	西南	銀 金	♥	子吉丑凶寅平卯凶 辰吉巳吉午吉未吉 申吉酉平戌凶亥凶	兔
4 11	三月十四	五	庚戌	祭祀解除 破屋壞垣 餘事勿取	諸事不宜	馬 虎 兔	0 5 4	正東	黃 銀 金	♥	子凶丑吉寅平卯平 辰凶巳平午吉未吉 申吉酉平戌凶亥凶	龍
4 12	三月十五	六	辛亥	塞穴掃舍 餘事勿取	諸事不宜	羊 兔 虎	6 4 1	西南	白 藍 黑	♥	子平丑吉寅吉卯吉 辰平巳凶午吉未吉 申平酉凶戌凶亥凶	蛇

西曆月日	農曆	星期	干支	宜	忌	幸運生肖	幸運數字	財位	幸運顏色	財運指數	是日吉時	沖
4 13	三月十六	日	壬子	祭祀祈福 求嗣開光 解除納采	／	牛 龍 猴	3 4 6	正南	灰 藍 黑	♥	子吉丑吉寅凶卯吉 辰凶巳凶午凶未凶 申凶酉吉戌凶亥凶	馬
4 14	三月十七	一	癸丑	解除破屋 餘事勿取	諸事不宜	鼠 蛇 雞	3 4 8	東北	青 綠 啡	♡	子凶丑凶寅吉卯吉 辰凶巳吉午凶未凶 申凶酉凶戌吉亥吉	羊
4 15	三月十八	二	甲寅	嫁娶祈福 求嗣開光 出行解除	祭祀入殮 安葬探病	豬 馬 狗	1 3 8	東北	綠 青 黑	♡	子平丑平寅吉卯平 辰吉巳平午凶未吉 申凶酉吉戌凶亥凶	猴
4 16	三月十九	三	乙卯	開池補垣 塞穴入殮 破土啟鑽	嫁娶掘井 探病開市 開光栽種	狗 羊 豬	1 3 6	正西	灰 青 藍	♥	子平丑平寅吉卯吉 辰平巳凶午平未吉 申吉酉凶戌凶亥凶	雞
4 17	三月二十	四	丙辰	祭祀出行 教牛馬掃舍 餘事勿取	開光伐木 安葬破土	雞 猴 鼠	5 0	正西	黃 啡	♥♥	子平丑平寅平卯平 辰凶巳吉午平未平 申吉酉吉戌凶亥凶	狗
4 18	耶穌受難節	五	丁巳	祭祀祈福 求嗣開光 納采訂盟	修墳造橋 作灶出行 安葬蓋屋	猴 雞 牛	5 7 9	正西	紅 啡	♥	子平丑吉寅平卯凶 辰平巳吉午吉未吉 申平酉吉戌凶亥凶	豬
4 19	耶穌受難節翌日	六	戊午	開光出行 交易嫁娶 理髮開市	祈福出火 置產動土 破土安葬	虎 羊 狗	2 7 9	東南	紅 紫	♡	子凶丑平寅凶卯吉 辰平巳吉午平未吉 申吉酉吉戌凶亥凶	鼠

西曆月日	農曆	星期	干支	宜	忌	幸運生肖	幸運數字	財位	幸運顏色	財運指數	是日吉時	沖
4 20	穀雨	日	己未	作灶結網 修飾垣牆 平治道塗	嫁娶安床 治病	豬 兔 馬	2 5 0	正北	黃 紅 啡	♡	子平丑凶寅吉卯吉 辰平巳吉午吉未吉 申吉酉平戌凶亥凶	牛
4 21	復活節	一	庚申	沐浴祭祀 解除安葬 破土謝土	齋醮開光 嫁娶入宅 上樑	龍 鼠 蛇	3 8 9	正東	綠 青 白	♥	子凶丑吉寅凶卯平 辰吉巳吉午吉未吉 申吉酉平戌凶亥凶	虎
4 22	三月廿五	二	辛酉	祭祀解除 入殮移柩 啟鑽安葬	動土破土	蛇 龍 牛	3 4 8	正東	白	♥♥	子平丑平寅吉卯凶 辰吉巳吉午吉未平 申平酉凶戌凶亥凶	兔
4 23	三月廿六	三	壬戌	祭祀沐浴 解除破屋 壞垣求醫	嫁娶開市	馬 兔 虎	1 6	正南	黑 藍	♡	子平丑平寅吉卯吉 辰凶巳吉午平未吉 申凶酉平戌凶亥凶	龍
4 24	三月廿七	四	癸亥	沐浴塞穴 畋獵結網 掃舍	祈福安葬	羊 兔 虎	6 7	正南	藍 灰	♡	子平丑平寅吉卯吉 辰吉巳凶午吉未凶 申平酉平戌凶亥凶	蛇
4 25	三月廿八	五	甲子	開市交易 立券祭祀 開光祈福	納采問名 訂盟嫁娶 入宅開倉	猴 龍 牛	4 7 0	東北	白 金 銀	♥	子吉丑吉寅吉卯平 辰吉巳平午凶未吉 申吉酉平戌凶亥凶	馬
4 26	三月廿九	六	乙丑	祭祀修門 取漁納財 納畜	嫁娶入宅	蛇 雞 鼠	4 5 9	東北	白 黃 啡	♥	子吉丑吉寅吉卯吉 辰平巳凶午平未凶 申吉酉吉戌凶亥凶	羊

西曆月日	農曆	星期	干支	宜	忌	幸運生肖	幸運數字	財位	幸運顏色	財運指數	是日吉時	沖
4 27	三月三十	日	丙寅	安香出火 納采訂盟 嫁娶開市	作灶安葬 祭祀入殮	狗 豬 馬	7 9	正西	綠 青 紅	❤❤❤	子吉丑平寅平卯吉 辰凶巳平午吉未平 申凶酉吉戌凶亥凶	猴
4 28	四月初一	一	丁卯	祭祀修造 動土合帳 安床入殮	移徙入宅 作灶理髮 開光安門	豬 狗 羊	2 7	正西	紅 紫 青	❤❤❤	子平丑平寅吉卯凶 辰平巳平午吉未吉 申平酉凶戌凶亥凶	雞
4 29	四月初二	二	戊辰	祭祀 修飾垣牆 餘事勿取	開光修造 動土破土	鼠 雞 猴	3 5 8	正北	青 啡	❤	子平丑吉寅凶卯吉 辰平巳吉午平未吉 申吉酉吉戌凶亥凶	狗
4 30	四月初三	三	己巳	嫁娶祭祀 祈福求嗣 齋醮開光	納采出行 修墳安葬 開市立券	牛 猴 雞	3 7 8	正西	紅	❤	子吉丑凶寅吉卯平 辰平巳平午吉未吉 申吉酉平戌凶亥凶	豬
5 1	勞動節	四	庚午	祭祀塑繪 開光納采 嫁娶開市	祈福入宅 蓋屋動土 破土探病	羊 狗 虎	2 7 9	正東	紅 黃 啡	❤❤❤	子凶丑吉寅吉卯平 辰平巳平午吉未吉 申吉酉吉戌凶亥凶	鼠
5 2	四月初五	五	辛未	祭祀作灶 平治道塗 餘事勿取	安床入宅 安碓磑栽種	馬 豬 兔	5 0	東南	黃 啡	♡	子平丑凶寅吉卯吉 辰平巳吉午吉未平 申吉酉凶戌凶亥凶	牛
5 3	四月初六	六	壬申	祭祀祈福 求嗣齋醮 沐浴納畜	移徙入宅 嫁娶出行 安床	鼠 蛇 龍	4 9	正南	白 金 銀	❤	子吉丑吉寅凶卯吉 辰吉巳吉午平未吉 申凶酉吉戌凶亥凶	虎

西曆月日	農曆	星期	干支	宜	忌	幸運生肖	幸運數字	財位	幸運顏色	財運指數	是日吉時	沖
5 4	四月初七	日	癸酉	納采祭祀 祈福求嗣 齋醮出行	嫁娶開市 納財出火	龍 牛 蛇	4 9 0	正南	金 銀	❤	子吉丑吉寅吉卯凶 辰吉巳吉午平未凶 申吉酉平戌凶亥凶	兔
5 5	立夏 佛誕	一	甲戌	祭祀沐浴 解除求醫 治病破屋	祈福齋醮 開市安葬	兔 虎 馬	2 7 9	東北	紫	❤	子平丑吉寅吉卯吉 辰凶巳吉午凶未吉 申平酉平戌平亥凶	龍
5 6	四月初九	二	乙亥	祭祀解除 破屋壞垣 餘事勿取	諸事不宜	虎 兔 羊	1 2 9	正南	黑 藍 灰	❤	子吉丑吉寅吉卯吉 辰平巳凶午平未吉 申平酉平戌平亥凶	蛇
5 7	四月初十	三	丙子	嫁娶祭祀 祈福求嗣 開光出行	／	牛 龍 猴	1 6	正西	黑	❤❤	子吉丑吉寅平卯平 辰凶巳吉午凶未平 申平酉吉戌吉亥凶	馬
5 8	四月十一	四	丁丑	開市交易 立券祭祀 祈福開光	入宅移徙 理髮出火 嫁娶出行	鼠 蛇 雞	1 5 0	正北	黃 啡 黑	❤	子吉丑平寅平卯凶 辰平巳吉午吉未凶 申平酉吉戌平亥凶	羊
5 9	四月十二	五	戊寅	結網解除 餘事勿	諸事不宜	豬 馬 狗	4 5 9	正北	黃 啡 綠	❤❤❤	子平丑吉寅凶卯吉 辰吉巳吉午吉未吉 申凶酉平戌平亥凶	猴
5 10	四月十三	六	己卯	嫁娶祭祀 祈福求嗣 開光開市	納畜入宅 移徙安葬 探病伐木	狗 羊 豬	3 8	西北	綠 青	❤	子吉丑凶寅吉卯吉 辰平巳平午吉未吉 申平酉凶戌平亥凶	雞

西曆月日	農曆	星期	干支	宜	忌	幸運生肖	幸運數字	財位	幸運顏色	財運指數	是日吉時	沖
5 11	四月十四	日	庚辰	嫁娶祭祀 祈福求嗣 出行出火	開光掘井 開倉	雞 猴 鼠	4 5 0	正東	白 黃 啡	❤	子凶丑吉寅吉卯平 辰吉巳吉午吉未吉 申平酉平戌凶亥凶	狗
5 12	四月十五	一	辛巳	解除掃舍 餘事勿取	諸事不宜	猴 雞 牛	2 4 7	西北	紅 金	❤	子平丑吉寅吉卯平 辰平巳吉午吉未吉 申平酉凶戌吉亥凶	豬
5 13	四月十六	二	壬午	開市交易 立券掛匾 開光出行	嫁娶安床 探病作灶	虎 羊 狗	2 4 7	正南	紅 青 綠	❤	子凶丑吉寅吉卯吉 辰平巳吉午平未吉 申凶酉平戌平亥凶	鼠
5 14	四月十七	三	癸未	會親友	塞穴上樑 動土伐木 安葬詞訟	豬 兔 馬	3 5 0	正東	青 綠 黃	♡	子吉丑凶寅吉卯吉 辰平巳吉午吉未凶 申平酉平戌吉亥凶	牛
5 15	四月十八	四	甲申	沐浴掃舍 入殮破土 平治道塗	嫁娶移徙 伐木作樑 安床祭祀	龍 鼠 蛇	1 6	東北	黑 藍	❤❤❤	子吉丑吉寅凶卯平 辰吉巳吉午凶未吉 申吉酉吉戌平亥凶	虎
5 16	四月十九	五	乙酉	嫁娶祭祀 祈福求嗣 開光出火	／	蛇 龍 牛	1 4 9	西南	白 金 銀	❤❤❤	子吉丑吉寅吉卯凶 辰吉巳凶午平未平 申吉酉吉戌平亥凶	兔
5 17	四月二十	六	丙戌	祭祀祈福 求嗣開光 解除合帳	／	馬 兔 虎	5 0	正西	啡 黃	♡	子吉丑平寅吉卯吉 辰凶巳吉午平未平 申吉酉吉戌吉亥凶	龍

西曆月日	5 18	5 19	5 20	5 21	5 22	5 23	5 24
農曆	四月廿一	四月廿二	四月廿三	小滿	四月廿五	四月廿六	四月廿七
星期	日	一	二	三	四	五	六
干支	丁亥	戊子	己丑	庚寅	辛卯	壬辰	癸巳
宜	破屋壞垣 沐浴解除 餘事勿取	祭祀祈福 求嗣開光 出火拆卸	開市交易 立券祭祀 祈福開光	解除出行 納采冠笄 豎柱上樑	祭祀祈福 求嗣開光 出行開市	嫁娶交易 立券開廁 補垣塞穴	塞穴斷蟻 結網畋獵 餘事勿取
忌	諸事不宜	開市立券	嫁娶掘井 入宅移徙 安葬	祭祀伐木 架馬安床 修造動土	入宅移徙 修造安門 伐木入殮	安床開渠 上樑修造 開市開光	嫁娶安葬 入宅出行 動土詞訟
幸運生肖	羊 兔 虎	猴 龍 牛	蛇 雞 鼠	狗 豬 馬	豬 狗 羊	鼠 雞 猴	牛 猴 雞
幸運數字	1 5 0	2 7 9	2 5 7	3 8	3 4 8	1 5 6	2 6 7
財位	西南	正北	東北	正東	正西	正南	正西
幸運顏色	灰 藍 黃	紅 紫	黃 紅 啡	綠 青	綠 青	黑 藍 啡	紅 黑
財運指數	♥	♥	♥♥♥	♥♥♥	♡	♥♥	♥
是日吉時	子平丑吉寅吉卯凶 辰平巳凶午吉未吉 申平酉吉戌吉亥凶	子平丑吉寅凶卯吉 辰吉巳吉午凶未平 申吉酉吉戌平亥凶	子吉丑凶寅吉卯吉 辰平巳吉午平未凶 申吉酉吉戌平亥凶	子凶丑吉寅吉卯吉 辰平巳平午平未平 申凶酉平戌凶亥凶	子平丑平寅吉卯吉 辰平巳吉午吉未平 申平酉凶戌吉亥凶	子平丑吉寅吉卯吉 辰平巳吉午平未平 申凶酉吉戌凶亥凶	子吉丑平寅平卯吉 辰吉巳吉午平未凶 申吉酉平戌吉亥凶
沖	蛇	馬	羊	猴	雞	狗	豬

西曆月日	農曆	星期	干支	宜	忌	幸運生肖	幸運數字	財位	幸運顏色	財運指數	是日吉時	沖
5 25	四月廿八	日	甲午	納采訂盟 嫁娶祈福 求嗣開光	作灶安床 開倉蓋屋 動土安葬	羊 狗 虎	4 7 9	東北	白 金 紅	♡	子凶丑吉寅吉卯平 辰平巳平午凶未吉 申平酉吉戌平亥凶	鼠
5 26	四月廿九	一	乙未	開光納采 裁衣安床 作灶造倉	嫁娶栽種 修造動土 出行伐木	馬 豬 兔	4 5 0	東南	黃 白 金	♡	子吉丑凶寅吉卯吉 辰平巳凶午平未平 申吉酉平戌吉亥凶	牛
5 27	五月初一	二	丙申	納采嫁娶 裁衣理髮 出行修造	伐木安葬 安床祭祀 祈福	鼠 蛇 龍	2 4 9	正西	白 紅	♥♥♥	子吉丑吉寅凶卯平 辰凶巳吉午平未吉 申吉酉吉戌吉亥凶	虎
5 28	五月初二	三	丁酉	開市交易 立券齋醮 出行開市	作灶嫁娶 移徙入宅 理髮	龍 牛 蛇	4 7	正南	紅 紫 金	♥	子平丑吉寅平卯凶 辰平巳平午吉未吉 申平酉吉戌平亥凶	兔
5 29	五月初三	四	戊戌	嫁娶納采 訂盟祭祀 祈福求嗣	開市立券 造船合壽木	馬 兔 虎	3 8	正北	青 啡	♡	子平丑吉寅凶卯吉 辰凶巳平午吉未吉 申吉酉平戌平亥凶	龍
5 30	五月初四	五	己亥	祭祀沐浴 破屋壞垣 餘事勿取	開光安葬	羊 兔 虎	1 3 6	正南	黑 綠 藍	♥	子吉丑凶寅吉卯吉 辰平巳凶午吉未吉 申吉酉平戌平亥凶	蛇
5 31	端午節	六	庚子	訂盟納采 嫁娶解除 祈福求嗣	作灶開市 經絡	猴 龍 牛	5 6 0	正東	啡 黃 黑	♥	子凶丑吉寅平卯平 辰平巳平午凶未吉 申吉酉吉戌凶亥凶	馬

西曆月日	農曆	星期	干支	宜	忌	幸運生肖	幸運數字	財位	幸運顏色	財運指數	是日吉時	沖
6 1	五月初六	日	辛丑	祈福求嗣 開光訂盟 納采解除	安床上樑 裁衣入宅 嫁娶	鼠 雞 蛇	0 5	正北	啡 黃	♡	子平丑吉寅吉卯吉 辰平巳吉午吉未凶 申吉酉凶戌平亥凶	羊
6 2	五月初七	一	壬寅	祭祀結網 捕捉 餘事勿取	探病嫁娶 開市	馬 豬 狗	9 8 3	正南	金 綠 白	♡	子平丑吉寅吉卯吉 辰平巳平午平未吉 申凶酉平戌吉亥凶	猴
6 3	五月初八	二	癸卯	祈福求嗣 開光納采 訂盟嫁娶	入宅安門 安葬	羊 狗 豬	9 4	西北	銀 金 白	♥♥	子吉丑平寅吉卯吉 辰平巳平午平未凶 申平酉凶戌吉亥凶	雞
6 4	五月初九	三	甲辰	塞穴開廁 破土啟鑽 除服成服	入宅蓋屋 造橋安門 安葬上樑	猴 雞 鼠	9 5	東北	啡 紫 紅	♥♥♥	子吉丑吉寅平卯平 辰吉巳平午凶未吉 申平酉吉戌凶亥凶	狗
6 5	芒種	四	乙巳	祭祀解除 斷蟻會親友 餘事勿取	嫁娶安葬	雞 猴 牛	7 2	西北	紫 紅	♡	子吉丑凶寅平卯平 辰平巳凶午平未平 申吉酉吉戌吉亥凶	豬
6 6	五月十一	五	丙午	祭祀解除 餘事勿取	諸事不宜	虎 狗 羊	9 2 1	正西	紫 藍 紅	♥♥♥	子凶丑平寅平卯平 辰凶巳吉午吉未平 申吉酉吉戌吉亥凶	鼠
6 7	五月十二	六	丁未	祈福出火 開光求嗣 出行拆卸	安葬行喪 伐木作樑	兔 豬 馬	0 5 1	正東	黑 啡 黃	♡	子凶丑凶寅平卯凶 辰平巳吉午吉未吉 申平酉吉戌平亥凶	牛

西曆月日	農曆	星期	干支	宜	忌	幸運生肖	幸運數字	財位	幸運顏色	財運指數	是日吉時	沖
6 8	五月十三	日	戊申	開光求嗣 出行解除 伐木出火	置產安床	鼠 蛇 龍	4 5 9	正北	白 金 黃	❤❤❤	子凶丑吉寅凶卯平 辰吉巳吉午平未吉 申吉酉平戌平亥凶	虎
6 9	五月十四	一	己酉	修飾垣牆 平治道塗 整手足甲	出行安門 修造嫁娶 上樑入宅	龍 牛 蛇	4 0	西南	金 銀	❤	子凶丑凶寅平卯凶 辰吉巳吉午吉未吉 申吉酉平戌平亥凶	兔
6 10	五月十五	二	庚戌	祭祀開光 祈福求嗣 出行出火	／	兔 虎 馬	4 5 0	正東	金 銀 黃	❤	子凶丑吉寅平卯平 辰凶巳平午吉未吉 申吉酉平戌凶亥凶	龍
6 11	五月十六	三	辛亥	祈福求嗣 開光出行 伐木出火	嫁娶開市 交易行喪 安葬修墳	虎 兔 羊	1 4 6	西南	黑 藍 白	❤	子凶丑吉寅吉卯吉 辰平巳凶午吉未吉 申平酉凶戌吉亥凶	蛇
6 12	五月十七	四	壬子	破屋壞垣 餘事勿取	諸事不宜	牛 龍 猴	3 4 6	正南	灰 藍 黑	❤	子凶丑吉寅吉卯吉 辰吉巳吉午凶未吉 申凶酉平戌平亥凶	馬
6 13	五月十八	五	癸丑	開市交易 立券納財 開池開廁	嫁娶造橋 詞訟移徙 安門作灶	鼠 蛇 雞	3 4 8	東北	青 綠 啡	♡	子凶丑吉寅平卯平 辰吉巳吉午平未凶 申吉酉吉戌吉亥凶	羊
6 14	五月十九	六	甲寅	開市交易 立券納財 栽種安床	嫁娶出火 伐木祭祀 入宅移徙	豬 馬 狗	1 3 8	東北	綠 青 黑	♡	子凶丑平寅吉卯平 辰吉巳平午凶未吉 申凶酉吉戌吉亥凶	猴

西曆月日	6 15	6 16	6 17	6 18	6 19	6 20	6 21
農曆	五月二十	五月廿一	五月廿二	五月廿三	五月廿四	五月廿五	夏至
星期	日	一	二	三	四	五	六
干支	乙卯	丙辰	丁巳	戊午	己未	庚申	辛酉
宜	祭祀作灶 餘事勿取	解除壞垣 餘事勿取	修造動土 起基安門 安床栽種	祭祀 餘事勿取	入宅祭祀 祈福結婚	嫁娶開光 祭祀祈福 出行移徙	嫁娶祭祀 理髮作灶 修飾垣牆
忌	諸事不宜	諸事不宜	嫁娶掘井 入宅移徙 出火出行	齋醮移徙 入宅動土	行喪安葬 破土作灶 伐木齋醮	納采訂盟 安床謝土 破土動土	破土出行 栽種
幸運生肖	狗 羊 豬	雞 猴 鼠	猴 雞 牛	虎 羊 狗	豬 兔 馬	龍 鼠 蛇	蛇 龍 牛
幸運數字	1 3 6	5 0	5 7 9	2 7 9	2 5 0	3 8 9	3 4 8
財位	正西	正西	正西	東南	正北	正東	正東
幸運顏色	灰 青 藍	黃 啡	紅 啡	紅 紫	黃 紅 啡	綠 青 白	白
財運指數	♥	♥♥	♥	♡	♡	♥	♥♥
是日吉時	子凶丑平寅吉卯吉 辰平巳凶午平未吉 申吉酉凶戌吉亥凶	子凶丑平寅平卯平 辰凶巳吉午平未平 申吉酉吉戌凶亥凶	子凶丑吉寅平卯凶 辰平巳吉午吉未吉 申平酉吉戌吉亥凶	子凶丑平寅凶卯吉 辰平巳吉午平未吉 申吉酉吉戌平亥凶	子凶丑凶寅吉卯吉 辰平巳吉午吉未吉 申吉酉平戌平亥凶	子凶丑吉寅凶卯平 辰吉巳吉午吉未吉 申吉酉平戌凶亥凶	子凶丑平寅吉卯凶 辰吉巳吉午吉未平 申平酉凶戌平亥凶
沖	雞	狗	豬	鼠	牛	虎	兔

西曆月日	農曆	星期	干支	宜	忌	幸運生肖	幸運數字	財位	幸運顏色	財運指數	是日吉時	沖
6 22	五月廿七	日	壬戌	嫁娶納采 訂盟祈福 求嗣開光	動土掘井 破土	馬兔虎	1 6	正南	黑藍	♡	子凶丑平寅吉卯吉 辰凶巳吉午平未吉 申凶酉平戌吉亥凶	龍
6 23	五月廿八	一	癸亥	捕捉結網 取漁祭祀 餘事勿取	嫁娶開市 安葬啟鑽 行喪	羊兔虎	6 7	正南	藍灰	♡	子凶丑平寅吉卯吉 辰吉巳凶午吉未凶 申平酉平戌吉亥凶	蛇
6 24	五月廿九	二	甲子	祭祀破屋 壞垣 餘事勿取	移徙入宅 開倉出貨財	猴龍牛	4 7 0	東北	白金銀	❤	子凶丑吉寅吉卯吉 辰平巳凶午平未凶 申吉酉吉戌平亥凶	馬
6 25	六月初一	三	乙丑	祭祀	出火入宅	蛇雞鼠	4 5 9	東北	白黃啡	❤	子凶丑吉寅吉卯吉 辰平巳凶午平未凶 申吉酉吉戌平亥凶	羊
6 26	六月初二	四	丙寅	齋醮塑繪 開光出行 修造動土	作灶出火 祭祀嫁娶 入宅	狗豬馬	7 9	正西	綠青紅	❤❤❤	子凶丑平寅平卯吉 辰凶巳平午吉未平 申凶酉吉戌平亥凶	猴
6 27	六月初三	五	丁卯	交易立券 掛匾開光 解除拆卸	入宅出行 掘井安葬	豬狗羊	2 7	正西	綠青紅	❤❤❤	子凶丑平寅吉卯凶 辰平巳吉午吉未吉 申平酉凶戌平亥凶	雞
6 28	六月初四	六	戊辰	嫁娶納采 訂盟造車器 祭祀開光	行喪置產 入宅安葬	鼠雞猴	3 5 8	正北	青啡	❤	子凶丑吉寅凶卯吉 辰平巳吉午平未吉 申吉酉吉戌凶亥凶	狗

西曆月日	農曆	星期	干支	宜	忌	幸運生肖	幸運數字	財位	幸運顏色	財運指數	是日吉時	沖
6 29	六月初五	日	己巳	嫁娶合帳 裁衣冠笄 伐木上樑	安床祈福 出行安葬 行喪開光	牛 猴 雞	3 7 8	正西	紅	♥	子凶丑凶寅吉卯平 辰平巳平午吉未吉 申吉酉平戌平亥凶	豬
6 30	六月初六	一	庚午	出行教牛馬 割蜜 餘事勿取	齋醮蓋屋 動土破土	羊 狗 虎	2 7 9	正東	紅 黃 啡	♥♥♥	子凶丑吉寅吉卯平 辰平巳平午吉未吉 申吉酉吉戌凶亥凶	鼠
7 1	香港特別行政區成立紀念日	二	辛未	嫁娶祭祀 祈福求嗣 開光出行	安葬開生墳 行喪	馬 豬 兔	5 0	東南	黃 啡	♡	子凶丑凶寅吉卯吉 辰平巳吉午吉未平 申吉酉凶戌平亥凶	牛
7 2	六月初八	三	壬申	安機械祈福 求嗣沐浴 解除納采	嫁娶安床 作灶動土 破土造船	鼠 蛇 龍	4 9	正南	白 金 銀	♥	子凶丑吉寅凶卯吉 辰吉巳吉午平未吉 申凶酉吉戌平亥凶	虎
7 3	六月初九	四	癸酉	祭祀理髮 整手足甲 修飾垣牆	開市入宅 出行修造 詞訟	龍 牛 蛇	4 9 0	正南	金 銀	♥	子凶丑吉寅吉卯凶 辰吉巳吉午平未凶 申吉酉平戌平亥凶	兔
7 4	六月初十	五	甲戌	嫁娶納采 祈福出行 立券移徙	開光作灶 蓋屋架馬 開倉	兔 虎 馬	2 7 9	正北	紫	♥	子凶丑吉寅吉卯吉 辰凶巳吉午凶未吉 申平酉平戌平亥凶	龍
7 5	六月十一	六	乙亥	納采訂盟 冠笄祈福 齋醮出行	嫁娶開市 合壽木安葬	虎 兔 羊	1 2 9	正南	黑 藍 灰	♥	子凶丑吉寅吉卯吉 辰平巳凶午平未吉 申平酉平戌平亥凶	蛇

西曆月日	農曆	星期	干支	宜	忌	幸運生肖	幸運數字	財位	幸運顏色	財運指數	是日吉時	沖
7 6	六月十二	日	丙子	祭祀沐浴 破屋壞垣 餘事勿取	入宅嫁娶 移徙	牛 龍 猴	1 6	正西	黑	❤❤	子凶丑吉寅平卯平 辰凶巳吉午凶未平 申平酉吉戌吉亥凶	馬
7 7	小暑	一	丁丑	破屋壞垣 餘事勿取	諸事不宜	鼠 蛇 雞	1 5 0	正北	黃 啡 黑	❤	子吉丑凶寅平卯凶 辰平巳吉午吉未凶 申平酉吉戌平亥凶	羊
7 8	六月十四	二	戊寅	嫁娶開光 出行理髮 作樑拆卸	伐木納畜 祭祀	豬 馬 狗	4 5 9	正北	黃 啡 綠	❤❤❤	子平丑凶寅凶卯吉 辰吉巳吉午吉未吉 申凶酉平戌平亥凶	猴
7 9	六月十五	三	己卯	嫁娶開光 出行祈福 求嗣拆卸	／	狗 羊 豬	3 8	西北	綠 青	❤	子吉丑凶寅吉卯吉 辰平巳平午吉未吉 申平酉凶戌平亥凶	雞
7 10	六月十六	四	庚辰	祭祀作灶 納財栽種 納畜進人口	安葬經絡 修墳破土 開市安床	雞 猴 鼠	4 5 0	正東	白 黃 啡	❤	子凶丑凶寅吉卯平 辰吉巳吉午吉未吉 申平酉平戌凶亥凶	狗
7 11	六月十七	五	辛巳	祈福求嗣 開光開市 牧養理髮	嫁娶出行 安葬入殮 入宅作灶	猴 雞 牛	2 4 7	西北	紅 金	❤	子平丑凶寅吉卯平 辰平巳吉午吉未吉 申平酉凶戌吉亥凶	豬
7 12	六月十八	六	壬午	入殮破土 除服成服 移柩啟鑽	餘事勿取	虎 羊 狗	3 7 8	正南	紅 青 綠	❤	子凶丑凶寅吉卯吉 辰平巳吉午平未吉 申凶酉平戌平亥凶	鼠

西曆月日	農曆	星期	干支	宜	忌	幸運生肖	幸運數字	財位	幸運顏色	財運指數	是日吉時	沖
7 13	六月十九	日	癸未	祭祀出行 交易割蜜 造畜稠	嫁娶作灶 安葬動土 詞訟作樑	豬 兔 馬	3 5 0	正東	青 綠 黃	♡	子吉丑凶寅吉卯吉 辰平巳吉午吉未凶 申平酉平戌吉亥凶	牛
7 14	六月二十	一	甲申	開市交易 立券掛匾 入宅移徙	／	龍 鼠 蛇	1 6	東北	黑 藍	♡	子吉丑凶寅凶卯平 辰吉巳吉午凶未吉 申吉酉吉戌平亥凶	虎
7 15	六月廿一	二	乙酉	嫁娶開光 解除安床 牧養理髮	作灶動土 上樑栽種 入宅移徙	蛇 龍 牛	1 4 9	西南	白 金 銀	♥♥♥	子吉丑凶寅吉卯凶 辰吉巳凶午平未平 申吉酉吉戌平亥凶	兔
7 16	六月廿二	三	丙戌	祭祀解除 餘事勿取	諸事不宜	馬 兔 虎	5 0	正西	啡 黃	♥♥♥	子吉丑凶寅吉卯吉 辰凶巳吉午平未平 申吉酉吉戌吉亥凶	龍
7 17	六月廿三	四	丁亥	祭祀祈福 求嗣開光 伐木出火	嫁娶栽種 行喪理髮 修墳行喪	羊 兔 虎	2 5 0	西南	灰 藍 黃	♡	子平丑凶寅吉卯凶 辰平巳凶午吉未吉 申平酉吉戌吉亥凶	蛇
7 18	六月廿四	五	戊子	解除祭祀 理髮入殮 安葬破土	嫁娶開市 出火作灶 置產齋醮	猴 龍 牛	2 7 9	正北	紅 紫	♥	子平丑凶寅凶卯吉 辰吉巳吉午凶未平 申吉酉吉戌平亥凶	馬
7 19	六月廿五	六	己丑	破屋壞垣 餘事勿取	諸事不宜	蛇 雞 鼠	2 5 7	東北	黃 紅 啡	♥	子吉丑凶寅吉卯吉 辰平巳吉午平未凶 申吉酉吉戌平亥凶	羊

西曆月日	農曆	星期	干支	宜	忌	幸運生肖	幸運數字	財位	幸運顏色	財運指數	是日吉時	沖
7 20	六月廿六	日	庚寅	開市交易 立券納財 動土開光	入宅移徙 作灶祭祀 謝土	狗 豬 馬	3 8	正東	綠 青	♥♥♥	子凶丑凶寅吉卯吉 辰吉巳平午平未平 申凶酉平戌凶亥凶	猴
7 21	六月廿七	一	辛卯	嫁娶納采 訂盟祈福 求嗣開光	掘井伐木 納畜合壽木	豬 狗 羊	3 4 8	正西	綠 青	♡	子平丑凶寅吉卯吉 辰平巳吉午吉未平 申平酉凶戌吉亥凶	雞
7 22	大暑	二	壬辰	冠笄作灶 交易納財 栽種結網	開渠造船 安床安葬 破土出行	鼠 雞 猴	1 5 6	正南	黑 藍 啡	♥♥	子平丑凶寅吉卯吉 辰平巳吉午平未平 申凶酉吉戌凶亥凶	狗
7 23	六月廿九	三	癸巳	修造動土 作灶起基 上樑蓋屋	移徙栽種 出行行喪 破土安葬	牛 猴 雞	2 6 7	正西	紅 黑 紫	♥	子吉丑凶寅平卯吉 辰吉巳吉午平未凶 申吉酉平戌吉亥凶	豬
7 24	六月三十	四	甲午	經絡祭祀 沐浴補垣 塞穴立碑	開光治病 嫁娶掘井 破土安葬	羊 狗 虎	4 7 9	東北	白 金 紅	♡	子凶丑凶寅吉卯平 辰平巳平午凶未吉 申平酉吉戌平亥凶	鼠
7 25	閏六月初一	五	乙未	嫁娶祭祀 出行裁衣 冠笄交易	移徙入宅 栽種動土 破土作灶	馬 豬 兔	4 5 0	東南	黃 白 金	♡	子吉丑凶寅吉卯吉 辰平巳凶午平未平 申吉酉平戌吉亥凶	牛
7 26	閏六月初二	六	丙申	修造動土 安機械祭祀 解除拆卸	開市入宅 出行安床 作灶	鼠 蛇 龍	2 4 9	正西	白 紅	♥♥♥	子吉丑凶寅凶卯平 辰凶巳吉午平未吉 申吉酉吉戌吉亥凶	虎

西曆月日	農曆	星期	干支	宜	忌	幸運生肖	幸運數字	財位	幸運顏色	財運指數	是日吉時	沖
7 27	閏六月初三	日	丁酉	開光出行 拆卸起基 安床成服	上樑入宅 修造動土 破土祭祀	蛇 牛 龍	7 4	正南	金 紫 紅	♥	子平丑凶寅平卯凶 辰平巳平午吉未吉 申平酉吉戌平亥凶	兔
7 28	閏六月初四	一	戊戌	祭祀嫁娶 畋獵結網	動土破土 治病開渠	虎 兔 馬	8 3	正北	啡 青	♡	子平丑凶寅凶卯吉 辰凶巳平午吉未吉 申吉酉平戌平亥凶	龍
7 29	閏六月初五	二	己亥	納采訂盟 會親友入學 祭祀祈福	嫁娶作灶 出火置產 嫁娶入宅	虎 兔 羊	6 3 1	正南	藍 綠 黑	♥	子吉丑凶寅吉卯吉 辰平巳凶午吉未吉 申吉酉平戌平亥凶	蛇
7 30	閏六月初六	三	庚子	祭祀祈福 整手足甲 安床沐浴	嫁娶齋醮 開市出火 入宅移徙	牛 龍 猴	0 6 5	正東	黑 黃 啡	♥	子凶丑凶寅平卯平 辰平巳平午凶未吉 申吉酉吉戌凶亥凶	馬
7 31	閏六月初七	四	辛丑	破屋壞垣 解除 餘事勿取	嫁娶安葬	鼠 雞 蛇	0 5	正北	啡 黃	♡	子平丑凶寅吉卯吉 辰平巳吉午吉未凶 申吉酉凶戌平亥凶	羊
8 1	閏六月初八	五	壬寅	嫁娶開市 立券移徙 入宅安機械	祭祀祈福 探病謝土 造橋	馬 豬 狗	9 8 3	正南	金 綠 白	♡	子平丑凶寅吉卯吉 辰平巳平午平未吉 申凶酉平戌吉亥凶	猴
8 2	閏六月初九	六	癸卯	嫁娶訂盟 納采祭祀 祈福齋醮	入宅開市 掘井詞訟 合壽木	羊 狗 豬	9 4	西北	銀 金 白	♥♥	子吉丑凶寅吉卯吉 辰平巳平午平未凶 申平酉凶戌吉亥凶	雞

西曆月日	農曆	星期	干支	宜	忌	幸運生肖	幸運數字	財位	幸運顏色	財運指數	是日吉時	沖
8 3	閏六月初十	日	甲辰	納采訂盟 嫁娶移徙 入宅出行	安葬破土 開市開倉 出貨財啟鑽	鼠 雞 猴	5 9	東北	紅 紫 啡	❤❤❤	子吉丑凶寅平卯平 辰吉巳平午凶未吉 申平酉吉戌凶亥凶	狗
8 4	閏六月十一	一	乙巳	納采訂盟 嫁娶祭祀 沐浴塑繪	出行安葬 造橋	牛 猴 雞	2 7	西北	紅 紫	♡	子吉丑凶寅平卯平 辰平巳凶午平未平 申吉酉吉戌吉亥凶	豬
8 5	閏六月十二	二	丙午	入殮除服 成服移柩 破土啟鑽	開市入宅 嫁娶開光 蓋屋	羊 狗 虎	1 2 9	正西	紅 藍 紫	❤❤❤	子凶丑凶寅平卯平 辰凶巳吉午吉未平 申吉酉吉戌吉亥凶	鼠
8 6	閏六月十三	三	丁未	修造出行 蓋屋豎柱 造車器	動土破土 掘井安葬	馬 豬 兔	1 5 0	正東	黃 啡 黑	♡	子平丑凶寅平卯凶 辰平巳吉午吉未吉 申平酉吉戌平亥凶	牛
8 7	立秋	四	戊申	祭祀塑繪 開光入學 解除掃舍	嫁娶出行 納采入宅 作灶	鼠 蛇 龍	4 5 9	正北	白 金 黃	❤❤❤	子平丑吉寅凶卯平 辰吉巳吉午平未吉 申吉酉平戌平亥凶	虎
8 8	閏六月十五	五	己酉	祭祀解除 理髮入殮 整手足甲	嫁娶會親友 進人口 出行入宅	龍 牛 蛇	4 0	西南	金 銀	❤	子吉丑凶寅凶卯凶 辰吉巳吉午吉未吉 申吉酉平戌平亥凶	兔
8 9	閏六月十六	六	庚戌	塑繪開光 進人口納畜 補垣塞穴	嫁娶納財 祈福安葬 修造開市	兔 虎 馬	4 5 0	正東	金 銀 黃	❤	子凶丑吉寅凶卯平 辰凶巳平午吉未吉 申吉酉平戌凶亥凶	龍

西曆月日	農曆	星期	干支	宜	忌	幸運生肖	幸運數字	財位	幸運顏色	財運指數	是日吉時	沖
8 10	閏六月十七	日	辛亥	修飾垣牆 平治道塗 餘事勿取	諸事不宜	虎 兔 羊	1 4 6	西南	黑 藍 白	♥	子平丑吉寅凶卯吉 辰平巳凶午吉未吉 申平酉凶戌吉亥凶	蛇
8 11	閏六月十八	一	壬子	祭祀求嗣 開光出行 伐木作樑	嫁娶移徙	牛 龍 猴	3 4 6	正南	灰 藍 黑	♥	子吉丑吉寅凶卯吉 辰吉巳吉午凶未吉 申凶酉平戌平亥凶	馬
8 12	閏六月十九	二	癸丑	祭祀塞穴 入殮破土 安葬移柩	諸事不宜	鼠 蛇 雞	3 4 8	東北	青 綠 啡	♡	子吉丑吉寅凶卯平 辰吉巳吉午平未凶 申吉酉吉戌吉亥凶	羊
8 13	閏六月二十	三	甲寅	破屋壞垣 餘事勿取	諸事不宜	豬 馬 狗	1 3 8	東北	綠 青 黑	♡	子平丑平寅凶卯平 辰吉巳平午凶未吉 申凶酉吉戌吉亥凶	猴
8 14	閏六月廿一	四	乙卯	祭祀入殮 移柩結網 啟鑽安葬	諸事不宜	狗 羊 豬	1 3 6	正西	灰 青 藍	♥	子平丑平寅凶卯吉 辰平巳凶午平未吉 申吉酉凶戌吉亥凶	雞
8 15	閏六月廿二	五	丙辰	嫁娶出火 拆卸祭祀 祈福開光	栽種作灶 針灸出行	雞 猴 鼠	5 0	正西	黃 啡	♥♥	子平丑平寅凶卯平 辰凶巳吉午平未平 申吉酉吉戌凶亥凶	狗
8 16	閏六月廿三	六	丁巳	祭祀開光 解除進人口 交易立券	動土破土 嫁娶理髮 出行入宅	猴 雞 牛	5 7 9	正西	紅 啡	♥	子平丑吉寅凶卯凶 辰平巳吉午吉未吉 申平酉吉戌吉亥凶	豬

西曆月日	農曆	星期	干支	宜	忌	幸運生肖	幸運數字	財位	幸運顏色	財運指數	是日吉時	沖
8 17	閏六月廿四	日	戊午	嫁娶祭祀 祈福求嗣 開光出行	蓋屋入殮 安葬伐木 入宅移徙	虎 羊 狗	2 7 9	東南	紅 紫	♡	子凶丑平寅凶卯吉 辰平巳吉午平未吉 申吉酉吉戌平亥凶	鼠
8 18	閏六月廿五	一	己未	動土築堤 開池會親友 塞穴入殮	開光出行 修造上樑 入宅安門	豬 兔 馬	2 5 0	正北	黃 紅 啡	♡	子平丑凶寅凶卯吉 辰平巳吉午吉未吉 申吉酉平戌平亥凶	牛
8 19	閏六月廿六	二	庚申	裁衣安門 納財掃舍 出行進人口	安床動土 安葬開生墳 合壽木	龍 鼠 蛇	3 8 9	正東	綠 青 白	❤	子凶丑吉寅凶卯平 辰吉巳吉午吉未吉 申吉酉平戌凶亥凶	虎
8 20	閏六月廿七	三	辛酉	解除拆卸 修造動土 起基上樑	出行進人口 作灶入宅 移徙栽種	蛇 龍 牛	3 4 8	正東	白	❤❤	子平丑平寅凶卯凶 辰吉巳吉午吉未平 申平酉凶戌平亥凶	兔
8 21	閏六月廿八	四	壬戌	訂盟開光 出行解除 安香出火	伐木謝土 行喪祭祀 作灶動土	馬 兔 虎	1 6	正南	黑 藍	♡	子平丑平寅凶卯吉 辰凶巳吉午平未吉 申凶酉平戌吉亥凶	龍
8 22	閏六月廿九	五	癸亥	修飾垣牆 平治道塗 祭祀作灶	詞訟治病 置產作樑 祈福安葬	羊 兔 虎	6 7	正南	藍 灰	♡	子平丑平寅凶卯吉 辰吉巳凶午吉未凶 申平酉平戌吉亥凶	蛇
8 23	處暑	六	甲子	嫁娶祈福 求嗣出火 出行開光	齋醮開市 開倉作灶 造船	猴 龍 牛	4 7 0	東北	白 金 銀	❤	子吉丑吉寅平卯凶 辰吉巳平午凶未吉 申吉酉平戌平亥凶	馬

西曆月日	農曆	星期	干支	宜	忌	幸運生肖	幸運數字	財位	幸運顏色	財運指數	是日吉時	沖
8 24	七月初二	日	乙丑	破土安葬 移柩入殮 祭祀捕捉	嫁娶入宅 開市交易	鼠 雞 蛇	9 5 4	東北	啡 黃 白	❤	子吉丑吉寅凶卯吉 辰平巳凶午平未凶 申吉酉吉戌平亥凶	羊
8 25	七月初三	一	丙寅	破屋壞垣 治病 餘事勿取	祈福納采 訂盟嫁娶 入宅安葬	馬 豬 狗	9 7	正西	紅 青 綠	❤❤❤	子吉丑平寅凶卯吉 辰凶巳平午吉未平 申凶酉吉戌平亥凶	猴
8 26	七月初四	二	丁卯	嫁娶開光 祭祀祈福 求嗣安香	掘井理髮 作灶動土 破土開池	羊 狗 豬	7 2	正西	青 紫 紅	❤❤❤	子平丑平寅凶卯凶 辰平巳吉午吉未吉 申平酉凶戌平亥凶	雞
8 27	七月初五	三	戊辰	開光普渡 出行出火 拆卸修造	入宅嫁娶 掘井牧養	猴 雞 鼠	8 5 3	正北	啡 青	❤	子平丑吉寅凶卯平 辰平巳吉午平未吉 申平酉吉戌凶亥凶	狗
8 28	七月初六	四	己巳	嫁娶祭祀 祈福求嗣 裁衣冠笄	行喪安葬 出行作樑 納畜伐木	雞 猴 牛	8 7 3	正西	紅	❤	子吉丑凶寅凶卯平 辰平巳平午吉未吉 申吉酉平戌平亥吉	豬
8 29	七月初七	五	庚午	嫁娶納采 訂盟開光 祭祀出行	入宅上樑 入殮蓋屋 探病作灶	虎 狗 羊	9 7 2	正東	啡 黃 紅	❤❤❤	子凶丑吉寅凶卯平 辰平巳平午吉未吉 申吉酉吉戌凶亥凶	鼠
8 30	七月初八	六	辛未	祭祀出行 作樑出火 拆卸修造	嫁娶入宅 齋醮開光 針灸掘井	兔 豬 馬	0 5	東南	啡 黃	♡	子平丑凶寅凶卯吉 辰平巳吉午吉未平 申吉酉凶戌平亥凶	牛

西曆月日	農曆	星期	干支	宜	忌	幸運生肖	幸運數字	財位	幸運顏色	財運指數	是日吉時	沖
8 31	七月初九	日	壬申	嫁娶納采 訂盟祭祀 祈福求嗣	栽種掘井 動土安床 破土置產	鼠 蛇 龍	4 9	正南	白 金 銀	♥	子吉丑吉寅凶卯吉 辰吉巳吉午平未吉 申凶酉吉戌平亥凶	虎
9 1	七月初十	一	癸酉	修造動土 豎柱上樑 安床合脊	嫁娶開光 進人口出行 詞訟開市	龍 牛 蛇	4 9 0	正南	金 銀	♥	子吉丑吉寅凶卯凶 辰吉巳吉午平未凶 申吉酉平戌平亥凶	兔
9 2	七月十一	二	甲戌	理髮會親友 塑繪開光 栽種牧養	開市入宅 動土破土 安葬作灶	兔 虎 馬	2 7 9	東北	紫	♥	子平丑吉寅凶卯吉 辰凶巳吉午凶未吉 申平酉平戌平亥凶	龍
9 3	七月十二	三	乙亥	理髮作灶 修飾垣牆 平治道塗	嫁娶栽種 祈福造橋 安葬安門	虎 兔 羊	1 2 9	正南	黑 藍 灰	♥	子吉丑吉寅凶卯吉 辰平巳凶午平未吉 申平酉平戌平亥凶	蛇
9 4	七月十三	四	丙子	動土豎柱 上樑蓋屋 起基定磉	開市立券 置產作灶 造橋	牛 龍 猴	1 6	正西	黑	♥♥	子吉丑吉寅凶卯平 辰凶巳吉午凶未平 申平酉吉戌吉亥凶	馬
9 5	七月十四	五	丁丑	祭祀普渡 捕捉解除 結網畋獵	開市交易 入宅嫁娶	鼠 蛇 雞	1 5 0	正北	黃 啡 黑	♥	子吉丑平寅凶卯凶 辰平巳吉午吉未凶 申平酉吉戌平亥凶	羊
9 6	七月十五	六	戊寅	破屋壞垣 餘事勿取	齋醮開市	豬 馬 狗	4 5 9	正北	黃 啡 綠	♥♥♥	子平丑吉寅凶卯吉 辰吉巳吉午吉未吉 申凶酉平戌平亥凶	猴

西曆 月日	9 7	9 8	9 9	9 10	9 11	9 12	9 13
農曆	白露	七月十七	七月十八	七月十九	七月二十	七月廿一	七月廿二
星期	日	一	二	三	四	五	六
干支	己卯	庚辰	辛巳	壬午	癸未	甲申	乙酉
宜	訂盟納采 祈福安香 出火開市	嫁娶祈福 求嗣出行 拆卸修造	開市交易 立券掛匾 開光入宅	祭祀理髮 嫁娶針灸 入殮移柩	立碑修墳 啟鑽除服 餘事勿取	嫁娶出行 伐木拆卸 修造動土	祭祀出行 掃舍 餘事勿取
忌	動土破土 嫁娶掘井 安床	／	嫁娶立碑 出行伐木 安葬行喪	探病開渠 安葬伐木 作灶入宅	餘事勿取	掘井祈福 安床開市 入宅開光	諸事不宜
幸運生肖	狗 羊 豬	雞 猴 鼠	猴 雞 牛	虎 羊 狗	豬 兔 馬	龍 鼠 蛇	蛇 龍 牛
幸運數字	3 8	4 5 0	2 4 7	2 4 7	3 5 0	1 6	1 4 9
財位	西北	正東	西北	正南	正東	東北	西南
幸運顏色	綠 青	白 黃 啡	紅 金	紅 青 綠	青 綠 黃	黑 藍	白 金 銀
財運指數	♥	♥	♥	♥	♡	♥♥♥	♥♥♥
是日吉時	子吉丑凶寅吉卯凶 辰平巳平午吉未吉 申平酉凶戌平亥凶	子凶丑吉寅吉卯凶 辰吉巳吉午吉未吉 申平酉平戌凶亥凶	子平丑吉寅吉卯凶 辰平巳吉午吉未吉 申平酉凶戌吉亥凶	子凶丑吉寅吉卯凶 辰平巳吉午平未吉 申凶酉平戌平亥凶	子吉丑凶寅吉卯凶 辰平巳吉午吉未凶 申平酉平戌吉亥凶	子吉丑吉寅凶卯凶 辰吉巳吉午凶未吉 申吉酉吉戌平亥凶	子吉丑吉寅吉卯凶 辰吉巳凶午平未平 申吉酉吉戌平亥凶
沖	雞	狗	豬	鼠	牛	虎	兔

西曆月日	9/14	9/15	9/16	9/17	9/18	9/19	9/20
農曆	七月廿三	七月廿四	七月廿五	七月廿六	七月廿七	七月廿八	七月廿九
星期	日	一	二	三	四	五	六
干支	丙戌	丁亥	戊子	己丑	庚寅	辛卯	壬辰
宜	嫁娶祭祀 塑繪開光 出行解除	開市交易 立券掛匾 開光出行	修飾垣牆 平治道塗 餘事勿取	嫁娶祭祀 祈福求嗣 開光出行	解除壞垣 餘事勿取	祭祀治病 破屋壞垣 餘事勿取	嫁娶納采 訂盟祭祀 開光出行
忌	伐木行喪 作灶作樑 安葬	作灶行喪 理髮乘船 嫁娶安葬	諸事不宜	／	諸事不宜	諸事不宜	開市掘井 開渠造橋 造船
幸運生肖	馬 兔 虎	羊 兔 虎	猴 龍 牛	蛇 雞 鼠	狗 豬 馬	豬 狗 羊	鼠 雞 猴
幸運數字	5 0	1 5 0	2 7 9	2 5 7	3 8	3 4 8	1 5 6
財位	正西	西南	正北	東北	正東	正西	正南
幸運顏色	啡 黃	灰 藍 黃	紅 紫	黃 紅 啡	綠 青	綠 青	黑 藍 啡
財運指數	♡	❤	❤	❤❤❤	❤❤❤	♡	❤❤
是日吉時	子吉丑平寅吉卯凶 辰凶巳吉午平未平 申吉酉吉戌吉亥凶	子平丑平寅吉卯凶 辰平巳凶午吉未吉 申平酉吉戌吉亥凶	子平丑吉寅凶卯凶 辰吉巳吉午凶未平 申吉酉吉戌平亥凶	子吉丑凶寅吉卯凶 辰平巳吉午平未凶 申吉酉吉戌平亥凶	子凶丑吉寅吉卯凶 辰吉巳平午平未平 申凶酉平戌凶亥凶	子平丑平寅吉卯凶 辰平巳吉午吉未平 申平酉凶戌吉亥凶	子平丑吉寅吉卯凶 辰平巳吉午平未平 申凶酉吉戌凶亥凶
沖	龍	蛇	馬	羊	猴	雞	狗

西曆月日	農曆	星期	干支	宜	忌	幸運生肖	幸運數字	財位	幸運顏色	財運指數	是日吉時	沖
9 21	七月三十	日	癸巳	開市交易 立券納財 掛匾栽種	嫁娶破土 進人口出行 入宅移徙	雞 猴 牛	7 6 2	正西	紫 黑 紅	♥	子吉丑平寅平卯凶 辰吉巳吉午平未凶 申吉酉平戌吉亥凶	豬
9 22	八月初一	一	甲午	嫁娶祭祀 理髮進人口 作灶移柩	開倉伐木 納畜開市 上樑蓋屋	虎 狗 羊	9 7 4	東北	紅 金 白	♡	子凶丑吉寅吉卯凶 辰平巳平午凶未吉 申平酉吉戌平亥凶	鼠
9 23	秋分	二	乙未	祭祀修墳 啟鑽移柩 餘事勿取	開市入宅 嫁娶動土 破土安葬	兔 豬 馬	0 5 4	東南	金 白 黃	♡	子吉丑凶寅吉卯凶 辰平巳凶午平未平 申吉酉平戌吉亥凶	牛
9 24	八月初三	三	丙申	嫁娶冠笄 安機械解除 納畜牧養	祈福開光 開市入宅 動土	龍 蛇 鼠	9 4 2	正西	紅 白	♥♥♥	子吉丑吉寅凶卯凶 辰凶巳吉午平未吉 申吉酉吉戌吉亥凶	虎
9 25	八月初四	四	丁酉	祭祀出行 掃舍安葬 餘事勿取	動土破土 置產掘井	蛇 牛 龍	7 4	正南	金 紫 紅	♥	子平丑吉寅平卯凶 辰平巳平午吉未吉 申平酉吉戌平亥凶	兔
9 26	八月初五	五	戊戌	嫁娶納采 解除出行 修造動土	造廟行喪 安葬伐木 作灶造船	虎 兔 馬	8 3	正北	啡 青	♡	子平丑吉寅凶卯凶 辰凶巳平午吉未吉 申吉酉平戌平亥凶	龍
9 27	八月初六	六	己亥	納采訂盟 開市交易 立券掛匾	齋醮嫁娶 行喪動土 作灶安葬	虎 兔 羊	6 3 1	正南	藍 綠 黑	♥	子吉丑凶寅吉卯凶 辰平巳凶午吉未吉 申吉酉平戌平亥凶	蛇

西曆月日	農曆	星期	干支	宜	忌	幸運生肖	幸運數字	財位	幸運顏色	財運指數	是日吉時	沖
9 28	八月初七	日	庚子	修飾垣牆 平治道塗 餘事勿取	嫁娶入宅 安床出行	猴 龍 牛	5 6 0	正東	啡 黃 黑	♥	子凶丑吉寅平卯凶 辰平巳平午凶未吉 申吉酉吉戌凶亥凶	馬
9 29	八月初八	一	辛丑	開光祈福 求嗣齋醮 修造動土	作灶出火 進人口開渠 入宅移徙	蛇 雞 鼠	5 0	正北	黃 啡	♡	子平丑吉寅吉卯凶 辰平巳吉午吉未凶 申吉酉凶戌平亥凶	羊
9 30	八月初九	二	壬寅	開光解除 拆卸修造 動土豎柱	出火入宅 移徙祈福 祭祀安床	狗 豬 馬	3 8 9	正南	白 綠 金	♡	子平丑吉寅吉卯凶 辰平巳平午平未吉 申凶酉平戌吉亥凶	猴
10 1	國慶日	三	癸卯	破屋壞垣 求醫治病 餘事勿取	移徙入宅	豬 狗 羊	4 9	西北	白 金 銀	♥♥	子吉丑平寅吉卯凶 辰平巳平午平未凶 申平酉凶戌吉亥凶	雞
10 2	八月十一	四	甲辰	嫁娶納采 訂盟祭祀 祈福求嗣	開市開倉 安門安葬	鼠 雞 猴	5 9	東北	紅 紫 啡	♥♥♥	子吉丑吉寅平卯凶 辰吉巳平午凶未吉 申平酉吉戌凶亥凶	狗
10 3	八月十二	五	乙巳	嫁娶納采 訂盟祈福 求嗣開光	安葬納畜 出行行喪 伐木栽種	牛 猴 雞	2 7	西北	紅 紫	♡	子吉丑吉寅平卯凶 辰平巳凶午平未平 申吉酉吉戌吉亥凶	豬
10 4	八月十三	六	丙午	祭祀冠笄 捕捉 餘事勿取	嫁娶開市 蓋屋作樑 合壽木	羊 狗 虎	1 2 9	正西	紅 藍 紫	♥♥♥	子凶丑平寅平卯凶 辰凶巳吉午吉未平 申吉酉吉戌吉亥凶	鼠

西曆月日	農曆	星期	干支	宜	忌	幸運生肖	幸運數字	財位	幸運顏色	財運指數	是日吉時	沖
10 5	八月十四	日	丁未	祭祀解除 結網畋獵 取漁入學	開市祈福 動土破土 入殮安葬	馬 豬 兔	1 5 0	正東	黃 啡 黑	♡	子平丑凶寅平卯凶 辰平巳吉午吉未吉 申平酉吉戌平亥凶	牛
10 6	中秋節	一	戊申	冠笄出行 修造動土 移徙入宅	嫁娶開市 祭祀祈福 齋醮納采	鼠 蛇 龍	4 5 9	正北	白 金 黃	♥♥♥	子平丑吉寅凶卯凶 辰吉巳吉午平未吉 申吉酉平戌平亥凶	虎
10 7	中秋節翌日	二	己酉	祭祀出行	嫁娶入宅 修造動土 會親友破土	龍 牛 蛇	4 0	西南	金 銀	♥	子吉丑凶寅平卯凶 辰吉巳吉午吉未吉 申吉酉平戌平亥凶	兔
10 8	寒露	三	庚戌	祭祀出行 裁衣冠笄 會親友	動土伐木 作樑行喪 安葬開生墳	兔 虎 馬	4 5 0	正北	金 銀 黃	♥	子凶丑吉寅平卯平 辰凶巳平午吉未吉 申吉酉平戌凶亥凶	龍
10 9	八月十八	四	辛亥	祭祀祈福 求嗣開光 出行解除	安葬修墳 作灶破土 造廟動土	虎 兔 羊	1 4 6	正東	黑 藍 白	♥	子平丑吉寅吉卯吉 辰凶巳凶午吉未吉 申平酉凶戌吉亥凶	蛇
10 10	八月十九	五	壬子	開市交易 立券納財 開光理髮	嫁娶作灶 出火出行 入宅移徙	牛 龍 猴	3 4 6	正南	灰 藍 黑	♥	子吉丑吉寅吉卯吉 辰凶巳吉午凶未吉 申凶酉平戌平亥凶	馬
10 11	八月二十	六	癸丑	造畜稠 平治道塗 餘事勿取	諸事不宜	鼠 蛇 雞	3 4 8	東北	青 綠 啡	♡	子吉丑吉寅平卯平 辰凶巳吉午平未凶 申吉酉吉戌吉亥凶	羊

西曆月日	農曆	星期	干支	宜	忌	幸運生肖	幸運數字	財位	幸運顏色	財運指數	是日吉時	沖
10 12	八月廿一	日	甲寅	入殮破土 安葬啟鑽 餘事勿取	餘事勿取	豬 馬 狗	1 3 8	東北	綠 青 黑	♡	子平丑平寅吉卯平 辰凶巳平午凶未吉 申凶酉吉戌吉亥凶	猴
10 13	八月廿二	一	乙卯	祭祀入殮 移柩開生墳 破土啟鑽	餘事勿取	狗 羊 豬	1 3 6	正西	灰 青 藍	♥	子平丑平寅吉卯吉 辰凶巳凶午平未吉 申吉酉凶戌吉亥凶	雞
10 14	八月廿三	二	丙辰	祭祀解除 破屋壞垣 餘事勿取	諸事不宜	雞 猴 鼠	5 0	正西	黃 啡	♥♥	子平丑平寅平卯平 辰凶巳吉午平未平 申吉酉吉戌凶亥凶	狗
10 15	八月廿四	三	丁巳	嫁娶求嗣 納采進人口 納財結網	上樑作灶 伐木出行 安葬安門	猴 雞 牛	5 7 9	正西	紅 啡	♥	子平丑吉寅平卯凶 辰凶巳吉午吉未吉 申平酉吉戌吉亥凶	豬
10 16	八月廿五	四	戊午	嫁娶開市 開光出行 入宅移徙	納畜伐木 置產作樑 行喪安葬	虎 羊 狗	2 7 9	東南	紅 紫	♡	子凶丑平寅凶卯吉 辰凶巳吉午平未吉 申吉酉吉戌平亥凶	鼠
10 17	八月廿六	五	己未	嫁娶祭祀 作灶納財	安葬開市 修墳立碑	豬 兔 馬	2 5 0	正北	黃 紅 啡	♡	子平丑凶寅吉卯吉 辰凶巳吉午吉未吉 申吉酉平戌平亥凶	牛
10 18	八月廿七	六	庚申	嫁娶祈福 求嗣開光 出行解除	安床安葬	龍 鼠 蛇	3 8 9	正東	綠 青 白	♥	子凶丑吉寅凶卯平 辰凶巳吉午吉未吉 申吉酉平戌凶亥凶	虎

西曆月日	農曆	星期	干支	宜	忌	幸運生肖	幸運數字	財位	幸運顏色	財運指數	是日吉時	沖
10 19	八月廿八	日	辛酉	嫁娶祭祀 祈福求嗣 動土安床	開光栽種	牛 龍 蛇	8 4 3	正東	白	♥♥	子平丑平寅吉卯凶 辰凶巳吉午吉未平 申平酉凶戌平亥凶	兔
10 20	八月廿九	一	壬戌	祭祀祈福 求嗣開光 出行解除	伐木行喪 破土嫁娶 安葬開渠	虎 兔 馬	6 1	正南	藍 黑	♡	子平丑平寅吉卯吉 辰凶巳吉午平未吉 申凶酉平戌吉亥凶	龍
10 21	九月初一	二	癸亥	祭祀開光 出行解除 理髮伐木	嫁娶安葬 行喪詞訟 造橋作灶	虎 兔 羊	7 6	正南	灰 藍	♡	子平丑平寅吉卯吉 辰凶巳凶午吉未凶 申平酉平戌吉亥凶	蛇
10 22	九月初二	三	甲子	納采訂盟 沐浴理髮 裁衣冠笄	開市入宅 出行嫁娶 修墳動土	牛 龍 猴	0 7 4	東北	銀 金 白	♥	子吉丑吉寅吉卯平 辰凶巳平午凶未吉 申吉酉平戌平亥凶	馬
10 23	霜降	四	乙丑	解除祭祀 修飾垣牆 平治道塗	嫁娶開市 交易入宅 入學安葬	鼠 雞 蛇	9 5 4	東北	啡 黃 白	♥	子吉丑吉寅吉卯吉 辰凶巳凶午平未凶 申吉酉吉戌平亥凶	羊
10 24	九月初四	五	丙寅	入殮破土 啟鑽安葬 餘事勿取	開市入宅 祭祀置產 補垣塞穴	馬 豬 狗	9 7	正西	紅 青 綠	♥♥♥	子吉丑平寅平卯吉 辰凶巳平午吉未平 申凶酉吉戌平亥凶	猴
10 25	九月初五	六	丁卯	嫁娶祭祀 祈福求嗣 開光出行	入宅移徙 掘井理髮 伐木交易	羊 狗 豬	7 2	正西	青 紫 紅	♥♥♥	子平丑平寅吉卯凶 辰凶巳吉午吉未吉 申凶酉凶戌平亥凶	雞

西曆月日	農曆	星期	干支	宜	忌	幸運生肖	幸運數字	財位	幸運顏色	財運指數	是日吉時	沖
10 26	九月初六	日	戊辰	祭祀沐浴 破屋壞垣 餘事勿取	嫁娶入宅 上樑出行 安葬	鼠 雞 猴	3 5 8	正北	青 啡	♥	子平丑吉寅凶卯吉 辰凶巳吉午平未吉 申吉酉吉戌凶亥凶	狗
10 27	九月初七	一	己巳	祭祀求嗣 冠笄安門 安床經絡	祈福齋醮 納采訂盟 嫁娶入宅	牛 猴 雞	3 7 8	正西	紅	♥	子吉丑凶寅吉卯平 辰凶巳平午吉未吉 申吉酉平戌平亥凶	豬
10 28	九月初八	二	庚午	嫁娶納采 訂盟開市 交易立券	探病納畜 伐木起基 作樑蓋屋	羊 狗 虎	2 7 9	正東	紅 黃 啡	♥♥♥	子凶丑吉寅吉卯平 辰凶巳平午吉未吉 申吉酉吉戌凶亥凶	鼠
10 29	重陽節	三	辛未	祭祀冠笄 移徙納財 理髮捕捉	嫁娶開市 開池開廁 破土	馬 豬 兔	5 0	東南	黃 啡	♡	子平丑凶寅吉卯吉 辰凶巳吉午吉未平 申吉酉凶戌平亥凶	牛
10 30	九月初十	四	壬申	祭祀祈福 求嗣齋醮 開光出行	安門安床 裁衣入宅 安葬	鼠 蛇 龍	4 9	正南	白 金 銀	♥	子吉丑吉寅凶卯吉 辰凶巳吉午平未吉 申凶酉吉戌平亥凶	虎
10 31	九月十一	五	癸酉	嫁娶裁衣 冠笄合帳 出行安床	開市出行 栽種置產 詞訟安門	龍 牛 蛇	4 9 0	正南	金 銀	♥	子吉丑吉寅吉卯凶 辰凶巳吉午平未凶 申吉酉平戌平亥凶	兔
11 1	九月十二	六	甲戌	祭祀出行 修造上樑 蓋屋安門	開倉動土 破土安葬 行喪伐木	兔 虎 馬	2 7 9	東北	紫	♥	子平丑吉寅吉卯吉 辰凶巳吉午凶未吉 申平酉平戌平亥凶	龍

西曆月日	11 2	11 3	11 4	11 5	11 6	11 7	11 8
農曆	九月十三	九月十四	九月十五	九月十六	九月十七	立冬	九月十九
星期	日	一	二	三	四	五	六
干支	乙亥	丙子	丁丑	戊寅	己卯	庚辰	辛巳
宜	開光出行 解除伐木 作樑出火	開市交易 立券納畜 牧養問名	祭祀 平治道塗 餘事勿取	捕捉畋獵 餘事勿取	嫁娶納采 訂盟祭祀 祈福求嗣	祭祀解除 破屋壞垣 餘事勿取	破屋壞垣 餘事勿取
忌	造廟嫁娶 掘井栽種 造橋作灶	入宅上樑 齋醮出火 謝土	嫁娶開市	開市交易 祭祀入宅 安葬	開市破土 掘井合壽木	開市嫁娶	諸事不宜
幸運生肖	虎 兔 羊	牛 龍 猴	鼠 蛇 雞	豬 馬 狗	狗 羊 豬	雞 猴 鼠	猴 雞 牛
幸運數字	1 2 9	1 6	1 5 0	4 5 9	3 8	4 5 0	2 4 7
財位	正南	正西	正北	正北	西北	正東	西北
幸運顏色	黑 藍 灰	黑	黃 啡 黑	黃 啡 綠	綠 青	白 黃 啡	紅 金
財運指數	❤	❤❤	❤	❤❤❤	❤	❤	❤
是日吉時	子吉丑吉寅吉卯吉 辰凶巳凶午平未吉 申平酉平戌平亥凶	子吉丑吉寅平卯平 辰凶巳吉午凶未平 申平酉吉戌吉亥凶	子吉丑平寅平卯凶 辰凶巳吉午吉未凶 申平酉吉戌平亥凶	子平丑吉寅凶卯吉 辰凶巳吉午吉未吉 申凶酉平戌平亥	子吉丑凶寅吉卯吉 辰凶巳平午吉未吉 申平酉凶戌平亥凶	子凶丑吉寅吉卯平 辰吉巳凶午吉未吉 申平酉平戌凶亥	子平丑吉寅吉卯平 辰平巳凶午吉未吉 申平酉凶戌吉亥凶
沖	蛇	馬	羊	猴	雞	狗	豬

西曆月日	農曆	星期	干支	宜	忌	幸運生肖	幸運數字	財位	幸運顏色	財運指數	是日吉時	沖
11 9	九月二十	日	壬午	嫁娶祭祀開光出火出行拆卸	探病安葬	虎羊狗	2 4 7	正南	紅青綠	❤	子凶丑吉寅吉卯吉辰平巳凶午吉未凶申凶酉平戌平亥凶	鼠
11 10	九月廿一	一	癸未	求嗣開光解除修墳立碑啟鑽	入宅作灶詞訟移徙出行赴任	豬兔馬	3 5 0	正東	青綠黃	♡	子吉丑凶寅吉卯吉辰平巳凶午吉未凶申平酉平戌吉亥凶	牛
11 11	九月廿二	二	甲申	祭祀結網移柩入殮除服成服	安床開市交易安葬修墳嫁娶	龍鼠蛇	1 6	東北	黑藍	❤❤❤	子吉丑吉寅凶卯平辰吉巳凶午凶未吉申吉酉吉戌平亥凶	虎
11 12	九月廿三	三	乙酉	解除餘事勿取	餘事勿取	蛇龍牛	1 4 9	西南	白金銀	❤❤❤	子吉丑吉寅吉卯凶辰吉巳凶午平未平申吉酉吉戌平亥凶	兔
11 13	九月廿四	四	丙戌	安床開池補垣入殮移柩破土	入宅移徙嫁娶掘井作灶開市	馬兔虎	5 0	正西	啡黃	♡	子吉丑平寅吉卯吉辰凶巳凶午平未平申吉酉吉戌吉亥凶	龍
11 14	九月廿五	五	丁亥	祭祀沐浴餘事勿取	餘事勿取	羊兔虎	1 5 0	西南	灰藍黃	❤	子平丑吉寅吉卯凶辰平巳凶午吉未吉申平酉吉戌吉亥凶	蛇
11 15	九月廿六	六	戊子	嫁娶開光出行解除出火拆卸	置產安床	猴龍牛	2 7 9	正北	紅紫	❤	子平丑吉寅凶卯吉辰吉巳凶午凶未平申吉酉吉戌平亥凶	馬

西曆月日	農曆	星期	干支	宜	忌	幸運生肖	幸運數字	財位	幸運顏色	財運指數	是日吉時	沖
11 16	九月廿七	日	己丑	開光裁衣 安門會親友 安床結網	嫁娶冠笄 出行祈福 安葬伐木	鼠 雞 蛇	7 5 2	東北	啡 紅 黃	❤❤❤	子吉丑凶寅吉卯吉 辰平巳凶午平未凶 申吉酉吉戌平亥凶	羊
11 17	九月廿八	一	庚寅	嫁娶開光 出行出火 拆卸修造	祈福祭祀 伐木掘井 作灶謝土	馬 豬 狗	8 3	正東	青 綠	❤❤❤	子凶丑吉寅吉卯吉 辰吉巳凶午平未平 申凶酉平戌凶亥凶	猴
11 18	九月廿九	二	辛卯	開市交易 立券掛匾 伐木入宅	栽種掘井 置產	羊 狗 豬	8 4 3	正西	青 綠	♡	子平丑平寅吉卯吉 辰平巳凶午吉未平 申平酉凶戌吉亥凶	雞
11 19	九月三十	三	壬辰	祭祀理髮 針灸解除 進人口	嫁娶動土 造船開池 掘井出行	猴 雞 鼠	6 5 1	正南	啡 藍 黑	❤❤	子平丑吉寅吉卯吉 辰平巳凶午平未平 申凶酉吉戌凶亥凶	狗
11 20	十月初一	四	癸巳	破屋壞垣 求醫治病 餘事勿取	嫁娶安葬	雞 猴 牛	7 6 2	正西	紫 黑 紅	❤	子吉丑平寅平卯吉 辰吉巳凶午平未凶 申吉酉平戌吉亥凶	豬
11 21	十月初二	五	甲午	入學修造 動土起基 安門安床	上樑開倉 出貨財蓋屋 造船	虎 狗 羊	9 7 4	東北	紅 金 白	♡	子凶丑吉寅吉卯平 辰平巳凶午凶未吉 申平酉吉戌平亥凶	鼠
11 22	小雪	六	乙未	祭祀祈福 求嗣開光 解除伐木	嫁娶進人口 入宅移徙 出火出行	兔 豬 馬	0 5 4	東南	金 白 黃	♡	子吉丑凶寅吉卯吉 辰平巳凶午平未平 申吉酉平戌吉亥凶	牛

西曆月日	農曆	星期	干支	宜	忌	幸運生肖	幸運數字	財位	幸運顏色	財運指數	是日吉時	沖
11 23	十月初四	日	丙申	掃舍塞穴 捕捉解除 餘事勿取	嫁娶入宅 開市安床 破土修墳	鼠 蛇 龍	2 4 9	正西	白 紅	❤❤❤	子吉丑吉寅凶卯平 辰凶巳凶午平未吉 申吉酉吉戌吉亥凶	虎
11 24	十月初五	一	丁酉	嫁娶冠笄 祭祀祈福 求嗣齋醮	伐木上樑 修造入殮 理髮安門	龍 牛 蛇	4 7	正南	紅 紫 金	❤	子平丑平寅平卯凶 辰平巳凶午吉未吉 申平酉吉戌平亥凶	兔
11 25	十月初六	二	戊戌	合帳裁衣 嫁娶安床 入殮移柩	置產造船 開光掘井 作灶	馬 兔 虎	3 8	正北	青 啡	♡	子平丑吉寅凶卯吉 辰凶巳凶午吉未吉 申吉酉平戌平亥凶	龍
11 26	十月初七	三	己亥	解除出行 修飾垣牆 餘事勿取	開市動土 破土嫁娶 安葬	羊 兔 虎	1 3 6	正南	黑 綠 藍	❤	子吉丑凶寅吉卯吉 辰平巳凶午吉未吉 申吉酉平戌平亥凶	蛇
11 27	十月初八	四	庚子	納采訂盟 嫁娶祭祀 祈福求嗣	作灶經絡 安床	猴 龍 牛	5 6 0	正東	啡 黃 黑	❤	子凶丑吉寅平卯平 辰平巳凶午凶未吉 申吉酉吉戌凶亥凶	馬
11 28	十月初九	五	辛丑	祭祀塑繪 理髮會親友 牧養開池	祈福謝土 安葬上樑 作灶開市	蛇 雞 鼠	5 0	正北	黃 啡	♡	子平丑吉寅吉卯吉 辰平巳凶午吉未凶 申吉酉凶戌平亥凶	羊
11 29	十月初十	六	壬寅	出行納財 開市交易 立券動土	造廟謝土 作灶作樑 伐木安葬	狗 豬 馬	3 4 8	正南	白 綠 金	♡	子平丑吉寅吉卯吉 辰平巳凶午平未吉 申凶酉平戌吉亥凶	猴

西曆月日	11 30	12 1	12 2	12 3	12 4	12 5	12 6
農曆	十月十一	十月十二	十月十三	十月十四	十月十五	十月十六	十月十七
星期	日	一	二	三	四	五	六
干支	癸卯	甲辰	乙巳	丙午	丁未	戊申	己酉
宜	嫁娶納采 訂盟祭祀 齋醮開光	嫁娶納采 訂盟祭祀 開光出行	祭祀解除 破屋壞垣 求醫治病	祭祀掃舍 破土安葬 除服成服	訂盟納采 會親友祭祀 祈福修造	祭祀沐浴 捕捉畋獵 結網掃舍	開市納財 出行祭祀 祈福求嗣
忌	置產掘井 詞訟栽種	破土動土 安門作灶 開市交易	嫁娶安葬	嫁娶入宅 修造 動土	結婚冠帶	嫁娶納采 訂盟安床 動土破土	移徙入宅 出火入殮 安葬
幸運生肖	羊 狗 豬	猴 雞 鼠	雞 猴 牛	虎 狗 羊	兔 豬 馬	龍 蛇 鼠	蛇 牛 龍
幸運數字	9 4	9 5	7 2	9 2 1	0 5 1	9 5 4	0 4
財位	西北	東北	西北	正西	正東	正北	西南
幸運顏色	銀 金 白	啡 紫 紅	紫 紅	紫 藍 紅	黑 啡 黃	黃 金 白	銀 金
財運指數	♥♥	♥♥♥	♡	♥♥♥	♡	♥♥♥	♥
是日吉時	子吉丑平寅吉卯吉 辰平巳凶午平未凶 申平酉凶戌吉亥凶	子吉丑吉寅平卯平 辰吉巳凶午凶未吉 申平酉吉戌凶亥凶	子吉丑吉寅平卯平 辰平巳凶午平未平 申吉酉吉戌吉亥凶	子凶丑平寅平卯平 辰凶巳凶午吉未平 申吉酉吉戌吉亥凶	子平丑凶寅平卯凶 辰平巳凶午吉未吉 申平酉吉戌平亥凶	子平丑吉寅凶卯平 辰吉巳凶午平未吉 申吉酉平戌平亥凶	子吉丑凶寅平卯凶 辰吉巳凶午吉未吉 申吉酉平戌平亥凶
沖	雞	狗	豬	鼠	牛	虎	兔

西曆月日	農曆	星期	干支	宜	忌	幸運生肖	幸運數字	財位	幸運顏色	財運指數	是日吉時	沖
12 7	大雪	日	庚戌	祭祀開光 祈福解除 作樑動土	嫁娶出行 赴任蓋屋 入殮入宅	兔 虎 馬	4 5 0	正東	金 銀 黃	♥	子凶丑吉寅平卯平 辰凶巳平午凶未吉 申吉酉平戌凶亥凶	龍
12 8	十月十九	一	辛亥	作樑修造 動土安門 作灶塞穴	嫁娶祈福 掘井行喪 安葬安床	虎 兔 羊	1 4 6	西南	黑 藍 白	♥	子平丑吉寅吉卯吉 辰平巳凶午凶未吉 申平酉凶戌吉亥凶	蛇
12 9	十月二十	二	壬子	安葬啟鑽 移柩入殮 除服成服	餘事勿取	牛 龍 猴	3 4 6	正南	灰 藍 黑	♥	子吉丑吉寅吉卯吉 辰吉巳吉午凶未吉 申凶酉平戌平亥凶	馬
12 10	十月廿一	三	癸丑	嫁娶祭祀 祈福求嗣 出行拆卸	作灶塑繪 行喪詞訟 伐木安葬	鼠 蛇 雞	3 4 8	東北	青 綠 啡	♡	子吉丑吉寅平卯平 辰吉巳吉午凶未凶 申吉酉吉戌吉亥凶	羊
12 11	十月廿二	四	甲寅	開市交易 立券掛匾 安床栽種	移徙作灶 祈福祭祀 嫁娶謝土	豬 馬 狗	1 3 8	東北	綠 青 黑	♡	子平丑平寅吉卯平 辰吉巳平午凶未吉 申凶酉吉戌吉亥凶	猴
12 12	十月廿三	五	乙卯	祭祀 修飾垣牆 餘事勿取	諸事不宜	狗 羊 豬	1 3 6	正西	灰 青 藍	♥	子平丑平寅吉卯吉 辰平巳凶午凶未吉 申吉酉凶戌吉亥凶	雞
12 13	十月廿四	六	丙辰	入宅安床 開光祭祀 出火拆卸	嫁娶開市 作灶置產 作樑伐木	雞 猴 鼠	5 0	正西	黃 啡	♥♥	子平丑平寅平卯平 辰凶巳吉午凶未平 申吉酉吉戌凶亥凶	狗

西曆月日	農曆	星期	干支	宜	忌	幸運生肖	幸運數字	財位	幸運顏色	財運指數	是日吉時	沖
12 14	十月廿五	日	丁巳	祭祀解除 餘事勿取	諸事不宜	猴 雞 牛	5 7 9	正西	紅 啡	♥	子平丑吉寅平卯凶 辰平巳吉午凶未吉 申平酉吉戌吉亥凶	豬
12 15	十月廿六	一	戊午	破屋壞垣 祭祀沐浴 餘事勿取	諸事不宜	虎 羊 狗	2 7 9	東南	紅 紫	♡	子凶丑平寅凶卯吉 辰平巳吉午凶未吉 申吉酉吉戌平亥凶	鼠
12 16	十月廿七	二	己未	安床祭祀 祈福求嗣 冠笄伐木	安門栽種 作灶治病	豬 兔 馬	2 5 0	正北	黃 紅 啡	♡	子平丑凶寅吉卯吉 辰平巳吉午凶未吉 申吉酉平戌平亥凶	牛
12 17	十月廿八	三	庚申	解除掃舍 餘事勿取	諸事不宜	龍 鼠 蛇	3 8 9	正東	綠 青 白	♥	子凶丑吉寅凶卯平 辰吉巳吉午凶未吉 申吉酉平戌凶亥凶	虎
12 18	十月廿九	四	辛酉	祭祀開光 理髮 整手足甲	伐木納畜 破土安葬 開生墳嫁娶	蛇 龍 牛	3 4 8	正東	白	♥♥	子平丑平寅吉卯凶 辰吉巳吉午凶未平 申平酉凶戌平亥凶	兔
12 19	十月三十	五	壬戌	祭祀祈福 求嗣開光 拆卸修造	嫁娶安葬 出行赴任 入宅移徙	馬 兔 虎	1 6	正南	黑 藍	♡	子平丑平寅吉卯吉 辰凶巳吉午凶未吉 申凶酉平戌吉亥凶	龍
12 20	十一月初一	六	癸亥	沐浴冠笄 補垣塞穴	移徙入宅 嫁娶祈福 開光掘井	羊 兔 虎	6 7	正南	藍 灰	♡	子平丑平寅吉卯吉 辰吉巳凶午凶未凶 申平酉平戌吉亥凶	蛇

西曆月日	農曆	星期	干支	宜	忌	幸運生肖	幸運數字	財位	幸運顏色	財運指數	是日吉時	沖
12 21	冬至	日	甲子	交易進人口 祭祀沐浴 捕捉入殮	齋醮入宅 修造動土 破土	猴 龍 牛	4 7 0	東北	白 金 銀	❤	子吉丑吉寅吉卯平 辰吉巳平午凶未吉 申吉酉平戌平亥凶	馬
12 22	十一月初三	一	乙丑	嫁娶納采 訂盟祭祀 祈福造廟	齋醮伐木 作樑安葬 行喪	蛇 雞 鼠	4 5 9	東北	白 黃 啡	❤	子吉丑吉寅吉卯吉 辰平巳凶午凶未凶 申吉酉吉戌平亥凶	羊
12 23	十一月初四	二	丙寅	伐木拆卸 起基安床 安門解除	嫁娶動土 破土祈福 出火入宅	狗 豬 馬	7 9	正西	綠 青 紅	❤❤❤	子吉丑平寅平卯吉 辰凶巳平午凶未平 申凶酉吉戌平亥凶	猴
12 24	十一月初五	三	丁卯	平治道塗 除服成服 安葬	嫁娶入宅 納采訂盟 掘井	豬 狗 羊	2 7	正西	紅 紫 青	❤❤❤	子平丑平寅吉卯凶 辰平巳吉午凶未吉 申平酉凶戌平亥凶	雞
12 25	聖誕節	四	戊辰	納采訂盟 祭祀祈福 開光安香	開市造廟 置產掘井	鼠 雞 猴	3 5 8	正北	青 啡	❤	子平丑吉寅凶卯吉 辰平巳吉午凶未吉 申吉酉吉戌凶亥凶	狗
12 26	聖誕節翌日	五	己巳	嫁娶冠笄 祭祀祈福 求嗣齋醮	開生墳 破土行喪 安葬	牛 猴 雞	3 7 8	正西	紅	❤	子吉丑凶寅吉卯平 辰平巳平午凶未吉 申吉酉平戌平亥凶	豬
12 27	十一月初八	六	庚午	破屋壞垣 治病 餘事勿取	移徙入宅	羊 狗 虎	2 7 9	正東	紅 黃 啡	❤❤❤	子凶丑吉寅吉卯平 辰平巳平午凶未吉 申吉酉吉戌凶亥凶	鼠

2026

西曆 月	12	12	12	12	1	1	1
西曆 日	28	29	30	31	1	2	3
農曆	十一月初九	十一月初十	十一月十一	十一月十二	元旦	十一月十四	十一月十五
星期	日	一	二	三	四	五	六
干支	辛未	壬申	癸酉	甲戌	乙亥	丙子	丁丑
宜	安床架馬 祭祀塑繪 開光出行	嫁娶祭祀 祈福求嗣 開光出行	祭祀理髮 納財進人口 栽種掃舍	納采訂盟 祭祀祈福 求嗣塑繪	動土起基 上樑安門 補垣塞穴	造畜稠 教牛馬	訂盟納采 祭祀祈福 出行安香
忌	作灶安門 造橋開市 安葬	伐木作樑 動土安床 破土栽種	會親友安葬 入宅移徙 安床開市	嫁娶開市 出火進人口 入殮赴任	嫁娶開市 安床栽種 安葬祈福	入宅移徙 分居作灶 出火安香	破土安葬 行喪開生墳
幸運生肖	馬豬兔	鼠蛇龍	龍牛蛇	兔虎馬	虎兔羊	牛龍猴	鼠蛇雞
幸運數字	0 5	9 4	0 9 4	9 7 2	9 2 1	6 1	0 5 1
財位	東南	正南	正南	東北	正南	正西	正北
幸運顏色	黃啡	白金銀	金銀	紫	黑藍灰	黑	黃啡黑
財運指數	♡	♥	♥	♥	♥	♥♥	♥
是日吉時	子平丑凶寅吉卯吉 辰平巳吉午凶未平 申吉酉凶戌平亥凶	子吉丑吉寅凶卯吉 辰吉巳吉午凶未吉 申凶酉吉戌平亥凶	子吉丑吉寅吉卯凶 辰吉巳吉午凶未凶 申吉酉平戌平亥凶	子平丑吉寅吉卯吉 辰凶巳吉午凶未吉 申平酉平戌平亥凶	子吉丑吉寅吉卯吉 辰平巳凶午凶未吉 申平酉平戌平亥凶	子吉丑吉寅平卯平 辰凶巳吉午凶未平 申平酉吉戌吉亥凶	子吉丑平寅平卯凶 辰平巳吉午凶未凶 申平酉吉戌平亥凶
沖	牛	虎	兔	龍	蛇	馬	羊

西曆月	西曆日	農曆	星期	干支	宜	忌	幸運生肖	幸運數字	財位	幸運顏色	財運指數	是日吉時	沖
1	4	十二月十六	日	戊寅	訂盟納采 會親友 安機械開光	祈福出火 嫁娶入宅 開市動土	豬 馬 狗	4 5 9	正東	黃 啡 綠	♥♥♥	子平丑吉寅凶卯吉 辰吉巳吉午凶未吉 申凶酉平戌平亥凶	猴
1	5	小寒	一	己卯	修墳除服 平治道塗 餘事勿取	移徙入宅 嫁娶掘井 安葬	狗 羊 豬	3 8	正南	綠 青	♥	子吉丑凶寅吉卯吉 辰平巳平午吉未凶 申平酉凶戌平亥凶	雞
1	6	十二月十八	二	庚辰	祭祀解除 修飾垣牆 平治道塗	諸事不利	雞 猴 鼠	4 5 0	正西	白 黃 啡	♥	子凶丑吉寅吉卯平 辰吉巳吉午吉未凶 申平酉平戌凶亥凶	狗
1	7	十二月十九	三	辛巳	嫁娶祭祀 祈福求嗣 動土會親友	掘井安葬 栽種出行 作灶開市	猴 雞 牛	2 4 7	正北	紅 金	♥	子平丑吉寅吉卯平 辰平巳吉午吉未凶 申平酉凶戌吉亥凶	豬
1	8	十二月二十	四	壬午	嫁娶祭祀 祈福求嗣 開光入宅	掘井安葬 栽種出行 作灶開市	虎 羊 狗	2 4 7	東南	紅 青 綠	♥	子凶丑吉寅吉卯吉 辰平巳吉午平未凶 申凶酉平戌平亥凶	鼠
1	9	十二月廿一	五	癸未	破屋壞垣 餘事勿取	諸事不宜	豬 兔 馬	3 5 0	東北	青 綠 黃	♡	子吉丑凶寅吉卯吉 辰平巳吉午吉未凶 申平酉平戌吉亥凶	牛
1	10	十二月廿二	六	甲申	嫁娶開市 交易立券 開光出行	安床伐木 祈福納畜	龍 鼠 蛇	1 6	西南	黑 藍	♥♥♥	子吉丑吉寅凶卯平 辰吉巳吉午凶未凶 申吉酉吉戌平亥凶	虎

西曆月日	農曆	星期	干支	宜	忌	幸運生肖	幸運數字	財位	幸運顏色	財運指數	是日吉時	沖
1/11	十一月廿三	日	乙酉	祭祀 入殮 破土 除服 成服 啟鑽	餘事勿取	蛇 龍 牛	1 4 9	西南	白 金 銀	♥♥♥	子吉 丑吉 寅吉 卯凶 辰吉 巳凶 午平 未凶 申吉 酉吉 戌平 亥凶	兔
1/12	十一月廿四	一	丙戌	祭祀 解除 餘事勿取	諸事不宜	馬 兔 虎	5 0	正西	啡 黃	♡	子吉 丑平 寅吉 卯吉 辰凶 巳吉 午平 未凶 申吉 酉吉 戌吉 亥凶	龍
1/13	十一月廿五	二	丁亥	開市 交易 立券 納財 納畜 造畜稠	嫁娶 栽種 安葬 理髮 造廟 作灶	羊 兔 虎	1 5 0	西南	灰 藍 黃	♥	子平 丑吉 寅吉 卯凶 辰平 巳凶 午吉 未凶 申平 酉吉 戌吉 亥凶	蛇
1/14	十一月廿六	三	戊子	安床 裁衣 交易 立券 入殮 移柩	置產 嫁娶 出行 開光 栽種 動土	猴 龍 牛	2 7 9	正北	紅 紫	♥	子平 丑吉 寅凶 卯吉 辰吉 巳吉 午凶 未凶 申吉 酉吉 戌平 亥凶	馬
1/15	十一月廿七	四	己丑	祭祀 解除 造畜稠 教牛馬	嫁娶 動土 開池 安葬	蛇 雞 鼠	2 5 7	東北	黃 紅 啡	♥♥♥	子吉 丑凶 寅吉 卯吉 辰平 巳吉 午平 未凶 申吉 酉吉 戌平 亥凶	羊
1/16	十一月廿八	五	庚寅	動土 塑繪 開光 納采 訂盟 開市	入宅 安門 祭祀 謝土	狗 豬 馬	3 8	正東	綠 青	♥♥♥	子凶 丑吉 寅吉 卯吉 辰吉 巳平 午平 未凶 申凶 酉平 戌凶 亥凶	猴
1/17	十一月廿九	六	辛卯	嫁娶 出行 理髮 安床 啟鑽 安葬	掘井 祈福 謝土 動土 入宅 上樑	豬 狗 羊	3 4 8	正西	綠 青	♡	子平 丑平 寅吉 卯吉 辰平 巳吉 午吉 未凶 申平 酉凶 戌吉 亥凶	雞

西曆月日	農曆	星期	干支	宜	忌	幸運生肖	幸運數字	財位	幸運顏色	財運指數	是日吉時	沖
1 18	十一月三十	日	壬辰	解除 平治道塗 餘事勿取	移徙入宅 掘井栽種 針灸治病	鼠 雞 猴	1 5 6	正南	黑 藍 啡	♥♥	子平丑吉寅吉卯吉 辰平巳吉午平未凶 申凶酉吉戌凶亥凶	狗
1 19	十二月初一	一	癸巳	嫁娶開光 伐木出火 拆卸入宅	開市行喪 栽種出行 出貨財安葬	牛 猴 雞	2 6 7	正西	紅 黑 紫	♥	子吉丑平寅平卯吉 辰吉巳吉午平未凶 申吉酉平戌吉亥凶	豬
1 20	大寒	二	甲午	嫁娶納采 訂盟入宅 移徙安床	伐木開市 交易上樑 作灶安門	羊 狗 虎	4 7 9	東北	白 金 紅	♡	子凶丑吉寅吉卯平 辰平巳平午凶未凶 申平酉吉戌平亥凶	鼠
1 21	十二月初三	三	乙未	祭祀破屋 壞垣解除 餘事勿取	開市動土 破土	馬 豬 兔	4 5 0	東南	黃 白 金	♡	子吉丑凶寅吉卯吉 辰平巳凶午平未凶 申吉酉平戌吉亥凶	牛
1 22	十二月初四	四	丙申	嫁娶納采 訂盟開光 安香納財	祈福造廟 祭祀安床 謝土	鼠 蛇 龍	2 4 9	正西	白 紅	♥♥♥	子吉丑吉寅凶卯平 辰凶巳吉午平未凶 申吉酉吉戌吉亥凶	虎
1 23	十二月初五	五	丁酉	祭祀齋醮 入殮破土 安葬修墳	嫁娶入宅 作灶納采 訂盟	龍 牛 蛇	4 7	正南	紅 紫 金	♥	子平丑吉寅平卯凶 辰平巳平午吉未凶 申平酉吉戌平亥凶	兔
1 24	十二月初六	六	戊戌	祭祀齋醮 納財捕捉 畋獵	嫁娶開市 入宅安床 破土安葬	馬 兔 虎	3 8	正北	青 啡	♡	子平丑吉寅凶卯吉 辰凶巳平午平未吉 申凶酉平戌平亥凶	龍

西曆 月日	農曆	星期	干支	宜	忌	幸運生肖	幸運數字	財位	幸運顏色	財運指數	是日吉時	沖
1 25	十二月初七	日	己亥	納采訂盟 祭祀祈福 求嗣齋醮	嫁娶合帳 入宅行喪 安葬	羊 兔 虎	1 3 6	正南	黑 綠 藍	♥	子吉丑凶寅吉卯吉 辰平巳凶午吉未凶 申吉酉平戌平亥凶	蛇
1 26	十二月初八	一	庚子	祭祀祈福 求嗣沐浴 問名交易	入宅置產 嫁娶動土 栽種開市	猴 龍 牛	5 6 0	正東	啡 黃 黑	♥	子凶丑吉寅平卯平 辰平巳平午凶未凶 申吉酉吉戌凶亥凶	馬
1 27	十二月初九	二	辛丑	祭祀會親友 解除 餘事勿取	嫁娶入宅 出行動土 破土安葬	蛇 雞 鼠	5 0	正北	黃 啡	♡	子平丑吉寅吉卯吉 辰平巳吉午吉未凶 申吉酉凶戌平亥凶	羊
1 28	十二月初十	三	壬寅	嫁娶開光 解除出火 拆卸修造	作灶安葬 祭祀開市 納采訂盟	狗 豬 馬	3 8 9	正南	白 綠 金	♡	子平丑吉寅吉卯吉 辰平巳平午平未凶 申凶酉平戌吉亥凶	猴
1 29	十二月十一	四	癸卯	出行起基 安床納財 交易立券	掛匾入宅 上樑祈福 詞訟作樑	豬 狗 羊	4 9	西北	白 金 銀	♥♥	子吉丑平寅吉卯吉 辰平巳平午平未凶 申平酉凶戌吉亥凶	雞
1 30	十二月十二	五	甲辰	平治道塗 餘事勿取	開光嫁娶 開倉造船 安葬探病	鼠 雞 猴	5 9	東北	紅 紫 啡	♥♥♥	子吉丑吉寅平卯平 辰吉巳平午凶未凶 申平酉吉戌凶亥凶	狗
1 31	十二月十三	六	乙巳	嫁娶訂盟 納采會親友 祭祀入宅	開市出行 安葬行喪	牛 猴 雞	2 7	西北	紅 紫	♡	子吉丑吉寅平卯平 辰平巳凶午平未凶 申吉酉吉戌吉亥凶	豬

西曆月日	農曆	星期	干支	宜	忌	幸運生肖	幸運數字	財位	幸運顏色	財運指數	是日吉時	沖
2 1	十二月十四	日	丙午	沐浴捕捉 畋獵理髮 整手足甲	納采訂盟 嫁娶上樑 開市齋醮	羊 狗 虎	1 2 9	正西	紅 藍 紫	♥♥♥	子凶丑平寅平卯平 辰凶巳吉午吉未凶 申吉酉吉戌吉亥凶	鼠
2 2	十二月十五	一	丁未	祭祀破屋 壞垣 餘事勿取	齋醮嫁娶 開市	馬 豬 兔	1 5 0	正東	黃 啡 黑	♡	子平丑凶寅平卯凶 辰平巳吉午吉未凶 申平酉吉戌平亥凶	牛
2 3	十二月十六	二	戊申	沐浴開倉 開市交易 立券納財	祈福嫁娶 安床入宅 造船	鼠 蛇 龍	4 5 9	正北	白 金 黃	♥♥♥	子平丑吉寅凶卯平 辰吉巳吉午平未凶 申吉酉平戌平亥	虎
2 4	立春	三	己酉	祭祀祈福 求嗣開光 出火出行	嫁娶作灶 安床	龍 牛 蛇	4 0	西南	金 銀	♥	子凶丑凶寅平卯凶 辰吉巳吉午吉未吉 申凶酉平戌平亥凶	兔
2 5	十二月十八	四	庚戌	結網入殮 除服成服 移柩安葬	諸事不宜	兔 虎 馬	4 5 0	正東	金 銀 黃	♥	子凶丑吉寅平卯平 辰凶巳平午吉未吉 申凶酉平戌凶亥平	龍
2 6	十二月十九	五	辛亥	移徙祭祀 開光祈福 出行解除	嫁娶安葬 破土作樑 納畜牧養	虎 兔 羊	1 4 6	西南	黑 藍 白	♥	子凶丑吉寅吉卯吉 辰平巳凶午吉未吉 申凶酉凶戌吉亥平	蛇
2 7	十二月二十	六	壬子	嫁娶開光 祈福求嗣 解除動土	入宅作灶 伐木安葬 出火出行	牛 龍 猴	3 4 6	正南	灰 藍 黑	♥	子凶丑吉寅吉卯吉 辰吉巳吉午凶未吉 申凶酉平戌平亥平	馬

西曆月日	農曆	星期	干支	宜	忌	幸運生肖	幸運數字	財位	幸運顏色	財運指數	是日吉時	沖
2 8	十二月廿一	日	癸丑	祭祀合帳 裁衣經絡 伐木作樑	詞訟出火 入宅	鼠 蛇 雞	3 4 8	東北	青 綠 啡	♡	子凶丑吉寅平卯平 辰吉巳吉午平未凶 申凶酉吉戌吉亥平	羊
2 9	十二月廿二	一	甲寅	裁衣伐木 作樑納財 交易立券	諸事不宜	豬 馬 狗	1 3 8	東北	綠 青 黑	♡	子凶丑平寅吉卯平 辰吉巳平午凶未吉 申凶酉吉戌吉亥平	猴
2 10	十二月廿三	二	乙卯	嫁娶祭祀 祈福求嗣 開光出行	／	狗 羊 豬	1 3 6	正西	灰 青 藍	♥	子凶丑平寅吉卯吉 辰平巳凶午平未吉 申凶酉凶戌吉亥吉	雞
2 11	十二月廿四	三	丙辰	嫁娶納采 出行會親友 上樑安機械	入宅作灶 治病安葬 移徙	雞 猴 鼠	5 0	正西	黃 啡	♥♥	子凶丑平寅平卯平 辰凶巳吉午平未平 申凶酉吉戌凶亥吉	狗
2 12	十二月廿五	四	丁巳	修飾垣牆 平治道塗 餘事勿取	諸事不宜	猴 雞 牛	5 7 9	正西	紅 啡	♥	子凶丑吉寅平卯凶 辰平巳吉午吉未吉 申凶酉吉戌吉亥凶	豬
2 13	十二月廿六	五	戊午	納采訂盟 祭祀祈福 求嗣移徙	開光蓋屋 動土作灶 栽種	虎 羊 狗	2 7 9	東南	紅 紫	♡	子凶丑平寅凶卯吉 辰平巳吉午平未吉 申凶酉吉戌平亥平	鼠
2 14	十二月廿七	六	己未	動土入殮 嫁娶移柩 安葬破土	開市作灶 安床入宅 上樑裁衣	豬 兔 馬	2 5 0	正北	黃 紅 啡	♡	子凶丑凶寅吉卯吉 辰平巳吉午吉未吉 申凶酉平戌平亥凶	牛

西曆月日	農曆	星期	干支	宜	忌	幸運生肖	幸運數字	財位	幸運顏色	財運指數	是日吉時	沖
2 15	十二月廿八	日	庚申	求醫治病 破屋壞垣 餘事勿取	開市嫁娶	龍 鼠 蛇	3 8 9	正東	綠 青 白	♥	子凶丑吉寅凶卯平 辰吉巳吉午吉未吉 申凶酉平戌凶亥平	虎
2 16	十二月廿九	一	辛酉	祭祀齋醮 沐浴開生墳 除服成服	開市嫁娶 安床入宅 作灶上樑	蛇 龍 牛	3 4 8	正東	白	♥♥	子凶丑平寅吉卯凶 辰吉巳吉午吉未平 申凶酉凶戌平亥平	兔

碧霞老師用心編著，提供一本「三好」好查、好懂、好用、的生活寶典

唐碧霞 2025 蛇年運程

作　　者／ 唐碧霞（碧霞老師）
編輯、封面設計、美術設計：才藝館
攝　　影／ DC Chung
化　　妝／ Natalie Wong @NAT'S MAKE UP

出　　版／ **才藝館**（匯賢出版）
地址：新界葵涌大連排道144號金豐工業大廈2期14樓L室
Tel : 852-2428 0910　Fax : 852-2429 1682
web : https://wisdompub.com.hk　email : info@wisdompub.com.hk
facebook search : wisdompub　google search : wisdompub
出版查詢／ Tel : 852-9430 6306《Roy HO》
書店發行／ **一代匯集**
地址：九龍旺角塘尾道64號龍駒企業大廈10樓B & D室
Tel : 852-2783 8102　Fax : 852-2396 0050
facebook : 一代滙集　email: gcbookshop@biznetvigator.com
書報發行／ **青揚發展有限公司**
地址：香港九龍觀塘海濱道143號航天科技中心13樓
web : www.great-expect.com　email : cs@century-china.com.hk
電話：+852-3443 2211　傳真：+852-2707 0308
版　　次／ 2024年7月初版
定　　價／ (平裝) HK$78.00　(平裝) NT$410.00
國際書號／ ISBN 978-988-75522-4-6
圖書類別／ 風水運程

日本密宗佛牌

日本密宗佛牌：有出生年十二生肖菩薩法相，是能化解一切自身凶險和災劫，亦以本身生肖和密咒配合。有助減退陰靈相侵，又以光明真言為外圈經文梵字咒語，將所有一切巫蠱咀咒禁語亦可破解，同時亦可以增強自身精神能量，令運氣變得順暢，增強貴人扶持，免除小人暗箭之災。

勢至菩薩 (屬馬)

不動明王(屬雞)

925純銀

9K黃/白金

14K黃/白金

藥師如來

掃描此處
聯絡我們訂購！

大日如來 (屬羊，猴)

更多生肖在下一頁

日本密宗佛教的護身法器手鏈

閻魔繩：利用孔雀明王佛母、愛染明王，亦有地藏閻魔天的咒力加持， 對自身健康、財運、情緣、人緣、事業運氣加強。亦對於官訟、小人、災劫、凶險之事避開和化解，而且亦可增強本身運氣之精神力量，使到自己能進入平和舒適心景壯態之中，能達到心神合一之景界當中。

紅色:
人際關係、人緣、桃花運，有特別幫助，適合工作需要對外的朋友、單身人士及做生意的朋友。

綠色:綠財神
可以增強事業運勢，加強貴人扶持，做事一帆風順，工作順利遠離一切小人、是非問題。

黑色: 黑財神 / 五路財神
為黑財神化身，對偏財運有正面幫助，能增強財運，同時避免小人、是非侵擾。

黃色:黃財神
催急財為主，快速見效，如有急事需要增強財運可佩戴。

紫色：
明顯增強健康運，減少受到病痛困擾，容易生病的朋友可以佩戴增強其自身健康，適合對健康特別關注者。

彩虹色: 五色財神
五路財神，對財運有正面幫助，八方來財、增加財運，佩戴後容易吸引正能量，整個人變得更精神、做事更積極。

粉紅色：
對人際關係、人緣、桃花運，有特別幫助，適合工作需要對外的朋友、單身人士及做生意的朋友。

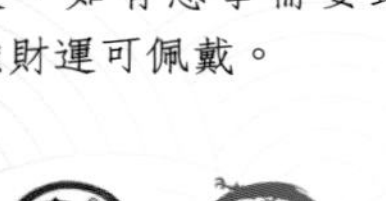

靈驗の咒輪

靈驗咒輪又名七轉八起（輪），因為人生本是無常、每每要經歷喜、怒、哀、樂，而且運氣的好和壞都如影隨形。靈驗咒輪利用光明真言咒語，在咒輪中間轉動。

經過大日如來佛像前開光和加持，如配戴在身、可以增強智慧的發揮、和消解人事之間的怨恨、亦對健康和衣食財富有所得益！

925純銀 | 9K黃/白金 | 14K黃/白金

塔羅占卜諮詢

融合中西占卜技術
塔羅牌、雷諾曼、易經

我們使用許多種類的卡牌，使我們能夠提供全面且富有洞察力的解讀，以滿足各種問題和情況。無論您尋求愛情、職業還是個人成長的指導，我們都會利用這些不同傳統的能量來提供指導和解答問題。

聯絡方法

+1 236 777 3488

*只提供網上服務，線上抽籤占卜
語言：廣東話/普通話/英語

Ms SOUP
瑞寶盆 月餅禮盒
賀年糕點 禮盒
YEAR OF DRAGON
祝願生意興隆，金玉滿堂
憑書購買可享九折
詳情請參閱 www.mssouphk.com
mssoup.hk
mssoup.hk